HÉRACLES

EURÍPIDES

HÉRACLES

Introdução, Tradução e Notas
Cristina Rodrigues Franciscato

Editora Palas Athena

Título: *Héracles*

Coordenação editorial: *Emilio Moufarrige*
Revisão: *Adir de Lima*
Projeto gráfico: *Peter Cheng*
Diagramação: *Maria do Carmo de Oliveira*
Impressão e acabamento: *Gráfica Palas Athena*

Dados Internacionais de Catalogação na Publicação (CIP)
(Câmara Brasileira do Livro, SP, Brasil)

Eurípides

Héracles / Eurípides ; introdução, tradução e notas de Cristina Rodrigues Franciscato. -- São Paulo : Palas Athena, 2003.

220 págs. : 15,5 x 22,5cm.
ISBN 85-7242-043-6

Título original: Heracles.

Bibliografia

1. Eurípides. Héracles – Crítica e interpretação
2. Héracles (Mitologia grega) – Teatro I. Franciscato, Cristina Rodrigues. II. Título

03-2640 CDD: 882.01

Índices para catálogo sistemático:
1. Teatro : Literatura grega antiga

Direitos adquiridos
para a língua portuguesa por
EDITORA PALAS ATHENA
Rua Serra de Paracaina, 240 - Cambuci
01522-020 - São Paulo - SP - Brasil
fone: (11) 3209.6288 - fax: (11) 3277.8137
www.palasathena.org editora@palasathena.org

2003

O espírito em criação é brasa evanescente, que uma influência invisível, como brisa inconstante, desperta para o brilho transitório.

Shelley

Ao Eduardo, Daniel e Bruno.

À memória de meu avô Bertoldo.

agradecimentos

Ao professor Antonio Medina Rodrigues, fonte sempre generosa de conhecimento e inspiração. Sua orientação, apoio e amizade foram fundamentais para a realização deste trabalho.

Aos professores Ísis Borges da Fonseca e Flávio Ribeiro, pelo grego que aprendi. Devo ao rigor de ambos a alegria de poder traduzir Eurípides. Sou grata ao Flávio também pelas correções e sugestões no que diz respeito à tradução do *Héracles*.

Aos professores Filomena Hirata e João Angelo Oliva Neto, membros da banca examinadora do mestrado, que muito contribuíram, com suas observações, para o aprimoramento do trabalho.

À professora Anna Lia Amaral de Almeida Prado que gentilmente leu a obra e, a despeito do pouco tempo disponível para mudanças, contribuiu com importantes e precisas sugestões.

Ao apoio essencial da minha família, em especial dos meus pais, João e América, e dos meus sogros, Alceu e Lia.

À Editora e Associação Palas Athena pelo interesse em publicar o *Héracles* e pelo primoroso trabalho editorial que realizou.

agradecimentos

sumário

introdução

versos

notas finais

PREFÁCIO

O gênio de Eurípides pode comprovar-se nas várias formas que ele introduziu no teatro, como a da nova musicalidade, com que impressionou até mesmo os comediógrafos, ou como a da focalização do homem de seu tempo, sem restrições de caráter ou de classe, ou como a da organização do texto de acordo com um sistema de acasos, onde os fatos nunca se dão de maneira substancialista e auto-suficiente. Por essas razões Eurípides parece de fato haver inaugurado uma certa modernidade na cultura européia. Depois dele o mundo passa a representar-se de outra forma.

Nós consideraríamos nesta breve introdução algo que diz respeito aos transes não "justificados" – ou não motivados – que aparecem no texto euripidiano, particularmente no *Héracles*, que Cristina Rodrigues Franciscato soube traduzir de modo tão elegante e preciso.

A saber, não conhecemos bem as razões por que Héracles viria a ser vítima de uma loucura, que o levasse a matar esposa e filhos. Sabemos que a família o aguardava, como esperança última de salvação, uma esperança mínima. Héracles estaria morto ou desaparecido? Seu retorno – quando Lico, o tirano usurpador, se preparava para consumar a execução brutal (e de que se vangloriava) – faz surgir a instância antagônica por excelência, em que as expectativas irão reverter-se, com a surpreendente morte, não dos sentenciados, mas de Lico, o sentenciador. Depois disto, sobe ao primeiro plano a instância dramática e trágica, desencadeada pelos deuses, coisa difícil de assimilar ao conjunto, e aparentemente inverossímil. Ao chegar e perceber a situação da esposa e dos filhos, Héracles se enfurece, e decide intervir na hora. Anfitrião, o pai, aconselha-o a adentrar o palácio, pois era de lá mesmo que Lico retiraria Mégara e seus filhos para o sacrifício. Morto o usurpador do trono, o coro, que milita por Héracles e os seus, eleva aos céus hinos de triunfo. Ora, será nesse momento que assomarão nos ares, Íris, a mensageira, e Lissa, a loucura personificada.

A ordem, dada por Íris, para que Lissa transtornasse o herói, a fim de que este liquidasse aqueles a quem mais amava, esta ordem tinha sido expedida por Hera. Não fosse Atena, o herói alucinado exterminaria também seu pai, Anfitrião.

Voltemos à pergunta: por que razão tão elevado herói – *áristos andrôn* – tromba em tal calamidade? As respostas são de vária índole, e esta possibilidade está em muito do que Eurípides criou. Uma delas é lembrar o ódio ancestral de Hera contra ele, ele que viera de amores adulterinos de Zeus, e contra quem ela tramara sempre. Porém, esta saída, algo folclórica e efabulística, não nos convencerá muito: as tensões manipuladas por Eurípides não são óbvias, nascem de um tempo em que o homem já se acostumara a pensar sutilmente as coisas que parecessem mais sabidas ou claras. Mais razoável é pensar que Héracles deve ter sido um *hybristés*, tal como nas *Traquínias* de Sófocles, enfim, um ser em cuja senda excessos vários se realizariam, apesar das glórias que teve, e nesse caso entraríamos no movediço campo jurídico-mítico-filosófico.

Mas se considerarmos os fins do dramaturgo, não será de jogar fora a idéia da tragédia como humilhação qualificante ou preparatoriana, como glória recebida após a mais truculenta das dores: contribui para isso a chegada monumental de Teseu, que ao herói vencido oferece a hospitalidade ateniense, o que, de alguma forma, veio a simbolizar-se historicamente na adoção do culto de Héracles em Atenas, culto irmanado ao de Teseu, e que resultou na construção de um dos maiores monumentos da época (de pé até hoje): o templo de Teseu. É claro pois que essa hospitalidade incondicional e definitiva só se justificaria num momento irrecusável para Héracles, a hora em que se abate contra ele a ação dos deuses, e essa última glória ateniense parece obliterar maquinações divinas, parece reduzi-las ao irrelevante, ao eventual.

Para nós, no entanto, as coisas não ficarão tão bem assim. A intervenção divina, como já vimos, tinha de ser justificada, já que assume a figura de uma ação punitiva, e levanta para nós toda a questão da culpa. Mas também é crível que Eurípides não desse tanta importância a tal lacuna, como não dera importância a outras: ele não queria trabalhar com conhecimentos garantidos ou tranqüilizadores, quando se tratasse das coisas humanas. Parece-nos que ele veio a descobrir certo grau zero da dramaturgia, mais eficiente para a mundaneidade de suas tramas, e que está – pode ser – nessa habilidosa manipulação do lacunar. A que nos leva isso? Certamente à idéia de um mundo já constituído não por relações imediatas de causa e efeito, mas por relações efetivas, simplesmente, muitas das quais sem fundamento, sem causalidade ou anterioridade perceptível.

Lembremos que os deuses, desde Homero, também deixavam – por trás deles e sem que percebessem – alguns vazios, certas lacunas, que, em seu conjunto, a filosofia pré-socrática veria como caminhos ou sendas para o ilimitado, para uma espécie de agonia do horizonte. Os deuses, enfim, abriam espaço para uma interrogação contínua, nascida a partir da insuficiência deles próprios, que transcendia o poder que eles tivessem, e que é feita sempre pelo homem, esse homem terrível, tremendo, como já mencionara Sófocles no segundo coro de *Antígona*. Em Eurípides essa interrogação se mostra – mais do que na simples censura aos divinos – na indeterminação que passa a rondar todas as determinações sagradas, e, por conseguinte, na busca de uma solução cada vez mais humana e mais interrogadora, conquanto mais desesperada.

Estas linhas, por fim, valem como saudação ao formoso texto de Cristina Rodrigues Franciscato, quer no modo vívido por que traduziu o autor do *Héracles*, como na exposição e explicações do universo de Eurípides. Não menos nos congratulamos com a Associação Palas Athena, e não só pela edição bem cuidada, com que agora nos brinda, mas pelo incentivo que infunde a todos os que ali vão buscar o saber e as coisas belas do espírito.

Antonio Medina Rodrigues

ABREVIATURAS

Apollod.	**Apolodoro**
Bibl.	*Biblioteca*
Ar.	**Aristófanes**
Av.	*Aves*
Eq.	*Cavaleiros*
Pl.	*Pluto*
V.	*Vespas*
D.S.	**Diodoro Sículo**
E.	**Eurípides**
Alc.	*Alceste*
Ba.	*Bacantes*
El.	*Electra*
Hec.	*Hécuba*
Hel.	*Helena*
Heracl.	*Heraclidas*
Hipp.	*Hipólito*
IA	*Ifigênia em Áulis*
IT	*Ifigênia em Tauris*
Med.	*Medéia*
Or.	*Orestes*
Ph.	*Fenícias*
Supp.	*Suplicantes*
Ésq.	**Ésquilo**
Ag.	*Agamêmnon*
Ch.	*Coéforas*
Eu.	*Eumênides*
Supp.	*Suplicantes*
Pr.	*Prometeu Acorrentado*
Hes.	**Hesíodo**
Sc.	*Escudo*
Th.	*Teogonia*
Hdt.	**Heródoto**
Hist.	*Histórias*

Hom.	**Homero**
Il.	*Ilíada*
Od.	*Odisséia*
Paus.	**Pausânias**
LSJ	H.G. Hiddell and R. Scott, Greeck-English *Lexicon*
Pi.	**Píndaro**
I.	*Ístimicas*
N.	*Neméias*
O.	*Olímpicas*
P.	*Píticas*
Pl.	**Platão**
Phd.	*Fédon*
Phdr.	*Fedro*
R.	*República*
Plu.	**Plutarco**
Thes.	*Teseu*
S.	**Sófocles**
Aj.	*Ájax*
Ant.	*Antígona*
El.	*Electra*
OC	*Édipo em Colono*
OT	*Édipo Rei*
Tr.	*Traquínias*
Thuc.	**Tucídides**
X	**Xenofonte**
HG.	*História Grega*

HÉRACLES: GRANDEZA E LOUCURA

O *Héracles* de Eurípides foi apresentado em Atenas, pela primeira vez, entre os anos 420-415 a. C[1]. A ação se passa em Tebas, onde Lico, um usurpador vindo da Eubéia, havia assassinado Creonte, o rei local, e tomado o poder. Nessa época a família de Héracles vive em Tebas: Mégara, sua esposa, é filha de Creonte. Também Anfitrião, pai humano do herói (o verdadeiro é Zeus), foi exilado de Argos para Tebas por ter matado Eléctrion, seu sogro. Essa é, na versão de Eurípides, a causa dos trabalhos de Héracles e o motivo da sua submissão ao primo Euristeu, rei de Argos: Euristeu, ao término dos trabalhos, permitiria o retorno do herói e de sua família à pátria (19[2]).

Lico, no poder, pretende matar a todos, especialmente os filhos de Héracles, porque teme futuras vinganças. Há dúvidas de que o herói ainda viva, pois se têm notícias de que estaria no Hades. Segundo Eurípides, Héracles já realizara onze de seus trabalhos e estaria envolvido com o último que, aqui, é a busca de Cérbero, o "tricorpóreo cão" (24).

Anfitrião, Mégara e os filhos estão refugiados no altar de Zeus, construído pelo herói. A única esperança é a possibilidade de que Héracles retorne, o que de fato acontece. O herói mata Lico e salva a família, restituindo a ordem. Quando prepara um sacrifício purificatório aos Deuses, é enlouquecido por Lissa (a personificação da loucura) a mando de Hera. Então Héracles, com as mesmas armas que o tornaram o maior dos heróis, mata esposa e filhos, imaginando tratar-se de inimigos. Quando está para matar Anfitrião, é impedido por Atena, que o faz cair em sono profundo.

Ao despertar e compreender o que fizera, Héracles decide suicidar-se, mas Teseu chega e o convence a continuar

[1] Jacqueline de Romilly, *A Tragédia Grega*, pág. 167.

[2] Neste trabalho, os números que aparecem entre parênteses indicam versos da tragédia traduzida ou da obra mencionada.

vivo e acompanhá-lo a Atenas, onde lhe daria terras e honrarias.

Muitos julgaram o *Héracles* uma obra tripartida[3], em que não haveria forte coesão entre as partes: a primeira vai até a morte de Lico; a segunda mostra a loucura de Héracles e suas conseqüências, e a terceira, a recuperação da sanidade e a ação solidária de Teseu. Há também quem defenda a existência de apenas duas partes[4]: antes e após a morte de Lico.

Em nosso entender, *Héracles* tem unidade, pois cada uma das partes é fundamental para o enredo, embora a intensidade da ação se concentre na loucura, em seu desenvolvimento e conseqüências. Cada ação segue necessariamente aquela que a precede, fiel ao princípio aristotélico de que "todos os acontecimentos se devem suceder em conexão tal que, uma vez suprimido e deslocado um deles, também se confunda ou mude a ordem do todo. Pois não faz parte de um todo o que, quer seja quer não seja, não altera esse todo".[5]

Eurípides escolhe um único momento da vida de Héracles para construir o enredo: seu retorno ao lar após o término glorioso dos Trabalhos. Na primeira parte da peça, a volta de Héracles é ansiosamente desejada por sua família que corre perigo. A morte de Lico, o resgate da família, a loucura enviada por Hera e os feitos hediondos que vêm a seguir compõem a ação do retorno. Ela se encerra com a chegada de Teseu e a opção de Héracles por continuar vivo e manter suas armas. A tragédia mostra o que acontece ao maior dos heróis, autor das mais gloriosas façanhas, quando volta para o âmbito da família e da pólis.

O tema central da obra parece-nos ser a tese do herói que, capaz dos feitos mais extraordinários e sobre-humanos, desafia, com sua grandeza, os limites conferidos aos mortais. A loucura seria a resposta de Hera a esta natureza desmedida, um risco para a ordem do mundo, como se percebe das palavras de Íris em 841 e seg.: "Ou os deuses de nada valerão e grandes serão os mortais, se ele não for

[3] Ver, por exemplo, H.D.F. Kitto, *A Tragédia Grega*, vol.2, pág. 93; H.H.O. Chalk, *ARETH and BIA in Euripides'Heracles*, pág. 7, e J.T. Sheppard, *The Formal Beauty of the Hercules Furens*, pág. 72.

[4] Kevin H. Lee, *Human and Divine in Euripides'Heracles*, pág. 35.

[5] Aristóteles, *Poética* 1451a 30-36. Tradução de Eudoro de Souza.

punido". Para os gregos, os deuses deviam ser grandiosos e os mortais, de pouca importância. De outra perspectiva, podemos dizer que a figura heróica de Héracles é problemática para o contexto da pólis, onde não há lugar nem para a força bruta, exterior por princípio à natureza das questões políticas, nem para grandeza excessiva, como revelam os vários casos de ostracismo. Também em *As Traquínias* de Sófocles os problemas acontecem quando Héracles pretende retornar para o mundo da pólis.

Há no *Héracles* outros temas que se relacionam com o central, fundamentando-o e explicitando-o:

– a contraposição entre potência e impotência, pólos instáveis e complementares. Héracles, o mais poderoso dos heróis, experimentará a impotência em face das forças que o transcendem.

– a instabilidade da *týkhe* (τύχη), "sorte, fortuna", e a incapacidade do homem para compreender os desígnios divinos e estimar bem o porvir. Héracles, antevisto como salvação para sua família, será, ao contrário, causa de sua ruína. Ele, cujas façanhas foram exaltadas pelo coro durante 87 versos do primeiro estásimo[6] (348-435), terá seus feitos hediondos narrados por um mensageiro, que se horroriza, pelo espaço de 94 versos (922-1015)[7].

[6] Cada uma das odes cantadas pelo coro, entre dois episódios.

[7] Sobre a relação entre essas duas passagens, ver S. Barlow, *Structure and Dramatic Realism in Euripides'Heracles*, pág. 116 e segs., e *Euripides – Heracles*, pág. 139-141, 165.

– a importância da amizade e da solidariedade entre os homens, num mundo onde a relação com o divino é complexa e a atuação dos deuses, ambígua. Há um abismo entre homens e deuses, cuja natureza é incompreensível.

TEMA CENTRAL: A GRANDEZA DE HÉRACLES

Héracles se manifesta a partir do verso 523, quando chega a Tebas, vindo do Hades. Porém fala-se dele desde o terceiro verso, quando Anfitrião se apresenta como seu pai. A figura de Héracles, mesmo fisicamente ausente, domina a peça desde o início. Nos 522 versos anteriores a sua primeira fala, Héracles está presente em 212. Essa entrada tardia não é casual, porque a caracterização do herói segue a fórmula épica do relato: é no relato que a fama ganha forma. Héracles é eixo da obra: monopoliza as atenções desde o prólogo e é em torno dele que a ação se constrói.

O tema da peça encontra-se na grandiosidade de Héracles, como afirmou G.M.A. Grube[8], para quem a grandeza excessiva do herói foi causa de sua ruína. A rápida reviravolta da Sorte, que o levou do mais completo poder para a mais profunda demência, não seria tão dramática se sua grandeza não fosse reiteradamente ressaltada na primeira parte da peça, como mostraremos em seguida.

No prólogo, Anfitrião relata a situação da família de Héracles: estão refugiados como suplicantes no altar de Zeus, construído pelo herói "como oferta de sua arma vitoriosa" (49). Héracles está no Hades realizando o último dos trabalhos para Euristeu. É ínclito (12), nobre (50), e sua arma, vitoriosa (49). É o herói poderoso, ausente por estar livrando "a terra de monstros" (20) e cuja ausência causa o infortúnio da família que, desamparada, corre perigo. A esperança de não morrerem se fundamenta em seu possível retorno (97).

O coro, no párodo, diz que os olhos dos filhos de Héracles têm o mesmo brilho gorgôneo[9] dos olhos do pai (131-32). Aqui, gorgôneo é elogioso, símbolo de força. Já as outras duas referências ao olhar de Héracles relacionando-o às Górgonas ocorrem durante sua loucura, em contexto funesto (868, 990).

Lico, no início do primeiro episódio, põe em dúvida a ascendência divina de Héracles (148 e segs.), assim como sua heroicidade (151-61), mas é refutado por Anfitrião (170 e segs.). Ele recorda a luta dos deuses contra os gigantes, quando Héracles combatera ao lado de Zeus e "vitorioso hino com os deuses entoou" (180). Nessa passagem, Héracles é aliado dos deuses e muito próximo a eles. Outros exemplos da bravura do herói, citados por Anfitrião, são a luta que empreendeu contra os Centauros em

[8] G.M.A. Grube, *The Drama of Euripides*, pág. 85.

[9] Sobre *gorgôpes* (γοργῶπες), "gorgôneos", ver nota 18 da tradução.

Fóloe (181 e segs.) e o combate que sozinho travou contra os mínias, libertando Tebas (220-21). Anfitrião repreende a Hélade por não ter vindo em socorro aos filhos de Héracles, em retribuição pela purificação que fizera dos mares e da terra e em gratidão por tudo que penara (222-26).

Para Mégara, o esposo é de tal modo glorioso que dispensa testemunhos (290). Talvez, em sua opinião, o longo discurso anterior de Anfitrião (170-235) fosse dispensável. Segundo ela, Héracles nem desejaria salvar as crianças, se com isso adquirissem má reputação, pois os nobres sofrem pelas infâmias dos filhos (292-93).

No primeiro estásimo (348-450), o coro homenageia o herói supostamente morto (358 e 428-29). Canta seus feitos gloriosos durante 79 versos: é o herói civilizador, que purgou a terra de monstros e de malfeitores. Esse hino será para Héracles *stephánoma mókhthon* (στεφάνωμα μόχθων), "coroa de seus trabalhos" (356): um prêmio e uma homenagem pelos feitos que realizara. Trata-se de uma guirlanda simbólica, cujas flores são os doze trabalhos.[10] Entre os vários prodígios narrados pelo coro, Héracles "a reluzente morada dos deuses, com varonia, sustentou" (406-407) – ação grandiosa, mesmo para um herói.

Héracles é *mégas* (μέγας), "grande", diz o coro (444), e, segundo Mégara, "orgulhava-se com varonia" do que preparava para o futuro dos filhos (475). A expressão *méga phroneîn* (μέγα φρονεῖν), "pensar grande", traduzida por "orgulhar-se", costuma ser pejorativa, significando "ser presunçoso, arrogante"[11]. A ironia dos versos que precedem essa passagem (462-473), nos quais Mégara detalha os planos de Héracles para os filhos, torna-se clara quando os comparamos com o relato do mensageiro (977 e segs.) sobre a morte das crianças. Há correlação entre o que o herói destinava a cada um dos filhos e a morte que lhes proporcionará.[12]

No segundo episódio, antes de se entregarem a Lico, Mégara invoca o esposo e pede que se mostre mesmo como *skiá* (σκιά), "sombra", e que venha como *ónar* (ὄναρ),

[10] Sobre os doze trabalhos de Héracles, ver nota 44 da tradução.

[11] Ocorre, por ex., nas *Fenícias*, 41, quando Jocasta narra o encontro fatídico entre Laio e Édipo numa encruzilhada da Fócida: o condutor da carruagem de Laio pede para Édipo se afastar, mas ele permanece, *méga phronôn* (μέγα φρονῶν).

[12] Ver nota 72 da tradução.

"sonho", pois apenas isso seria suficiente (494-95): o poder de Héracles é de tal natureza que só sua imagem, mesmo na forma de sonho, bastaria contra os inimigos.

Em seguida, ao certificar-se da volta do marido (519), Mégara exorta os filhos a não o deixarem ir, pois o pai é para eles "nada inferior a Zeus salvador" (522). Mégara parece sugerir que Héracles é mais efetivo que o "altar de Zeus salvador" (48), onde se encontravam refugiados no início da peça. De qualquer forma, sua afirmação é excessiva: como um mortal, por melhor e mais heróico que seja, poderia equiparar-se ou superar o maior dentre os deuses?

Tudo o que foi dito até agora, exceto as afirmações de Lico (repelidas por Anfitrião, mas iniciando um processo de rebaixamento), mostra-nos Héracles como herói grandioso, autor de feitos extraordinários e muito próximo aos deuses, tanto por suas capacidades excepcionais, quanto por ter se misturado com eles na batalha contra os gigantes.

A partir do verso 523, Héracles está efetivamente na peça. Ele se inteira da situação familiar (523-561) e planeja as próximas ações (562 e segs.). Mata Lico e salva a família: continua o grande herói *kallínikos* (καλλίνικος), "vitorioso". Mas, então, chega Lissa enviada por Hera (815 e segs.).

Grandeza e Loucura

Eurípides é, provavelmente, o único que localiza a loucura de Héracles depois dos trabalhos. Segundo Bond[13] há pouca evidência de histórias, anteriores a Eurípides, acerca da loucura e do assassinato das crianças. Três escritores tardios (entre os séculos II a.C. e I d.C.) situaram a loucura antes dos trabalhos: Nicolau de Damasco (*F. Gr., Hist.*, 90 F 13); Diodoro Sículo, 4.10.6 e segs. e Apolodoro, *Bibl.*, 2.4.12. De acordo com Bond, os relatos de Nicolau e Apolodoro, embora não a afirmem, possibilitam a idéia de que os trabalhos impostos a Héracles foram uma expiação pela morte das crianças. Segundo Diodoro, quando

[13] Godfrey William Bond, *Euripides-Heracles*, págs. xxviii-xxx.

Héracles soube, por Apolo, que deveria empreender os trabalhos, abatido, enlouqueceu e matou os filhos. Para Wilamowitz,[14] a loucura situada antes dos trabalhos corresponde à cronologia tradicional, invertida por Eurípides. Bond considera a conjectura atraente, pois a cronologia "primeiro loucura, depois trabalhos" permanece nos escritores tardios (Nicolau, Apolodoro, Diodoro), a despeito da peça de Eurípides.

Por que Eurípides teria invertido a seqüência tradicional do mito? Provavelmente para mostrar a queda do herói no ápice da glória. O episódio de Lico tomando o poder em Tebas e ameaçando a família de Héracles é, também, invenção do poeta.[15]

Héracles, atingido pela loucura, perde o *status* elevado que conquistara. Sua grandeza é demolida pelos atos que Lissa o faz cometer. Antes dela, Héracles é o benfeitor da humanidade, cujos feitos extraordinários são cantados pelo coro (359-427). Seu valor e grandeza são reiteradamente exaltados. A própria Lissa reluta em enlouquecê-lo, pois não é "ínfimo nem sobre a terra, nem entre os deuses. Impérvio território e mar feroz pacificou, e sozinho restaurou as honras divinas, decadentes devido a homens ímpios" (850-853). Por que, então, Héracles é punido e de modo tão cruel? Seria por puro capricho de Hera, deusa ciumenta dos amores de Zeus (1308-1310)?

A fala de Íris no começo do quarto episódio, uma espécie de segundo prólogo, termina com a justificativa para a loucura enviada por Hera: "Ou os deuses de nada valerão/e grandes serão os mortais, se não for punido" (841-842). A afirmação de Íris sugere que, de alguma forma, a vida e os feitos de Héracles são subversivos à ordem divina, à ordem das coisas como devem ser: os deuses grandiosos e os mortais, de pouca importância. A loucura, como punição, é necessária para fazer valer essa ordem. Herácles tornou-se super-humano e ela o reduzirá a uma condição sub-humana, numa busca pendular de restauração do equilíbrio perdido.

14 *Apud* Bond, *op. cit.* pág. xxix.

15 J.C. Kamerbeek, *Unity and Meaning of Euripides'Heracles*, pág. 3.

Kevin H. Lee[16] também vê nessa passagem a sugestão de que Héracles é culpado de algum crime. Em que sentido, pergunta, o ataque contra Héracles pode ser a exigência de uma punição merecida? Concordamos com a observação de Lee, de que os feitos grandiosos do herói são ressaltados durante toda a peça e, por isso, é difícil supor que a audiência não pense neles quando ouve *tà thnetà d' éstai megála* (τὰ θνητὰ δ' ἔσται μεγάλα), "grandes serão os mortais".

Para Wilamowitz,[17] a loucura de Héracles é conseqüência de sua megalomania e se desenvolve gradualmente: seus sintomas são claramente perceptíveis na furiosa explosão de raiva que tem o herói, quando se prepara para a vingança contra Lico (562 e segs.). Segundo Wilamowitz, Eurípides mostra-nos, na primeira parte da peça, Héracles incorporando o ideal dórico de masculinidade. O objetivo do poeta seria esmagar esse ideal por meio da loucura e introduzir um Héracles regenerado no final. É uma teoria questionável, mas que parte de uma premissa importante para a análise que desenvolvemos: a megalomania do herói.

Grube, ao comentar a passagem (841-42), diz que seu significado deriva do sentimento grego de que excesso de força e poder demasiado são, em si, perigosos: tal sentimento é usualmente dramatizado pela fórmula *Hýbris-Áte*. Mas, como regra, encontra-se um herói culpado de orgulho jactancioso ou de algum comportamento insolente ou ímpio. Em sua opinião, no *Héracles*, Eurípides escolheu ir para além da fórmula *Hýbris-Áte*, até o fundamento do qual ela se origina: a grandeza demasiada.[18] Grube alude à idéia de *hýbris* mas não afirma que Héracles a comete. Ele aponta apenas para a grandeza demasiada do herói, solo a partir do qual pode se desenvolver a *hýbris*.

Hýbris (ὕβρις) é a transgressão dos limites próprios do humano. Há uma tendência no homem, mais especificamente no herói, de ultrapassar esses limites. Abordaremos, a seguir, o conceito de *hýbris*, com o intuito de

[16] Kevin H. Lee, *The Iris-Lissa Scene*, págs. 51 e segs.

[17] *Apud* J.C. Kamerbeek, *op. cit.* pág. 10 e segs.

[18] G.M.A. Grube, *The Drama of Euripides*, págs. 255-256.

mostrar que Héracles, com sua grandeza excessiva, aproxima-se, em diversas passagens, de sua esfera.

Grandeza e *Hýbris*

A *hýbris* é excesso, desmedida, descomedimento. Pode também ser traduzida como violência, orgulho, arrogância, impetuosidade e insolência, mas nenhuma dessas traduções esgota a abrangência de seu significado. Em Liddell e Scott,[19] *hýbris* é primeiro a violência temerária que resulta do orgulho pela força ou pelo poder que se possui. Outra fonte da *hýbris* é a paixão. Em alguns contextos, pode ser traduzida por luxúria e lascívia. Qualquer um dos significados acima pode, em alguma medida, ser atribuído ao personagem mítico de Héracles, embora muitos não estejam no *Héracles* de Eurípides.

O orgulho parece ser a enzima que reage e coloca em ação a dinâmica da *hýbris*. Ele surge por incompreensão do que seja a condição humana. De acordo com a piedade grega, os homens não teriam razões para o orgulho, pois, como disseram as Musas, são "vis infâmias e ventres só".[20] Segundo Píndaro (*Píticas*, 8.95 e segs.), nada somos além do "sonho de uma sombra". O bem que podemos ter vem dos deuses, prossegue o poeta. A insignificância e efemeridade da condição humana são ressaltadas por Apolo quando se nega a lutar com Posídon por causa de mortais que, "semelhantes às folhas das árvores, ora se expandem cheios de viço e louçãos, pelos frutos da terra nutridos, ora da vida privados, sem brilho nenhum emurchecem".[21]

É explícita na mentalidade grega a existência de uma medida estabelecida para o homem, que deve ser respeitada para que haja equilíbrio. O homem, quando ultrapassa seus limites, incorre em *hýbris*. No oráculo de Delfos, as frases "Conhece-te a ti mesmo" e "Nada em demasia" assinalam a necessidade de se compreender e respeitar esses limites. Também indicam que a busca da *sophrosýne* (σωφροσύνη), "moderação, prudência, justa medida", é

[19] H.G. Liddell and R. Scott, *Greek – English Lexicon*, pág. 1841.

[20] Hesíodo, *Teogonia*, v.26 . Tradução de J.A.A. Torrano.

[21] *Ilíada*, XXI. 462-467. Tradução de Carlos Alberto Nunes.

fundamental para o mortal que queira agir de maneira piedosa e grata aos deuses.

Em resumo, a *hýbris*, da visão tradicional, é uma espécie de ofensa aos deuses: atos, palavras ou mesmo pensamentos por meio dos quais o mortal esquece as limitações que lhe são próprias, compete com os deuses e procura adquirir seus atributos, provocando a hostilidade divina. Está na vanglória e nas condutas excessivas, contrárias ao espírito de Delfos. A *hýbris* gera necessidade de reparação dos limites transgredidos, que se manifesta como punição divina.

Fisher[22] discorda dessa visão e alerta contra a tendência para caracterizar como *hýbris* qualquer ato ou palavra que sejam ofensivos aos deuses, sem considerar se o termo *hýbris* e seus correlatos estão presentes no contexto. Para ele, *hýbris* é um ataque contra a honra, que causa vergonha e, provavelmente, conduz à ira e à vingança: "*Hýbris* é com freqüência, mas não necessariamente, um ato de violência; é uma atividade essencialmente deliberada, e o motivo típico para tal imputação de desonra é o prazer em expressar um senso de superioridade [...]".[23] Diz que, embora ocorram diferentes desenvolvimentos e variações no uso e na ênfase do termo *hýbris*, há considerável coerência e consistência no conceito, cujo significado básico é "um sério e, com freqüência, criminoso ataque contra a honra de alguém [...]".[24]

Fisher desenvolve um estudo a respeito do uso do conceito de *hýbris* também nos âmbitos político e jurídico. Diz que o comportamento *hibrístico*[25] é considerado crime, porque pode constituir-se num ataque sério à honra do indivíduo ou do grupo atingido, o que põe em risco a coesão da comunidade e também a auto-estima e a identidade essencial do indivíduo. "A *hýbris* é responsável pelos crimes ou atos de ultraje politicamente significantes".[26]

Comportamentos *hibrísticos* ameaçam as bases fundamentais do viver civilizado em comunidades: "[...] eles, com freqüência, envolvem amor excessivo pela violência e

[22] N.R.E. Fisher, *Hýbris*, pág. 3.

[23] *Ibid.*, pág. 1.

[24] *Ibid.*, pág. 6.

[25] Traduzi do inglês o adjetivo *hybristic* por *hibrístico*.

[26] *Ibid.*, pág. 493.

pela guerra, faltas cometidas com relação às obrigações devidas aos parentes e amigos, ou o controle de si próprio em ocasiões socialmente perigosas, especialmente aquelas que envolvem bebidas [...]".[27] Esse tipo de comportamento era atribuído a vários personagens e monstros mitológicos (Tântalo, Ixíon, Sísifo, Cíclopes, Gigantes, Centauros, etc.), cujos mitos eram usados para advertir os gregos e lembrar-lhes a essência e a fragilidade de sua cultura e civilização. Foi, também, atribuído aos invasores persas.[28]

Fisher, com relação à ocorrência da *hýbris* na tragédia, diz que os heróis e heroínas cujos sofrimentos nos despertam grande simpatia não apresentam *hýbris* desenvolvida. São os que possuem temperamento ardente e obstinação em perseguir objetivos legítimos: Édipo, Antígona, Dejanira, Hipólito, Medéia. Há também um número de personagens trágicos que apresentam fortes elementos de *hýbris*: Agamêmnon e Clitemnestra, Ájax, Penteu e, talvez, Héracles em *As Traquínias*. Sobretudo em Eurípides, vinganças impróprias e selvagens são vistas como *hýbris*. Embora Fisher não inclua a vingança de Héracles contra Lico nessa categoria, parece-nos possível identificar nela elementos de *hýbris*.[29] O princípio geral é que quanto maior a *hýbris* encontrada num personagem, menor é a simpatia trágica que desperta.[30]

Fizemos essa digressão com o intuito de pesquisar se o significado de *hýbris*, tanto na visão tradicional quanto na compreensão de Fisher, nos permitiria sua atribuição a Héracles nesta tragédia. A resposta não é simples, como veremos ao acompanhar sua ação. O que é certo é a impossibilidade de lhe atribuirmos *hýbris* de modo inequívoco, pois o termo e seus correlatos não aparecem aplicados a ele e, por outro lado, Eurípides nos apresenta um herói piedoso aos deuses (852-853), benfeitor da humanidade (225 e segs., 359 e segs., 698 e segs., 851e segs., 877 e segs., 1252,1309 e segs.) e dedicado à família (577 e segs., 631 e segs.). A questão que permanece é sua natureza: Héracles é grandioso em demasia.

[27] *Ibid.*, pág. 500.

[28] *Ibid.*, pág. 501 a 503.

[29] Ver discussão nas págs. 34 e segs.

[30] *Ibid.*, pág. 508 e segs.

Grube[31] diz que a unidade da peça parece encontrar-se na insegurança existente na grandeza humana e no perigo de uma força sobre-humana. Essa instabilidade nos remete à consciência, sempre presente na mente grega, das limitações que nos são próprias e ao perigo de ultrapassá-las.

A natureza de Héracles é de tal forma grandiosa que suas ações se encontram muito próximas daquelas que assinalam *hýbris*. As barreiras entre o humano e o divino parecem inexistentes para ele, mas a loucura enviada por Hera mostra que a inexistência desses limites é ilusória.

Passagens que indicam proximidade da *hýbris*

Em *Héracles*, o comportamento de Lico é qualificado inequivocamente como *hibrístico*. Em quatro passagens ele é sujeito explícito ou implícito do verbo *hybrízo* (ὑβρίζω), "cometer excessos, agir violentamente, insultar" (260 e segs., 313, 708 e 741). Nos versos 708 e 741, *hybrízo* aparece reforçado pelo substantivo *hýbris*. O termo, de mesma raiz, *hýbrisma* (ὕβρισμα), "insolência", também ocorre referindo-se indiretamente a Lico: Mégara diz aos filhos que os deu à luz e os nutriu para serem alvo de *insolência*, escárnio e destruição por parte dos inimigos (459).

Lico comete *hýbris* e é punido. O coro, em 740, diz que, como punição, Lico receberá a morte: *díken dóseis thavón* (δίκεν δώσεις θανών), "serás punido com a morte" ou, literalmente, "tendo morrido, oferecerás justiça". Em 755 e segs., lembra ao tirano que também ele aniquilaria a família de Héracles e que deve, portanto, resignar-se a pagar a pena, *didoús ge tôn dedraménon díken* (διδούς γε τῶν δεδραμένον δίκην), "sofrendo a punição pelo que fizeste". A expressão utilizada para Lico e traduzida como "ser punido, sofrer punição" é composta pelo verbo *dídomi* (δίδωμι) e por *díke* (δίκη), que, literalmente, seria "oferecer justiça". Quando Íris afirma, com relação a Héracles, "Ou os deuses de nada valerão e grandes serão

[31] G.M.A. Grube, *The Drama of Euripides*, pág. 86.

os mortais, *se não for punido*" (841-842), usa a mesma expressão: *mè dóntos díken* (μὴ δόντος δίκην).

Carl Ruck[32] apontou similaridades entre Lico e Héracles e desenvolveu a teoria de que a representação de duplos papéis (um mesmo ator representava Lico e Héracles) parece enfatizar a temática do poeta e a estrutura da peça. Segundo ele, outros aspectos da tragédia, "além da duplicação dos papéis de Lico e Héracles, também sugerem que foi intenção do poeta que cada um deles representasse a figura recíproca do outro". Não discutiremos a extensa teoria desenvolvida por esse autor, mas nos interessa a relação proposta entre Lico e Héracles. Caso Ruck esteja certo, é significativo o fato de Héracles ser sujeito do verbo na expressão *mè dóntos díken* (842), após Lico ter ocupado esse papel por duas vezes (740, 755 e seg.). Embora seja uma expressão de uso constante no século V a.C., sua ocorrência aqui é indício de transgressão por parte de Héracles. Lico cometeu *hýbris* e foi punido, agora é a vez de Héracles.

Chalk[33] também mostrou semelhanças entre Lico e Héracles: ambos sofrem a violência que cometem. Lico assassina Creonte e pretende aniquilar a família de Héracles, mas é morto por ele. Héracles mata Lico e depois, enlouquecido, imagina destruir a família de outro inimigo (Euristeu), enquanto aniquila a sua própria. Héracles, de fato, executa a ação que Lico pretendia realizar: mata sua família. Toda violência participa de um elemento irracional, no caso de Héracles, incorporado na forma extrema de loucura.

Temos observado como Héracles é visto por terceiros:[34] por Anfitrião, pelo coro e por Mégara. Ele é supremamente grande, assim como seus feitos. Mostraremos a seguir passagens no texto em que as ações do herói sugerem *hýbris*.

Héracles, após compreender a situação em que se encontra a família, faz um discurso (562-582). Nele podemos observar alguns exageros. Em 565, diz: "Eu, pois

[32] Carl Ruck, *Duality and Madness of Heracles*, pág. 57 e segs.

[33] H.H.O. Chalk, *ARETH e BIA in Euripides' Heracles*, pág. 16 e segs.

[34] Embora, como afirmara Vernant, "em uma sociedade de confronto na qual, para ser reconhecido, é preciso derrotar os rivais em uma competição incessante pela glória, cada indivíduo está colocado sobre o olhar do outro, cada indivíduo existe por esse olhar. Ele é o que os outros vêem dele. A identidade de um indivíduo coincide com sua avaliação social...". J.P. Vernant, *Entre Mito e Política*, pág. 407.

agora é trabalho para minha mão...". Com esse verso, inicia a narrativa de seus planos de vingança. Essa referência à sua mão ocorre, de modo semelhante, em dois outros momentos. Durante a loucura (938), Héracles diz que deve matar Euristeu antes de continuar o sacrifício que realizava no palácio: "Com uma só mão disponho bem isto". Quando recupera a sanidade, pergunta a Anfitrião se, além dos filhos, também matara a esposa. Anfitrião responde: "De tua mão só tudo isso é obra" (1139).

Nas duas primeiras afirmações (a segunda é mais clara) há vanglória por parte de Héracles: ele é capaz de tudo, suas mãos realizam facilmente qualquer coisa ("com uma só...", 938). Quando o mensageiro narra o início da loucura, diz que Anfitrião tocara a "poderosa mão" do filho (964). Mas são mãos que matam filhos e esposa (1139), as "destruentes mãos paternas" (915). São elas que Héracles purificava da morte de Lico, no momento em que a loucura o tomou (1145) e que agita para Teseu, assinalando pavor (1218). Mãos que Teseu precisará purificar do miasma (1324) e a respeito das quais ordena a um Héracles agora fragilizado: "Dá tua mão ao amigo que oferece ajuda" (1398).

Héracles, na seqüência (566 e segs.), diz que derruirá o palácio dos novos tiranos, arrancará a cabeça de Lico e a lançará "como preia de cães". Há proximidade etimológica entre Lico e Lissa: Lico (Λύκος) significa lobo e Lissa (Λύσσα), a loucura de um modo geral.[35] Existe também relação entre eles no que diz respeito a Héracles. Ambos são ameaças para o herói: mal a primeira foi afastada (Lico), surge a segunda (Lissa). Segundo Pierre Pachet[36], graças a Lico e a Lissa será revelado o que existe em Héracles de mais profundo e substancial: a selvageria inseparável de seu vigor sobre-humano.

Há excesso nos planos do herói. É natural que projete vingança, mas seria necessário arrancar a cabeça de Lico e atirá-la como preia de cães, deixando-o insepulto? Trata-se de um ato ímpio e bárbaro. Na *Ilíada* (23. 21), Aquiles

[35] Lissa, filha da Noite, é a personificação do furor, da loucura. Em Homero, o substantivo Lissa refere-se ao furor bélico, à violência guerreira (*Il.* IX 239, 305; XXI 542). Como substantivo, aparece várias vezes em Eurípides designando furor, loucura: *Orestes* 254, 326, 401, 793, 845; *Bacas* 851, 977 e em *Héracles* 866. Nas *Bacas*, Lissa também aparece personificada e relacionada com cães (977).

[36] Pierre Pachet, Le bâtard monstrueux, pág. 541.

promete ao *eídolon* (εἴδωλον), "fantasma", de Pátroclo que entregará o corpo de Heitor para ser dilacerado por cães. Resolve depois devolvê-lo a Príamo, rei de Tróia e pai de Heitor, que fora buscá-lo com grande resgate. Príamo, para convencer Aquiles, lembra ao herói que é necessário ser reverente aos eternos (*Ilíada,* 24.503). A passagem mostra que esse tipo de atitude é condenada pelos deuses.

A fala seguinte de Héracles (568-73) é imprecisa e plena de ironia trágica. Diz que, dentre os cadmeus, aqueles que encontrou vis sujeitará com sua arma vitoriosa (569-70), os outros (os que não são vis, os inocentes) dilacerará com flechas (571). Pelo bom-senso, o conteúdo da afirmação deveria ser: dentre os Cadmeus que são vis, uns destruiria com clava, outros com flechas. Héracles talvez tenha antecipado, de modo não consciente, o que de fato fará: destruirá os culpados e seus inocentes filhos e esposa. Mas se, tomado de ira, sua intenção era dilacerar também inocentes, trata-se de violência excessiva e não justificada.

Neste episódio, diz Grube, as palavras de Héracles se tornam truculentas: "ele fala como alguém intoxicado por seu próprio poder e grandeza, até o ponto em que parece passar da grandeza para a megalomania".[37] Grube qualifica a fala do herói como exaltação perigosa. Wilamowitz[38] viu nela sinais de uma loucura incipiente, causada por sede de sangue, resultante dos trabalhos que realizara. Para Bond os planos de Héracles são razoáveis no contexto das guerras civis do séc. V a.C.: Platéia, Córcira e Melos sofreram ataques terríveis e o decreto dos atenienses para que todo homem adulto de Mitilene fosse morto (427 a.C.)[39] é ainda mais brutal.

Atos de vingança são pertinentes na situação de Héracles. O problema é a desmedida da vingança. Alguém poderia argumentar que ela é perfeitamente heróica e compatível com a têmpera de Héracles, mas aí está o problema. São os excessos de violência que levam à ruína, tanto no mito quanto na história. Qual o resultado das *hýbreis* das cidades

[37] G.M.A. Grube, *The Drama of Euripides*, pág. 252.

[38] *Apud* G.W. Bond, *op. cit.* pág. 206. Passagem referida acima, pág. 28. Sobre a ferocidade contida na vingança de Héracles, ver também David Porter, *Only Conect: Three Studies in Greek Tragedy*, pág. 106 e Burnett, *Catastrophe Survived*, pág. 165 e segs.

[39] Tucídides, *História da Guerra do Peloponeso*, 3. 36. 2.

gregas, senão a guerra do Peloponeso que as levou à destruição? Eurípides foi testemunha dessa guerra e parece pertinente perguntar se ela não norteou as reflexões do poeta em algumas passagens da tragédia. Roger Goossens[40] afirma uma forte influência das situações contemporâneas na obra de Eurípides. Examina o *Héracles* do ponto de vista político, traçando uma série de analogias entre cenas da peça e ocorrências históricas. Assim, entre outras coisas, analisa o asilo de Héracles em Atenas (1323-1335); a discussão entre Anfitrião e Lico sobre a técnica do arqueiro e do hoplita (159-164; 188-203); a "teoria das revoluções" exposta por Anfitrião (588-592); a situação política de Tebas dominada por um tirano usurpador (Lico) e conflitos internos da Beócia em 424 a.C. (Atenas, aliada a democratas de Tebas e do resto da Beócia, pretendia apoiar uma revolução na região).

"Héracles promete encher do cruor de cadáveres o rio Ismeno e ensangüentar o alvo curso do rio Dirce (572 e segs.). Os rios eram divinizados na Grécia, o que torna essa atitude impiedosa. Na *Ilíada,* 21, 209 e segs., Aquiles mata, de uma só vez, vários troianos e enche o rio Escamandro de cadáveres. O rio, indignado, toma a forma humana e diz que Aquiles supera todos os homens em ações ímpias: "Se te concede Zeus grande que todos os Teucros destruas, sai do meu leito e esses atos horríveis no plaino executa, que minha bela corrente se encontra entulhada de mortos".[41]

No final do discurso, Héracles diz que se não se empenhar para impedir a morte de seus filhos não será chamado, como antes, "o vitorioso Héracles" (582). A ironia, como sabemos, é que não só não impediu a morte dos filhos como foi seu agente. O coro, após ouvir o mensageiro sobre os feitos de Héracles durante a loucura, diz a Anfitrião que o lamenta, também os filhos e "a vitoriosa cabeça" (1046). Essa é a última aparição de *kallínikos* (καλλίνικος), "vitorioso", na peça e realça a ruína de Héracles: sua queda parece ainda maior quando contrastada com o

[40] Roger Goossens, *Euripide et Athénes*, pág. 345 e segs.

[41] *Ilíada.* 21, 214-218. Tradução de Carlos Alberto Nunes.

epíteto que constantemente o acompanha (49, 180, 570, 582, 681, 789, 961 e 1046). Héracles é aquele que sempre conquistou belas vitórias.

No segundo estásimo (687 e segs.), o coro compara Héracles a Apolo: as jovens em Delos entoam o Péan ao deus diante de seus templos e o coro cantará Péans para Héracles diante do palácio. Héracles é tão merecedor de Péans quanto Apolo. Trata-se de mais uma equiparação do herói com o divino. Héracles é tão filho de Zeus quanto Apolo, mas sua mãe é mortal, enquanto Apolo é filho de uma deusa. Héracles é herói grandioso mas não deus.

O coro diz, em seguida, que tem bom tema para seus hinos, pois se trata do filho de Zeus, "mas a nobre origem em muito supera pela excelência" (696-97). A afirmação parece excessiva: a nobre origem de Héracles é Zeus. Estariam os anciãos sugerindo que o herói, de algum modo, supera Zeus?

Após a morte de Lico, o coro não tem mais dúvidas: Héracles é filho de Zeus (800-804). Afirma que, "Esplêndida, mostrou o tempo, é a força de Héracles" (805 e seg.). É o otimismo que precede a ruína: mais dez versos e o coro vê a presença de um espectro sobre o palácio (817), e logo saberá que se trata de Íris, mensageira dos deuses, e Lissa, filha da noite (823-24).

Concordamos com J.T. Sheppard[42] que, oportunamente, chamou a atenção, para o excesso que existe nesses cantos corais (segundo e terceiro estásimos). O segundo estásimo (637 e segs.) celebra o retorno de Héracles e seu triunfo, "uma espécie muito perigosa de triunfo". Compara Héracles a Apolo e "alcança um clímax de perigosa exaltação. O famoso Héracles é agora famoso demais para que esteja seguro". O mesmo acontece no terceiro estásimo (763 e segs.), em que "a excessiva adulação é o preludio da queda do herói". Sheppard diz, contudo, que não é sua intenção mostrar que Eurípides considerava justo o destino de Héracles: "Eu apenas sugiro que ele fez isto [o destino de Héracles] mais excitante pelo uso da noção

[42] J.T. Sheppard, *The Formal Beauty of The Hercules Furens*, pág. 77.

corrente de que confiança e exaltação excessivas são perigosas."[43]

Lissa[44] tenta demover Íris de seus propósitos. Faz uma reflexão ética no estilo socrático-platônico. Sua preocupação é com o que se tornará um erro moral: a destruição, segundo compreende, de um inocente, de um benfeitor dos homens e dos deuses (851-53). Seu referencial é épico (e inclusive sofístico): fazer bem aos amigos e mal aos inimigos[45]. Héracles é amigo, logo causar-lhe mal é um erro e, portanto, injusto. Como é possível a loucura ser sóbria e sensata? Lissa afirma que Héracles não é ínfimo nem sobre a terra nem entre os deuses. Talvez seja esse o problema. O papel de Lissa pode ser, justamente, direcionar a atenção da audiência para a grandeza de Héracles. Com isso, reforça, indiretamente, a ameaça que significa para a ordem divina.

Lissa, prestes a enlouquecer o herói, invoca as Queres para rápido rosnarem e segui-la como cães ao caçador (870). Queres são divindades primordiais e ctônicas que se relacionam com a morte. Na *Teogonia* (211 e segs., 217), aparecem como filhas da Noite e irmãs, entre outros, do Sono, da Morte e das Moiras. Na *Ilíada*, em diversas passagens,[46] tanto no singular(*kér*, κήρ) quanto no plural (*kêres*, κῆρες), indicam especificamente a morte. Há no mito certa confusão entre Queres e Erínias. Aqui, a comparação com cães, de fato, equipara as Queres às Erínias: na *Electra* de Eurípides, os Dióscoros chamam as Erínias de "Queres terríveis, deusas de olhos caninos" (*El.*,1252) e falam delas como se fossem cães (*El.*, 1342). Em Ésquilo, são literalmente igualadas: *Kêres Erinýes* (Κῆρες Ἐρινύες, *Sete contra Tebas*, 1055). Essa equiparação é reiterada pelo coro quando diz que "furiosas crudívoras injustas Vinganças" dissiparão os filhos de Héracles (888). *Poinaí* (Ποιναί), "Vinganças", são as Erínias: é assim que se referem a si próprias nas *Euménides* de Ésquilo, 323. Mas, aniquilar os filhos de Héracles é o que Lissa, em 864 e segs., afirmara que faria. Lissa, assim como as Erínias (Hes., *Th.*, 180-185),

[43] J.T. Sheppard, *The Formal Beauty of The Hercules Furens*, pág. 77 e segs.

[44] Sobre a primeira fala de Íris e a justificação para a loucura (822-842), ver págs.27-28.

[45] Trata-se de uma máxima épica que, embora amenizada, ainda vigora no séc. V a.C.

[46] Como em: *Ilíada*, 2.302, 834,859; 3.360; 5.22,652; 7.254; 8.73, 528; 11. 332, 360, 443; 12.326; 14.462; 21.66.

é filha do sangue de Urano (844) e o Coro atribui a ela o epíteto *polýstonos* (πολύστονος), "de muitos penares", no verso 880. *Polýstonos* qualifica Erínia (no singular) nas *Suplicantes* de Eurípides (835-36).

Essa proximidade entre Lissa e Queres/Erínias é significativa, pois as Erínias, além de serem entidades responsáveis pela vingança do sangue derramado (especialmente do familiar), são responsáveis pela punição de ações suscetíveis de perturbar a ordem do mundo, como os excessos e a violência desmedida. O fato de Lissa – comparada às Erínias – enlouquecer Héracles nos permite supor que ele cometera uma falta dessa natureza.

No prólogo a família de Héracles estava refugiada no altar de Zeus salvador (48), ineficaz para salvá-la pois Lico queimaria todos e também o altar, caso não saíssem de lá (240-244). Quando o mensageiro narra como a loucura tomara Héracles, conta que fora no momento em que o herói preparava o sacrifício purificatório pela morte de Lico (922 e segs.) e, possivelmente, de seus aliados. Quando Lissa ataca Héracles, a família está novamente diante do altar de Zeus, agora no interior do palácio (922-926). Mais tarde, Héracles pergunta a Anfitrião onde o moscardo (a loucura) o pegou, onde o aniquilou e ele responde: "Quando junto ao altar as mãos purificavas pelo fogo" (1145). É significativo a loucura chegar quando Héracles inicia um ritual de purificação. O fato parece dizer, de maneira simbólica, que, se ele deseja se purificar, o sacrifício exigido será bem maior do que estimava: as vítimas serão sua esposa e filhos, aquilo que tem de mais precioso e próximo. O "sacrifício" parece de acordo com os desígnios de Zeus pois tem início diante de seu altar.

Em 995, o mensageiro relata que Héracles, após matar o segundo filho, "avança para terceira vítima sacrificar". Tanto o substantivo *thyma* (θῦμα), que significa "vítima sacrificial", quanto o verbo *episphaxon* (ἐπισφάξων), "degolar a vítima sacrificial", são palavras usadas no contexto religioso do sacrifício. Essa ocorrência de termos sacrificiais reforça a hipótese anterior: a morte dos filhos equivale a um terrível sacrifício de purificação para Héracles, purificação da grandeza excessiva que compromete a ordem natural do mundo.

Anteriormente, no início do segundo episódio, quando saíra com os filhos do palácio para se entregarem a Lico, Mégara perguntou: "Bem! Quem é o sacerdote, quem o sacrífice destes infelizes?". Ela usou os termos *sphageús* (σφαγεύς), "sacrífice", e *hiereús* (ιερεύς), "sacerdote", fora do contexto religioso do sacrifício, ao qual pertencem. Conforme a hipótese anterior, ocorre aqui uma alusão àquilo que de fato acontecerá: a morte de Mégara e das crianças não pelas mãos de Lico (que não acontecerá), mas na qualidade de um sacrifício realizado por Héracles (o sacrífice).

Héracles, no delírio, diz que vai para Micenas e necessita de alavancas e alviões para demolir as muralhas ciclópicas (943-46). O verbo usado para descrever a ação de fazer em pedaços, demolir, é *syntriainóo* (συντριαινόω), que significa "despedaçar com tridente". Héracles, em delírio de poder, quer destruir as muralhas, assim como Penteu quer carregar o Citéron (E., *Ba.*, 945 e segs.). Ele sente-se equipado com força sobre-humana para demolir, sozinho, as muralhas ciclópicas. No verbo *syntriainóo* há alusão ao tridente que é a arma divina de Posídon.

O herói aniquilará o que lhe é mais caro – filhos e esposa – com as mesmas armas que fizeram dele o maior dos heróis. Trata-se de um fato significativo para coesão do enredo: as mesmas ferramentas que serviram à grandeza de Héracles e construíram sua glória são as que agora o prostrarão. Essa relação é bem marcada no texto, pelo paralelismo que existe entre a fala de Mégara (462-475), quando descreve os planos de Héracles para os filhos – aos quais deixaria suas armas e os reinos conquistados com elas – e a narrativa do mensageiro (977-1000) sobre a morte das crianças, realizada pelo pai com essas mesmas armas.[47] É importante também a reflexão do herói, quando recupera a consciência, sobre mantê-las ou não (1377-1385).

[47] Ver nota 72 da tradução.

Héracles matará os próprios filhos pensando serem os de Euristeu. Não é a loucura que o faz matar crianças inocentes e indefesas, pois mataria os filhos de Euristeu mesmo estando lúcido.[48] Nessa passagem, Grube[49] diz que Héracles atua pelos mesmos motivos de Lico: pretende matar os filhos de Euristeu, seu inimigo. Para ele, o ato tem menos desculpa que o de Lico, que tinha razões para temer os filhos de Héracles, caso se tornassem adultos.

Pode-se argumentar que matar crianças de inimigos é comum e aceitável na visão de mundo grega. De fato parece ser, pois mesmo nesta tragédia, Lico pretendia matar os filhos de Héracles, e nas *Troianas* (719 e segs.), Astíanax, filho de Heitor, foi impiedosamente morto pelos vencedores gregos. A idéia é destruir a descendência do inimigo para evitar vinganças (*Troianas*, 723), como também justifica o próprio Lico (165-169). Porém, sabemos o fim que teve Lico (cuja morte foi devido a *hýbris*, 741), o destino funesto da maioria dos gregos[50] após a guerra de Tróia e a maldição interminável dos atridas, por Atreu ter matado os filhos de Tieste: maldição que culmina no assassinato de Agamêmnon por Clitemnestra e dela pelo próprio filho Orestes. Assim, embora matar filhos de inimigos seja recorrente no imaginário grego, não é algo que dê bons resultados.

Após matar o primeiro filho, "Héracles gritou (*elálaxe*, ἠλάλαξε) e vangloriou-se em triunfo" (981). O verbo *alálazo* (ἀλάλαζω) significa gritar *alalá* (ἀλαλά), grito de triunfo usual na guerra. Parece demasiado o fato de Héracles, capaz de destruir os monstros mais terríveis, vangloriar-se pela morte de uma criança indefesa. Embora sua atitude possa ser amenizada pela loucura que sofre, não deixa de revelar uma natureza bastante violenta. Os dois verbos empregados neste verso aparecem em outros contextos igualmente violentos. *Alálazo* é usado em *As Bacantes* (1133) quando estas, enlouquecidas, atacam Penteu indefeso. Também n'*As Bacantes*, *kompázo* (κομπάζω), "vangloriar-se", aparece três vezes (340, 1207 e 1233). Quando

[48] Ver G.J. Fitzgerald, *The Euripidean Heracles, An Intellectual and a Coward?*, pág. 91 e segs.

[49] G.M.A. Grube, *The Drama of Euripides*, págs. 85-86.

[50] Os gregos são punidos pela *hýbris* que cometeram contra Atena e seu templo (*Troianas*, 69). Mas a morte de Astíanax foi um dos inúmeros atos de grande violência cometidos por eles, que contribuiu para caracterizá-los como desmedidos. Quando o cadáver da criança é trazido até Hécuba, ela diz que os aqueus têm mais jactância de suas lanças do que do bom-senso (1158).

Cadmo fala sobre a sorte de Actéon, dilacerado pelos próprios cães, por se vangloriar de haver superado Ártemis nas caçadas (337-40). Em 1233, Agave, após matar e despedaçar o filho Penteu, inicia uma fala jactanciosa, dizendo a Cadmo que ele podia vangloriar-se ao máximo por ter as melhores filhas dentre os mortais. Dito isso, continua seu discurso enlouquecido. Em *Héracles*, o verbo já aparecera na voz passiva (64) relacionado a Creonte (também de fim trágico).

Barlow[51] destaca a violência de Héracles e aponta para a conexão entre seus trabalhos, a morte de Lico e a das crianças. Mostra como as três ações revelam a crescente violência do herói: o relato do mensageiro é o clímax da peça, tanto por sua profundidade, quanto por carregar o efeito cumulativo do que o precedeu. A tragédia mostra a fragilidade de um homem que se move por diferentes feitos até o ápice de seu valor. Então, é derrubado e experimenta negativamente seus talentos: "a suposta glória e heroísmo dos trabalhos são convertidos em novas circunstâncias terríveis, nas quais as mesmas características do herói existem, mas são usadas de modo tragicamente inapropriado".[52]

Quando Héracles desperta do sono imposto por Palas e percebe os atos que perpetrara, conclui não lhe restar alternativa heróica senão o suicídio, como Ájax no *Ájax* de Sófocles. Teseu, que ele resgatara do Hades, o convence a permanecer vivo. Em 1202, Teseu manda Anfitrião descobrir a cabeça do filho que dele se esconde (1198). Anfitrião tenta convencer Héracles a mostrar-se e o exorta a deter seu "ímpeto de leão feroz" (1211). A passagem alude à necessidade do herói deter sua violência, que males entrelaça a males (1213). Há identificação simbólica entre Héracles e o leão cujos poderes assimila ao usar sua couraça. Na *Ilíada,* 5.639, Héracles é chamado, orgulhosamente, por seu filho Tlepólemo de *thymoléon* (θυμολέων), "que tem coração de leão". Aqui, esse ímpeto o faz ser arrastado a "um cruento ímpio curso" (1212): tanto os

[51] S. Barlow, *Structure and Dramatic Realism in Euripides'Heracles*, pág. 123.

[52] *Ibid.*, pág. 124.

crimes que cometera quanto o suicídio que planeja. Aquilo que já fora motivo de orgulho, sinônimo de valor e causa de vitórias é agora considerado destrutivo.

Em 1242, Teseu pergunta a Héracles se crê que suas ameaças importam aos numes. Sua resposta é de uma arrogância admirável: "Implacáveis são os deuses e para com os deuses, eu" (1243). Teseu então o adverte para deter a boca, para que por vanglória, literalmente *méga légon* (μέγα λέγων), "falando grande", não sofra ainda mais (1244). Trata-se de vanglória ocorrida num momento de transtorno e desespero, mas que não deixa de sinalizar a natureza do herói.

As passagens indicadas acima mostram a grandeza desmedida de Héracles, que permeia tanto seus feitos gloriosos (é o maior dos heróis) quanto seus atos hediondos. Apesar de o termo *hýbris* e seus correlatos não serem aplicados a Héracles nesta tragédia, somos obrigados a reconhecer que o herói tem muito de *hybristés* (ὑβριστής). Embora não o vejamos em atitudes claramente jactanciosas ou ímpias, como, por exemplo, Penteu em *As Bacantes* e Ájax na tragédia homônima de Sófocles, é inegável que sua grandeza excessiva o conduz a um excesso de violência. Essa grandeza é imprópria a um mortal e compromete a ordem estabelecida (841-842). A loucura, que faz Héracles matar esposa e filhos, é um ataque contra ela. Hera é a deusa responsável. Por que ela?

Hera e Héracles

Héracles significa, etimologicamente, "o que fez a glória de Hera": *Heraklées* – Ἡρακλέης – ou, de modo contrato, *Heraklês* – Ἡρακλῆς – é formado pelo nome da deusa, Hera (Ἥρα), e por *kléos* (κλέος), "glória".[53] O herói fez a glória de Hera, tanto por ter realizado as façanhas que realizou, subjugado pelos aguilhões da deusa (20-21), quanto pela "purificação" de sua excessiva grandeza, por meio da loucura enviada por ela.

[53] P. Chantraine, *Dictionnaire Étymologique de la Langue Grecque*, pág. 416 e 540-541; A. Carnoy, *Dictionnaire Étymologique de la Mythologie Greco-Romaine*, pág. 69. *Apud* Junito Brandão, *Dicionário Mítico Etimológico*, vol. I, págs. 514-515.

Hera rege o âmbito familiar: é a responsável pelas gestantes e parturientes, pelas mães e seus filhos pequenos. É a deusa protetora dos amores legítimos, que devem ser respeitados para o bom funcionamento e manutenção da família. Héracles é filho ilegítimo de Zeus com Alcmena e reconhece ser essa a razão da inimizade de Hera (1263 e segs.), que o persegue desde o berço (1266 e segs.).

No prólogo, os versos 20 e 21 já estabelecem relação entre Héracles e a deusa. Anfitrião conta que o herói está a serviço de Euristeu, livrando a terra de monstros – "seja pelos aguilhões de Hera subjugado, seja conforme o destino". Em 20, Héracles é o sujeito do verbo *exemerôsai* (ἐξημερῶσαι), "livrar de monstros", literalmente, "pacificar", "purgar um lugar de ladrões ou animais selvagens para torná-lo civilizado". Em 21, a primeira hipótese para os trabalhos é que Héracles é subjugado (*damastheís*, δαμασθείς) por Hera. *Damázo* (Δαμάζω) significa "subjugar", "domesticar um animal". Héracles é o objeto da ação: é domesticado, subjugado por Hera e sofre o mesmo tipo de ação que executa (20).

São os aguilhões da deusa que subjugam o herói. *Kéntron* (κέντρον) é aguilhão e pode referir-se à picada de insetos. Aqui, seu uso talvez prenuncie a loucura que Hera enviará a Héracles, pois em 1144, ele se refere à loucura chamando-a de *oîstros*[54] (οἶστρος), "moscardo". Héracles pergunta a Anfitrião: "Onde o moscardo nos pegou? Onde nos aniquilou?" O uso do termo *kéntron*, em 21, pode ser uma alusão à essa futura "picada" da loucura (*oîstros)*, com a qual Hera subjugará o herói da forma mais contundente.

Quando Íris entra em cena (822 e segs.), diz ao coro que ela e Lissa não trazem nenhum dano à cidade, mas à casa daquele que dizem ser filho de Zeus e Alcmena. Vêm neste momento, "pois antes de terminar suas pungentes fainas, o destino preservava-o e nem permitia seu pai Zeus, que eu ou Hera jamais lhe fizéssemos mal" (827-30). Só depois que Héracles transpôs os trabalhos de Euristeu, é que Hera pode executar seus planos.

[54] Sobre o uso do termo *oîstros* (οἶστρος) como sinônimo de loucura, ver nota 215 da tradução.

Héracles era protegido pelo destino e por Zeus. A afirmação pressupõe que Hera já quisesse puni-lo mas não podia. Era seu destino realizar antes as "pungentes fainas", aquelas cantadas pelo coro (359-429) e mencionadas por Anfitrião (174-184, 220 e seg., 225 e seg.). Também Anfitrião considerou o destino como possível razão para os trabalhos do herói (21).

Enquanto Héracles não terminasse os trabalhos Zeus não lhe permitia nenhum mal (829). Em 1127, pergunta Anfitrião: "Ó Zeus, próximo ao trono de Hera, vês isto?". O coro, anteriormente (1086-1087), inquirira: " Ó Zeus por que odiaste teu filho com tão excessiva ira? Por que o conduziste a este pélago de males?". Por que, terminado os trabalhos, Zeus abandona o filho?

Talvez pelo mesmo motivo que o impedira de salvar outro de seus filhos: Sarpédon é morto por Pátroclo na guerra de Tróia (*Ilíada*, XVI, 433-458). Zeus queria salvá-lo mas foi impedido por Hera. Morrer naquele momento era seu destino. Parece, pelas palavras de Hera, que Zeus até poderia salvá-lo (*Ilíada*, XVI, 443), mas, se o fizesse, os deuses jamais aprovariam. Haveria confusão, pois também eles desejariam salvar da morte os próprios filhos. Mesmo para Zeus parece ser necessário, ou conveniente, respeitar o destino e as leis que regem o mundo. Ele pôde preservar Héracles até o término dos trabalhos. Depois, o herói, com grandeza perigosa para um mortal, devia ser punido para que a ordem do mundo fosse preservada – ordem na qual deuses são valorosos e mortais, de pouca importância.

As críticas de Anfitrião a Zeus (212; 339-347; 501) podem ser analisadas a partir do mesmo enfoque, sempre lembrando que a lógica divina não coincide com a humana e que os desígnios divinos nos escapam. A peça mostra, segundo Lee[55], que fazer julgamentos como os de Anfitrião e do coro (1086-1087) é cometer o erro de aplicar a um mundo que raramente entendemos, o dos deuses, padrões que prevalecem em nosso próprio mundo.

[55] Kevin H. Lee, *The Iris-Lissa Scene*, pág. 53.

Héracles, em 1279, considera a morte dos filhos como o derradeiro trabalho que suportara. Hera é o termo de equivalência entre esse e os demais: os feitos heróicos (20-21) e a morte das crianças são obras de Hera. É ela quem afinal domina (1253). Outras passagens também equiparam os trabalhos e o assassínio dos filhos. Íris impele Lissa a agir e diz, metaforicamente: "Solta cruenta amarra para que, tendo feito cruzar aquerôntica travessia[56] a coroa de belos filhos..." (837 e segs). *Kallípaida stéphanon* (καλλίπαιδα στέφανον), "Coroa de belos filhos", ecoa a expressão usada pelo coro em 355, *stephánoma mókhthon* (στεφάνωμα μόχθων), "coroa dos trabalhos". Héracles conquistou uma coroa (símbolo de glória) por seus trabalhos, e destruirá outra, formada pelos filhos. Também as armas, com as quais matou esposa e filhos, são as mesmas dos feitos gloriosos (1378-1385). Por último, em 1410, Teseu tenta exortar Héracles e pergunta se não tem mais memória dos trabalhos realizados. Ele responde, equiparando-os aos assassinatos que acabara de cometer: "todos aqueles que suportei são inferiores a estes" (1411).

Todos identificam nos infortúnios de Héracles a ação de Hera: Anfitrião (1127), Teseu (1189), o coro (1311 e seg.) e o próprio herói (1253, 1303-1310, 1392 e seg.). Héracles reconhece a completa vitória da deusa: Hera realizara o que queria ao estatelar, com pedestal e tudo, o primeiro homem da Hélade (1303-1307). Segundo seu ponto de vista, a deusa agira por "ciúme do leito de Zeus" (1309) e fora injusta com o benfeitor da Hélade, "em nada culpado" (1309-1310). Portanto, "que dance a ilustre esposa de Zeus/sapateando no Olimpo com reluzente sandália" (1303-1304).

Talvez as ações de Hera não signifiquem simplesmente a vingança de uma deusa ciumenta. O fato de o herói ser filho de uma união ilegítima de Zeus, além de agredir a timé (τιμή), "honra", de Hera, confere a ele as qualidades excepcionais que o levam a ter uma existência de desmedidas: a grandeza de Héracles é uma transgressão dos

[56] "aquerôntica travessia" diz respeito à travessia do rio Aqueronte, que os gregos acreditavam conduzir ao mundo dos mortos. Íris alude à morte das crianças que Lissa, a mando de Hera, fará Héracles realizar.

limites próprios do humano e, apesar de filho de Zeus, não deixa de ser humano e mortal. Lee[57] observa que, mesmo se concordamos que o crime inicial de Héracles é ser filho bastardo de Zeus, é difícil não ter a impressão de que foi seu sucesso, realçado por esse parentesco, que agravou o ressentimento de Hera e contribuiu para a destruição do herói.

Kitto explica o episódio de modo semelhante. A hostilidade de Hera é causada pela índole grandiosa de Héracles que lhe foi concedida por Zeus: "Héracles é de nascimento mais do que mortal, tal como seu gênio e os seus empreendimentos são mais que vulgares. O gênio deriva, dramaticamente, de Zeus; segue-se quase que automaticamente que Hera quererá destruí-lo".[58] Enquanto, arrastado por essa índole, Héracles realizava os trabalhos, Zeus e o destino o protegiam. Mas, completa Kitto: "um gênio desta ordem é superior, parece, ao que a Natureza pode tolerar por muito tempo [...]"[59]

Tanto a relação entre Hera e Héracles quanto o destino deste ultrapassam o conteúdo da tragédia de Eurípides. Aqui, Héracles sai de cena em direção a Atenas, levado por Teseu. Sófocles, em *As Traquínias*, mostra-nos a morte do herói no monte Eta. Ele é queimado numa pira preparada e acesa por suas próprias ordens. Héracles não suportou as dores causadas pelo veneno do centauro Nesso que corroía sua pele. Dejanira, na época esposa do herói, impregnara sua veste com o veneno, pensando tratar-se de filtro amoroso.

A apoteose de Héracles é ignorada por Sófocles que, em sua versão, prioriza a morte do herói: ela providencia a explicação etiológica para o culto heróico de Héracles. A opção de Sófocles não é a mesma das artes figurativas e de outros autores[60] que nos informam sobre o fim apoteótico do herói: Héracles conquista a imortalidade (teria sido arrebatado quando ardia em chamas e levado para o Olimpo) e reconcilia-se com Hera que lhe dá a filha Hebe (personificação da juventude) em casamento. A morte pelo

[57] Kevin H. Lee, *The Iris-Lissa Scene*, pág. 52.

[58] H.D.F. Kitto, *A Tragédia Grega*, vol.2, pág. 111.

[59] *Ibid.*, mesma página.

[60] Há indicação bibliográfica sobre a morte e apoteose de Héracles em Pierre Grimal, *Dicionário da Mitologia Grega e Romana*, pág. 218.

fogo tem valor simbólico: é com ele que o herói se purifica dos elementos mortais que possuía. Hesíodo (*Th.*, 950-955) já nos fala da imortalidade conquistada por Héracles e de seu casamento com Hebe. Eurípides, por meio do coro dos *Heraclidas* (910-916), também nega que o herói fora consumido pelas chamas e afirma que ele "partilha o suave leito de Hebe no palácio dourado".

Levantamos a hipótese de Hera ser a grande iniciadora de Héracles. Nesse caso, todas as atitudes da deusa com relação a ele – inclusive a loucura que o faz vivenciar as limitações necessárias a sua condição de, até então, mortal – têm como propósito a futura imortalização do herói. Hera, na condição de deusa protetora da gestação e do parto, promove, mediante uma "gestação" repleta de rituais iniciatórios, o "parto" de Héracles para a imortalidade. Mas não antes de todas as dores necessárias! Héracles jamais teria se tornado o maior dos heróis se não fosse Hera, nem tampouco conquistado a imortalidade. Tudo é obra de Hera que, no final, pode aceitar Héracles como parte de sua família divina.

Mas voltemos ao *Héracles* de Eurípides. Ainda sobre a relação entre deuses e homens e sobre a forma como os deuses são vistos na peça, há uma passagem intrigante. Diz Héracles:

> Ai de mim! Isto é irrelevante a meus males,
> e eu nem creio que os deuses por leitos não lícitos
> anseiem e que grilhões prendam suas mãos –
> nem jamais julguei, nem me persuadirei –
> e nem que um seja déspota do outro.
> Pois ao deus não falta, se é de fato deus,
> nada. Estes são lamentáveis contos dos aedos.

Segundo Héracles, ao deus, se verdadeiramente deus, nada falta. Afirmações contrárias "são lamentáveis contos dos aedos". Ele refere-se aos argumentos prévios de Teseu (1314-1319). Mas, como conciliar a passagem com as ações de Hera? Uma vez que, para Héracles, Hera fez o que fez "por causa de uma mulher, com ciúmes do leito de Zeus" (1308 e segs.). Hera não seria então uma deusa de verdade? Se os deuses não anseiam por leitos ilícitos, como Zeus poderia ter amado Alcmena e Héracles ser fruto desse amor? Estaria o herói negando o próprio mito?

Os versos 1340-1346 foram objeto de inúmeros estudos e receberam as mais diversas interpretações.[61] Alguns estudiosos, entre eles A.L. Brown e Greenwood,[62] atribuíram a contradição existente entre a fala de Héracles e os deuses tradicionais à visão religiosa de Eurípides. Para eles, o conteúdo dessa passagem é exterior ao drama e não pertence a Héracles, mas a Eurípides: com esses versos o poeta informa a audiência de que suas idéias são diferentes da moldura mítica da peça.

Para Kevin Lee[63] o discurso de Héracles teria o modesto propósito de rebater a conclusão de Teseu de que os deuses toleram a consciência de suas culpas (1319). Segundo ele, Héracles entende que os deuses não sofrem culpa nem vergonha, porque não consideram ilegítimos os amores que desfrutam. E, como a divindade não pode, de fato, ser encarcerada, não há vergonha em eventos claramente fictícios, como os deuses terem as mãos presas. Lee diz que a afirmação, "pois ao deus não falta, se é de fato deus, nada" (1345 e seg.), se baseia na premissa de que "os deuses obtêm o que querem", por isso nada necessitam.

Essa última afirmação de Lee foi refutada por Lawrence[64]: "Não ter nenhuma necessidade raramente é sinônimo de ter necessidades que nunca são frustradas, e a idéia de um deus que nada necessita aparece em Xenófanes em contraste com uma vida de fausto e extravagância. O ponto é, de qualquer forma, mais a ausência de desejos do que a realização bem sucedida desses desejos".

Embora seja questionável o motivo que levou Héracles a fazer tais declarações (se foi apenas para refutar Teseu ou para propor uma nova compreensão do divino), elas não sustentam as afirmações de Lee. Héracles não diz, em

[61] Ver o artigo de S.E. Lawrence, *The God that is Truly God and the Universe of Euripide'Heracles*, pág. 129-146.

[62] *Apud* K. Lee, *Human and Divine in Euripides'Heracles*, pág. 44.

[63] K. Lee, *op. cit.* 44-45.

[64] S.E. Lawrence, *op. cit.* pág. 132.

momento algum, que os deuses não se envergonham ou se sentem culpados em desfrutar os leitos que desfrutam por não considerá-los ilegítimos. Nem tampouco sugere que não há vergonha em deuses terem suas mãos presas, já que se trata de "evento claramente fictício". Mas, por outro lado, Héracles também não afirma que o leito de Alcmena é ilícito para Zeus e, portanto, suas palavras não negam o próprio mito. Ele apenas diz não crer que os deuses anseiem por "leitos não lícitos". Mais uma vez, o problema é saber qual lei vale para os deuses.

Lawrence interpreta de outra forma as afirmações do herói. Segundo ele[65], no *Héracles*, Eurípides primeiro coloca, na condição de metáfora, o mundo dramático convencional da tragédia com seus deuses. Em 1340-46, o poeta assinala que a metáfora se tornou inadequada. Então o mundo dramático convencional é substituído por outro, criado a partir da teologia radical de Héracles, que nega os deuses tradicionais. Deuses que, segundo Lawrence, são artifícios da dramaturgia: "O que previamente era nosso senso da injustiça de Hera é agora sentido, de modo menos específico, como impotência em face de um universo misterioso, impessoal e provavelmente fortuito".[66] Lawrence reconhece que, negando os deuses tradicionais, Héracles negou muito de seu próprio mito, mas esse mito é apenas uma metáfora: "os dados tradicionais são meramente meios pelos quais o dramaturgo expressa sua concepção de um ser humano supremamente capaz e moral".[67] Ele conclui que a passagem convida a audiência a saltar de um deus injusto para deus nenhum. Parece-nos improvável que Eurípides intencionasse desacreditar os deuses dessa forma.

A compreensão dos deuses pode se dar em diferentes níveis. Existem aqueles que se atêm a literalidade das palavras dos aedos. Não é o caso de Eurípides que, fiel ao espírito de sua época e às reflexões trazidas pela filosofia, critica a visão tradicional dos deuses em diversas passagens de sua obra. Ele faz uso dessa visão para criticá-la, mas não para negá-la. Em nosso entender, no *Héracles* os

[65] S.E. Lawrence, *op. cit.* pág. 139.

[66] *Idem, ibid.*

[67] *Idem*, pág. 144.

deuses são reais, assim como suas ações. A dificuldade está em compreendê-los.

Héracles sempre esteve sob os desígnios de Hera, a responsável por seus trabalhos e por sua loucura, e Zeus, de fato, o protegera enquanto o destino permitiu. O que na peça parece injustiça divina é, na verdade, a ordem do mundo tal como se apresenta, cujas leis devem ser respeitadas. Uma delas estabelece os limites próprios do humano, limites ultrapassados pela grandeza excessiva de Héracles. A loucura é a resposta enviada por Hera.

Héracles, vítima de certa forma inocente (o mesmo poderíamos dizer, por exemplo, de Édipo), não compreende ser sua *phýsis* (φύσις), "natureza", grandiosa e desmedida, a responsável pelos infortúnios. Então, sente-se vítima da injustiça de Hera (1303-1310). Mais adiante, faz afirmações polêmicas (1340-1346). Elas significam que Héracles não acredita em tudo que os aedos dizem sobre os deuses (os quais Teseu segue em 1314-1319). Concordamos com Bond[68] e Lee quando afirmam que a fala de Héracles tem como principal objetivo refutar os argumentos de Teseu. O fato de Héracles não acreditar em algumas afirmações dos aedos não significa que ele compreenda o que são, essencialmente, os deuses.

[68] G.W. Bond, *op. cit.* pág. 399 e segs.

De qualquer modo, sua conclusão de que "ao deus não falta, se é de fato deus, nada", não contradiz, em nosso entender, as ações de Hera. Na condição de deusa ela, de fato, nada necessita. Sua recusa em relação a Héracles, entendida por ele como ciúmes (*phthnoûsa* – φθονοῦσα, 1309), expressa outro tipo de motivação, indicado em 841-842. O herói não alcança os desígnios da deusa.

POTÊNCIA E IMPOTÊNCIA

Um dos temas de *Héracles* é a relação entre potência e impotência na vida humana: o quê significam, que conseqüências trazem e como se alternam. Os personagens da trama se movimentam entre elas, sofrendo-lhes o jugo. Trata-se de um tema intimamente ligado ao central, pois Héracles, a despeito de sua grandeza incomum, que o torna símbolo por excelência de potência, sofrerá a mais extrema impotência perante forças divinas que o transcendem. Potência é também atributo de Lico e Teseu. Mas Lico, assim como Héracles, passará desse estado para o seu oposto e Teseu parece fazer uso equilibrado da potência que possui: utiliza-a para ajudar o amigo que antes o ajudara.

Anfitrião, Mégara e o coro são impotentes o tempo todo, mas se recordam de épocas em que não eram.

Juventude e Velhice

De um lado, temos Lico, Héracles e Teseu – jovens e cheios de potência; do outro, Anfitrião e os anciãos do coro – velhos e impotentes. Mégara e os filhos, comparados a Anfitrião, são potentes (embora impotentes na situação que vivenciam). Mégara, apesar da condição feminina, revela ânimo heróico[69] (275-311). No prólogo, a forma como questiona Anfitrião mostra o contraste entre o ímpeto da juventude (90, 92, 94) e a ponderação da velhice (87, 93, 95-106). O coro vê nos olhos dos filhos de Héracles o brilho gorgôneo dos olhos do pai (131 e segs.): são uma promessa de continuidade da potência paterna.

Juventude e Potência

Comecemos por Lico. Ele é jovem e forte. Pela violência, tomara o poder em Tebas, matando Creonte, seu legítimo rei (33). Coloca-se como déspota (141-42), domina a cidade (246) e todos são escravos de sua tirania (251). Anfitrião aponta sua *hýbris* (707 e seg.), assim como o coro (741). Lico ameaça queimar Anfitrião, Mégara e os filhos, mesmo refugiados como suplicantes no altar de Zeus (240-44): uma impiedade que, cego pelo poder, não teme

[69] Ver notas 13 e 36 da tradução.

cometer. Do mesmo modo, não tem escrúpulos em arrancar filhos e mãe do palácio para matá-los, sendo responsável pelo derramamento de sangue (722-724) e pelo miasma que ele causa. Mas o tirano é alertado por Anfitrião (709): "Aqui deverias moderar o afã ainda que domines". O problema é que potência e poder geram no homem a ilusão de não existirem limites, levando-o a perder a justa medida. A potência de Lico encontrará término nas mãos mais potentes de Héracles (750, 754).

Héracles, potência por excelência, também chegará ao pólo contrário, não por força de alguém mais poderoso (como no caso de Lico), mas por forças divinas inigualáveis. O poder, a força e as armas do herói serão usados contra ele.

Após matar Mégara e os filhos, Atena o impede de matar Anfitrião e o lança em sono profundo (1003-1006). Dormindo, amarrado, "terrível sono após o cruor das crianças" (1034), armas espalhadas no solo (1098), Héracles é a imagem da impotência. Quando desperta sente-se aturdido: "Onde, impotente, estou?" (1105). "Ai de mim! Que cena é esta que, desgraçado, vejo?" (1132).

Mais tarde Teseu chega e pergunta quem é aquele entre mortos. Anfitrião responde ser seu filho "que para gigantófona luta marchou com os deuses ao campo de Flegra, como guerreiro" (1190 e segs.). Que contraste entre o Héracles que lutara junto aos deuses e esse *polýponos* (πολύπονος) "que muito penou" entre cadáveres! Teseu insiste: "Quem dentre os homens é tão desditoso? (1195). "Não poderias conhecer outro mais sofrido e extraviado dentre os mortais", responde Anfitrião (1196-97). A desdita do herói é tão grande que alcança o céu (1240).

A aflição de Héracles é crescente (1140, 1157 e segs., 1245, 1375 e segs.). Quanto às armas assassinas, reflete (1377-1384) e decide "dolorosamente preservá-las" (1385). Conclui estarem todos "aniquilados, míseros, golpeados por única sorte de Hera" (1392-1393). Pede para olhar uma vez mais os filhos (1406) e Teseu lhe pergunta se esqueceu dos trabalhos que realizara. O herói responde que todos aqueles males que suportara são inferiores aos que vive agora (1411), dor intolerável (1422).

No final, Héracles sai rebocado pelo amigo: aquele que realizara feitos gloriosos foi reduzido a um barco em ruínas (1423 e segs.). Essa imagem náutica já fora usada pelo herói em 631-632, fechando a primeira parte da peça. Ele, então herói poderoso que voltara para salvar a família, prometia aos filhos conduzi-los como uma nau conduz pequenos barcos. No final, Héracles revela-se tão frágil e impotente quanto estavam os filhos naquele momento.

A reviravolta na vida de Héracles é drástica: a impotência que vivencia é proporcional à potência que sempre tivera. O herói, em movimento pendular, vai de um extremo a outro. Tudo o que até então representava vantagens para ele – sua força, poder, armas – torna-se veículo de sua ruína.

Velhice e Impotência

Tanto para Anfitrião quanto para o coro, a velhice é o veículo da impotência. Ambos eram heróis em Tebas e os anciãos do coro foram "não infâmia de gloriosíssima pátria" (129-30). Anfitrião destruiu a cidade dos Táfios quando comandara "gloriosamente a lança dos cadmeus" (60-61). Agora são velhos e impotentes. De agentes tornaram-se espectadores: refletem, recordam e testemunham ações das quais gostariam de participar.

No prólogo, Anfitrião autodenomina-se um "velho inútil" e diz que Héracles o deixou no palácio, *trophòn téknon oikourón* (τροφὸν τέκνων οἰκουρόν), "nutriz de seus filhos, vigia da casa". Tanto *trophòn* (nutriz) quanto *oikourón* (vigia da casa) são termos normalmente atribuídos à mulher: Anfitrião, outrora grande guerreiro (60-1, 288, 508-9), devido à velhice, desempenha funções femininas. Ele e a família de Héracles são a imagem da impotência: estão carentes de tudo (51), sem meios de salvação (54) e só podem prolongar o tempo, já que são frágeis (87).

Anfitrião nada é "exceto som de voz" (229), pois "com a velhice são trêmulos os membros e baço o vigor" (231). Não tem "força para evitar a morte" (326), mas tudo seria diferente se fosse jovem e senhor do corpo (232 e segs.). Depois da morte dos netos e de Mégara, surge "qual ave gemendo filhote implume, com lento passo movimentando pungente marcha" (1041). Mais tarde, conclui: "Perecemos, perecemos esvaecidos no ar" (1186).

No Párodo, os anciãos do coro entram apoiados em bastões (107 e seg.), segurando uns nos outros (124 e segs.). Definem-se como "visão notívaga de noturnos sonhos" (112-113). São solidários, querem defender os amigos, mas impotentes: "Ó destra mão, como desejas empunhar lança, mas na fragilidade tens o desejo destruído" (268-69). Se tivessem a força dos braços e alguém insultasse Anfitrião, facilmente impediriam, mas concluem que nada são (312-314). Suas constatações sobre a velhice assemelham-se às dos anciãos do coro do *Agamêmnon* de Ésquilo (71-82):

> Mas nós, cuja velha carne já não é capaz de pagar a sua dívida, que vimos partir a expedição vingadora e ficamos para trás, aqui estamos, regendo com um bastão uma força de crianças. Pois a medula que governa nos peitos infantis é igual à dos velhos: Ares não está em seu posto. Assim a extrema velhice vê a sua folhagem secar completamente enquanto caminha sobre três pés e, com o vigor de uma criança, erra como um sonho que aparece à luz do dia.[70]

[70] Tradução de Manuel de Oliveira Pulquério.

O coro de *Héracles* também se ressente da velhice: "Se eu tivesse o vigor da juventude e lança brandisse em combate...as crianças teria protegido... Na realidade, estou longe da feliz juventude" (436-441). No segundo estásimo, ele a condena, "fardo mais pesado do que as rochas do Etna" (638-639), e exalta a juventude: preferível à prosperidade de um reino asiático e a palácio repleto de ouro (643-646). A "funesta e cruenta velhice" é odiada e deveria desaparecer, sem nunca ter vindo às casas e cidade dos mortais (649-654). Se os deuses tivessem inteligência e sabedoria conforme os homens, premiariam os bons com dupla juventude, sinal inequívoco de excelência: depois de mortos, voltariam para nova juventude (655-662) e "assim seria possível os vis discernir dos bons" (665-666). São devaneios de anciãos a quem só resta o canto: "Não cessarei de as Cárites misturar às Musas – dulcíssima conjunção! Que eu não viva sem as Musas, mas esteja sempre coroado!" (673-677).

Eurípides, que nasceu por volta de 480 a.C., tem cerca de sessenta anos quando escreve *Héracles* (entre 420-415 a.C.). É com essa idade que o cidadão ateniense deixava de pertencer ao exército territorial.[71] Parece haver algo do poeta nas reflexões de seu coro sobre a velhice.

Palavras e Ação

No enredo, a relação entre potência e impotência espelha-se na relação entre juventude e velhice e entre palavras e ação. Tanto para Anfitrião quanto para os anciãos do coro, só restam palavras.

Também na *Ilíada*, Príamo reúne-se com coetâneos anciãos, no alto de uma torre em Tróia, para verem os combates. Comenta o poeta: "Eles todos, por velhos, já se encontravam isentos das lutas; contudo primavam pela eloqüência de todos, tal como cigarras, que o canto claro e agradável, pousadas nos ramos das árvores, soltam".[72] Para os anciãos troianos, afastados das batalhas, também só restam palavras.

No párodo, o coro se apresenta como "idoso aedo de melancólicos cantos qual ave encanecida, palavras só..." (110-112). São palavras trêmulas mas corajosas (114).

Após a fala de Lico contra Héracles (140-169), Anfitrião invoca Zeus para que defenda o herói no que lhe diz respeito, pois ele vai defendê-lo com palavras (171 e seg.). Em 229, Anfitrião se diz "impotente amigo" para

[71] Roger Goossens, *Euripide et Athénes*, pág. 360.

[72] *Ilíada*, III. 149-153. Tradução de Carlos Alberto Nunes.

os netos, pois nada é "exceto som de voz". Terminado seu discurso, Lico responde: "Tu fala mal de nós exaltando-te com palavras, mas eu te farei mal – e não com palavras" (238-239). Então, dá ordens para que seus homens busquem lenha e coloquem em volta do altar; ateiem fogo e queimem todos ali mesmo (240-244). As palavras de Anfitrião nada significam perante a ação de Lico. A manifestação imediata do coro (252 e segs.) também é exaltada, mas termina na constatação da própria fragilidade e impotência (268 e segs.).

Enfim, o eixo potência-impotência é fundamental para o desenvolvimento da ação. A completa impotência da família de Héracles, compartilhada pelo coro, maximiza o perigo que corre. O perigo reforça a potência de Lico (que é seu causador) e a potência muito maior de Héracles, que o extingue. Ironicamente, a impotência da família é ressaltada ao extremo perante a violência do próprio herói, antes salvador. Esse fato mostra a instabilidade da *týkhe* (τύχη), "sorte", e revela sua força.

INSTABILIDADE DA SORTE

A *týkhe* (τύχη) era para os gregos algo além do controle humano. É a sorte, fortuna, necessidade, destino e, também, o acaso. Pode ser boa ou ruim e, muitas vezes, corresponde ao ato de um deus: no *Héracles,* em 309, Mégara diz que quem enfrenta a *sorte dos deuses* é impetuoso e, em 1392-93, Héracles conclui que estão todos "aniquilados, míseros, golpeados por única *sorte de Hera*". A sorte que causa a ruína do herói é enviada pela deusa. Mas a *týkhe* pode ser boa, *agathé týkhe* (ἀγαθὴ τύχη) e, às vezes, pertencer de modo permanente a uma pessoa ou cidade, como direito a um bom destino. Nesse caso, equivale a um *daímon* (δαίμων), uma divindade.[73]

O termo *týkhe* aparece quinze vezes nesta tragédia: em dez ocorrências, significa algo de natureza semelhante ao

[73] H.G. Liddell and R. Scott, *Greek – English Lexicon*, pág. 1839. Sobre *daímon*, ver nota 157 da tradução.

destino (315, 480, 509, 921, 1116, 1141, 1314, 1321, 1357, 1396); em duas assinala, especificamente, um ato vindo dos deuses (309, 1393); aparece uma vez como acaso (203), outra designando uma boa sorte (63) e, por último, como algo ruim que poderá acontecer, uma má sorte (250). A seguir abordaremos passagens que revelam mudanças da *týkhe*, mesmo algumas em que o termo não aparece de modo explícito.

Mégara, em sua primeira fala, lembra Anfitrião de que um dia ele destruíra a cidade dos Táfios, quando gloriosamente comandara a lança dos cadmeus. Em seguida, reflete: "como nada do divino é claro para os homens!" (62), pois também ela não esteve excluída da sorte junto a seu pai que a unira a Héracles em ilustre leito (63-68). Então, conclui: "E agora, tudo aquilo, tendo morrido, esvoaçou" (69). Quando está pronta para se entregar à morte, reflete: "Quão despojada fui da expectativa esperançosa que, crendo nas palavras de vosso pai, um dia esperei" (460-461). Então discorre sobre os planos que Héracles tecia para os filhos, enquanto ela escolhia noivas seletas de Atenas, Esparta e Tebas (462-479): "Mas tudo isso se foi. A sorte tendo mudado, deu-vos, ao revés, as Queres como noivas" (480-481). As Queres representam aqui a morte.

Nada do que é humano é estável e seguro, nem os desígnios divinos são claros para os homens. É por essa razão que Sólon diz a Creso não ser possível afirmar que um homem é feliz, enquanto viver. O homem é apenas incerteza: "Devemos olhar para o termo de cada coisa e ver como ela findará, pois a muitas pessoas a divindade dá um lampejo de ventura para depois aniquilá-las totalmente".[74]

A mesma idéia está presente em *As Traquínias* e no *Édipo Rei*, ambas tragédias de Sófocles. A primeira nos relata a morte de Héracles. Dejanira, esposa do herói neste episódio, abre o prólogo (1-3) dizendo: "há entre os homens um antigo ditado, que lhes foi revelado, de que não é possível avaliar se a vida de um homem é feliz ou má antes de sua morte".[75]

[74] Heródoto, *Histórias*, 1,32; tradução de Mário da Gama Kury.

[75] Edição de Hugh Lloyd-Jones, Harvard University Press, 1994.

O *Édipo Rei* termina com a reflexão do coro sobre a instabilidade da sorte na vida de Édipo (1524-1530): ele que foi poderoso e invejado, decifrador de enigmas, encontra-se num mar de terríveis sofrimentos. Então o coro conclui ser necessário esperar o fim da vida de alguém, para só então considerá-lo feliz, caso não tenha sofrido nada doloroso.

Também Anfitrião reconhece a instabilidade da sorte e tranqüiliza Mégara (95 e segs.): a situação em que se encontram pode mudar, "pois não só dos mortais os infortúnios cessam, como não tem sempre força o sopro dos ventos. Aqueles que são prósperos não o são até o fim, pois todas as coisas se afastam umas das outras" (101-104). Mais tarde, alerta Lico: "Por violência nada faças, ou sofrerás violência quando o sopro divino para ti mudar" (215-216). De fato, o sopro divino mudará e Lico sofrerá a violência que pretendia executar (740 e segs.). Anfitrião também aconselha o coro a atravessar as coisas da vida do modo mais doce possível, do dia à noite, sem aflições (503-505), pois "esperanças o tempo não sabe salvar" (506 e segs.). Ele foi admirado por realizar célebres feitos, mas a sorte o afastou, em um só dia, como pena no ar (508-510). Então, conclui: "Grande felicidade e reputação, não sei a quem são seguras" (511 e segs.).

Quando Héracles volta, mata Lico e salva a família, o coro exulta a mudança da sorte: "Salve! Justiça e réfluo destino dos deuses" (735 e segs.), "mudanças da Sorte (metallagaì suntykhías, μεταλλαγαὶ συντυχίας), geraram outros cantos" (766-67). A esperança chegou além da expectativa (771). A alegria do coro é passageira: em seguida vê, apavorado, a chegada de Íris e Lissa ao palácio (815 e segs.). Mais um pouco e constatará: "Rápido, um nume transformou quem era próspero" (884).

O poder da sorte é reconhecido por Teseu: "...nenhum dentre os mortais é intangível à sorte nem dentre os deuses, se não mentem os cantos dos aedos (1313-1314). A grandeza de Héracles nada pôde contra ela.

Héracles, quando aparece pela primeira vez em cena (523 e segs.), é o herói glorioso que volta para salvar a família. É poderoso e domina a situação. Sai de cena para realizar a vingança contra Lico (636). Quando reaparece (1029), está amarrado como animal (1035-1038), cercado não pelos monstros que costumava matar, mas pelos cadáveres da esposa e filhos (1032 e segs.). Ele atingiu o céu com seus braços e sustentou a reluzente morada dos deuses (403-407). Agora, da terra, também alcança o céu, mas com sua infelicidade (1240).

A sorte é também responsável pela inversão de papéis entre Teseu e Héracles. Teseu, arruinado no Hades (1416), foi resgatado por Héracles (619, 1170, 1222, 1336-37). No final, Héracles, destruído, é resgatado por ele. O herói, que antes "rebocara" os filhos (631-632), sai de cena "rebocado" por Teseu (1424), que agora considera filho (1401).

Jaeger, analisando o papel da sorte em Eurípides, comenta que "o sinistro poder da *týkhe* ocupa o lugar dos deuses bem-aventurados. No sentir de Eurípides, a sua demoníaca realidade cresce à medida que se esvai a realidade dos deuses. Ganha assim, progressivamente, os traços de uma nova divindade que domina paulatinamente o pensamento grego e suplanta a antiga religião".[76] Em nosso entender, no *Héracles*, a *týkhe* é ainda um instrumento dos deuses, condicionada aos seus desígnios. As reviravoltas produzidas por ela são obra de Hera, como o próprio Héracles afirma (1392-93). Em 1357, ele reconhece que deve submeter-se à sorte.

[76] Werner Jaeger, *Paidéia*, pág. 282.

AMIZADE NECESSÁRIA

A amizade é um dos temas condutores da peça e já aparece no prólogo, quando Anfitrião vê que entre aqueles que considerava amigos, uns não são verdadeiros, e os que realmente são (os anciãos do coro) não podem ajudar

(55-56). Conclui que a condição de infortúnio oferece a prova irrefutável da amizade (59).

Os anciãos do coro mostram-se fiéis o tempo todo. Enfrentam Lico (252 e segs.) e dizem que, enquanto viverem, ele jamais matará os filhos de Héracles (261 e segs.). São solidários aos amigos quando mais necessitam (267), mas reconhecem a própria fragilidade (268-69). Mégara agradece-lhes e concorda que "pelos amigos justas iras é necessário que os amigos tenham" (275-76), contudo devem ser cautelosos para não sofrerem, "irritando-vos com déspotas" (277-78).

Anfitrião critica veemente Zeus (339-347). Diz que o deus é menos amigo do que parecia ser (341) e não sabe salvar seus amigos (346): "Tu és um deus ignorante, ou justo não nasceste" (347). O foco da crítica é a negligência de Zeus em socorrer os amigos.

O infortúnio afastou os supostos amigos de Héracles: o coro observa que seu palácio está deserto deles (430). Quando retorna e vê seus filhos com ornatos fúnebres, Héracles pergunta se iam morrer. Mégara responde que sim e que estavam sem amigos (551). O herói insiste: "Assim, em nossa ausência, carecíamos de amigos?" (558). Ela responde com outra pergunta: "Que amigos tem um homem de má sorte" (559). Héracles parece não acreditar e Mégara reforça: "A ti repito: a má sorte é sem amigos" (561).

Quando Lico é morto, o coro convoca: "voltemos às danças, pois são prósperos os amigos que eu quero" (762). Depois da loucura, quando desperta, Héracles não compreende nada do que vê e chama por algum amigo que o possa ajudar (1106 e seg.). Anfitrião, temeroso, pergunta se deve se aproximar do filho (1109), e o coro, solidário, responde: "Também eu contigo! Não te trairei nos infortúnios" (1110).

Teseu ouve rumores sobre a situação em Tebas e se dirige para lá, com intuito de oferecer ajuda: "em retribuição pelo que Héracles iniciou ao salvar-me dos ínferos vim..." (1169 e segs.). Héracles ao voltar do Hades trouxe de lá o amigo (619). Teseu revela-se fiel, generoso e, ao contrário do coro, capaz de ajudar efetivamente. É o verdadeiro amigo, pois segundo Adkins,[77] na Grécia, ser amigo requer ação, não sentimento. A *philía* (φιλία), "amizade", grega não é estritamente cooperativa, mas recíproca: "o essencial de ser amigo (*phileîn* – φιλεῖν) é ação, não sentimento, e ajudar o outro tem como objetivo fazer dele um amigo, alguém com cuja ajuda se pode contar quando necessário".[78]

Héracles, envergonhado, mantinha o rosto coberto. Teseu lhe pede para mostrar-se aos amigos (1215). O herói indica as mãos maculadas pelo crime, mas o amigo argumenta: "Não me importa estar mal a teu lado, pois outrora também fui próspero" (1220 e segs.). Teseu faz valer a reciprocidade: "Odeio a gratidão decrépita de amigos e quem quer que deseje do belo aproveitar-se, mas navegar com amigos de má sorte, não" (1221-25).

Héracles ainda tenta afastá-lo (1233), mas ele responde que "não há alastor[79] de amigos para amigos" (1234). Teseu lhe oferece asilo em Atenas (1322 e segs.), purificação (1324), parte de seus bens (1325-1330) e honras após a morte (1331-33). Argumenta que será bela coroa para seus concidadãos obter glórias por ajudar um homem nobre (1334-35). Retribui, assim, seu resgate do Hades, pois agora Héracles necessita de amigos (1337): "Quando os deuses estimam, amigos não são necessários. Pois o deus ajudando é o bastante, quando ele quer" (1338). Não é a situação de Héracles. A amizade é fundamental, pois não se pode contar com os deuses. Como conquistar estima e ajuda de deuses cujos desígnios não alcançamos?

É necessário partir e Teseu ordena que Héracles dê a mão ao amigo que está a seu serviço (1398). O herói teme limpar o sangue no peplo de Teseu que, em atitude acolhedora e destemida, responde: "Limpa, nada poupes. Não recuso" (1400). Manda o amigo apoiar o braço em seu

[77] A.W.H. Adkins, *Values in Euripides Hecuba and Hercules Furens*, pág. 219.

[78] *Ibid.*, pág. 215.

[79] alastor (ἀλάστωρ) é a personificação do poder de vingança do sangue derramado. Ver nota 239 da tradução.

pescoço para que seja conduzido (1402). Então, Héracles observa que formam uma parelha, na qual um tem má sorte: "Ó ancião, tal homem deve-se ter como amigo" (1404). Reconhece, assim, o quanto é raro amigos no infortúnio. Suas palavras finais exaltam o valor da amizade: "Aquele que riqueza ou força mais do que bons amigos deseja possuir pensa mal" (1425-26). Segundo Adkins, Héracles, ao usar o termo *agathôn* (ἀγαθῶν), "bons", em posição de destaque no início do verso 1426, refere-se a amigos que são "poderosos e efetivos em ajudar os amigos e fazer mal aos inimigos".[80]

[80] A.W.H. Adkins, *Values in Euripides Hecuba and Hercules Furens*, pág. 219.

CONCLUSÃO

Héracles, ao contrário do que afirmaram alguns, é uma tragédia coerente e bem construída. Cada ação é fundamental para o enredo, o que a torna uma obra harmônica e coesa. O tema central, a grandeza excessiva de Héracles e suas conseqüências, rege a composição em perfeito equilíbrio com temas que lhe servem de apoio: potência – impotência, instabilidade da sorte e o valor da amizade.

A primeira parte da tragédia vai até a morte de Lico e apresenta-nos, exaltando ao máximo, a grandeza de Héracles. Ela é amplificada por Anfitrião, por Mégara e pelo Coro. Em 523, o herói entra em cena e a confirma: após realizar os trabalhos, voltou do Hades contra todas as expectativas. Então salva a família, pune os culpados e restitui a ordem.

A intensidade da ação concentra-se na segunda parte: Héracles, enlouquecido por Lissa a mando de Hera – justamente por sua grandeza incomum – mata esposa e filhos e é lançado em sono profundo por Atena. O fato revela, de modo contundente, a instabilidade da sorte na vida humana: qualquer mortal, por mais grandioso que seja, pode passar de um estado extraordinário de potência para a impotência extrema, em muito pouco tempo.

Héracles, o maior dos heróis, vencedor de inúmeros monstros, é reduzido a barco arruinado que necessita de reboque.

A última parte mostra-nos o herói confrontando-se com essa verdade e submetendo-se aos desígnios divinos. Ele se vê obrigado a aceitar a condição humana com aquilo que lhe é próprio: glórias e fracassos, fama e desonra, alegrias e dores e, sobretudo, os limites. Sua opção por manter as armas que fizeram dele o maior dos heróis e o assassino dos próprios filhos é símbolo dessa aceitação. O tema da amizade, presente desde o prólogo, também é ressaltado com a chegada de Teseu e suas ações. As últimas palavras de Héracles assinalam a amizade como o maior bem a ser buscado pelos homens, pois "aquele que riqueza ou força mais do que bons amigos deseja possuir pensa mal" (1425-26).

Héracles, com sua natureza desmedida, jamais encontraria lugar na pólis democrática do século V a.C. que costumava punir grandeza com ostracismo. Os feitos valorosos do herói, cantados pelo coro, ressaltados por Anfitrião e por Lissa, não invalidam o risco maior que suas realizações super-humanas representam. A grandeza excessiva ameaça a ordem da cidade. A identidade heróica de Héracles não se adapta a ela: pertence ao selvagem universo de monstros a serem vencidos. Quando termina, vitorioso, o ciclo dos trabalhos, a linguagem que domina é da força bruta: ele transpira a violência dos seres que vencera. Sua grandeza, em alguma medida semelhante a dos deuses, desconhece adversários e compromete a ordem natural do mundo (ou diríamos, da cidade?), tal como explicou Íris (841-842). Dela precisou ser purificado, por meio da loucura, para ser aceito e honrado em Atenas e nela ter seu culto instituído.

versos

ΗΡΑΚΛΗϹ

ΑΜΦΙΤΡΥΩΝ

Τίϲ τὸν Διὸϲ ϲύλλεκτρον οὐκ οἶδεν βροτῶν,
᾿Αργεῖον ᾿Αμφιτρύων᾿, ὃν ᾿Αλκαῖόϲ ποτε
ἔτιχθ᾿ ὁ Περϲέωϲ, πατέρα τόνδ᾿ Ἡρακλέουϲ;
ὃϲ τάϲδε Θήβαϲ ἔϲχον, ἔνθ᾿ ὁ γηγενὴϲ
ϲπαρτῶν ϲτάχυϲ ἔβλαϲτεν, ὧν γένουϲ Ἄρηϲ
ἔϲωϲ᾿ ἀριθμὸν ὀλίγον, οἳ Κάδμου πόλιν
τεκνοῦϲι παίδων παιϲίν· ἔνθεν ἐξέφυ
Κρέων Μενοικέωϲ παῖϲ, ἄναξ τῆϲδε χθονόϲ.
Κρέων δὲ Μεγάραϲ τῆϲδε γίγνεται πατήρ,
ἣν πάντεϲ ὑμεναίοιϲι Καδμεῖοί ποτε
λωτῶι ϲυνηλάλαξαν ἡνίκ᾿ εἰϲ ἐμοὺϲ
δόμουϲ ὁ κλεινὸϲ Ἡρακλῆϲ νιν ἤγετο.
λιπὼν δὲ Θήβαϲ, οὗ κατῳκίϲθην ἐγώ,
Μεγάραν τε τήνδε πενθερούϲ τε παῖϲ ἐμὸϲ
᾿Αργεῖα τείχη καὶ Κυκλωπίαν πόλιν
ὠρέξατ᾿ οἰκεῖν, ἣν ἐγὼ φεύγω κτανὼν
᾿Ηλεκτρύωνα. ϲυμφορὰϲ δὲ τὰϲ ἐμὰϲ
ἐξευμαρίζων καὶ πάτραν οἰκεῖν θέλων
καθόδου δίδωϲι μιϲθὸν Εὐρυϲθεῖ μέγαν,
ἐξημερῶϲαι γαῖαν, εἴθ᾿ Ἥραϲ ὕπο
κέντροιϲ δαμαϲθεὶϲ εἴτε τοῦ χρεὼν μέτα.
καὶ τοὺϲ μὲν ἄλλουϲ ἐξεμόχθηϲεν πόνουϲ,
τὸ λοίϲθιον δὲ Ταινάρου διὰ ϲτόμα
βέβηκ᾿ ἐϲ Ἅιδου τὸν τριϲώματον κύνα
ἐϲ φῶϲ ἀνάξων, ἔνθεν οὐχ ἥκει πάλιν.

HÉRACLES

ANFITRIÃO:

Que mortal não conhece aquele que partilhou o leito com Zeus,
o argivo Anfitrião[1] que Alceu, filho de Perseu,
outrora gerou, este pai de Héracles?
Eu vim morar em Tebas, onde a terrígena
espiga dos homens semeados[2] germinou. Dessa raça
Ares poucos preservou, que a cidade de Cadmo
povoam por meio dos filhos de seus filhos. Deles
nasceu Creonte filho de Meneceu, rei desta terra.
Creonte é pai de Mégara que aqui está e que
todos os cadmeus,[3] com hinos nupciais, outrora
aclamaram ao som de flauta, quando à
minha casa o ínclito Héracles a conduzia.
Meu filho deixou Tebas, onde me
estabeleci, Mégara e os sogros, e
nas argivas muralhas e cidade ciclópica
desejou viver, de onde estou exilado por matar
Eléctrion. Para amenizar meus infortúnios
e por querer viver na pátria, oferece pelo
nosso retorno grande paga a Euristeu:[4]
livrar a terra de monstros, seja pelos aguilhões
de Hera subjugado, seja conforme o destino.
Os demais trabalhos, com fadiga, realizou.
Por fim, pela boca do Tênaro[5]
foi ao Hades, para o tricorpóreo cão[6]
trazer à luz e de lá ainda não voltou.

γέρων δὲ δή τις ἔςτι Καδμείων λόγος
ὡς ἦν πάρος Δίρκης τις εὐνήτωρ Λύκος
τὴν ἑπτάπυργον τήνδε δεςπόζων πόλιν,
τὼ λευκοπώλω πρὶν τυραννῆςαι χθονὸς
᾿Αμφίον᾿ ἠδὲ Ζῆθον, ἐκγόνω Διός.
οὗ ταὐτὸν ὄνομα παῖς πατρὸς κεκλημένος,
Καδμεῖος οὐκ ὢν ἀλλ᾿ ἀπ᾿ Εὐβοίας μολών,
κτείνει Κρέοντα καὶ κτανὼν ἄρχει χθονός,
ςτάςει νοςοῦςαν τήνδ᾿ ἐπεςπεςὼν πόλιν.
ἡμῖν δὲ κῆδος ἐς Κρέοντ᾿ ἀνημμένον
κακὸν μέγιςτον, ὡς ἔοικε, γίγνεται.
τοὐμοῦ γὰρ ὄντος παιδὸς ἐν μυχοῖς χθονὸς
ὁ καινὸς οὗτος τῆςδε γῆς ἄρχων Λύκος
τοὺς Ἡρακλείους παῖδας ἐξελεῖν θέλει
κτανὼν δάμαρτά ⟨θ᾿⟩, ὡς φόνωι ςβέςηι φόνον,
κἄμ᾿ (εἴ τι δὴ χρὴ κἄμ᾿ ἐν ἀνδράςιν λέγειν,
γέροντ᾿ ἀχρεῖον), μή ποθ᾿ οἵδ᾿ ἠνδρωμένοι
μήτρωςιν ἐκπράξωςιν αἵματος δίκην.
ἐγὼ δέ (λείπει γάρ με τοῖςδ᾿ ἐν δώμαςιν
τροφὸν τέκνων οἰκουρόν, ἡνίκα χθονὸς
μέλαιναν ὄρφνην εἰςέβαινε, παῖς ἐμός)
ςὺν μητρί, τέκνα μὴ θάνως᾿ Ἡρακλέους,
βωμὸν καθίζω τόνδε ςωτῆρος Διός,
ὃν καλλινίκου δορὸς ἄγαλμ᾿ ἱδρύςατο
Μινύας κρατήςας οὑμὸς εὐγενὴς τόκος.
πάντων δὲ χρεῖοι τάςδ᾿ ἕδρας φυλάςςομεν,
ςίτων ποτῶν ἐςθῆτος, ἀςτρώτωι πέδωι
πλευρὰς τιθέντες· ἐκ γὰρ ἐςφραγιςμένοι
δόμων καθήμεθ᾿ ἀπορίαι ςωτηρίας.
φίλων δὲ τοὺς μὲν οὐ ςαφεῖς ὁρῶ φίλους,
οἱ δ᾿ ὄντες ὀρθῶς ἀδύνατοι προςωφελεῖν.
τοιοῦτον ἀνθρώποιςιν ἡ δυςπραξία·
ἧς μήποθ᾿ ὅςτις καὶ μέςως εὔνους ἐμοὶ
τύχοι, φίλων ἔλεγχον ἀψευδέςτατον.

Há uma velha história entre os cadmeus de
que existia outrora um certo Lico, esposo de Dirce,
déspota desta cidade de sete torres, antes que
os brancos potros gêmeos[7] a governassem,
Anfião e Zeto, nascidos de Zeus.
Seu filho, chamado pelo mesmo nome do pai,
não sendo Cadmeu mas da Eubéia tendo vindo,
mata Creonte e, matando-o, governa o país,
irrompendo nesta cidade enferma de sedições.
Para nós, a aliança que nos liga a Creonte
torna-se, como parece, um mal supremo.
Pois estando meu filho nas profundezas da terra,
Lico, o novo governante de Tebas,
quer eliminar os filhos de Héracles e
matar sua esposa, para extinguir o cruor pelo cruor,
e a mim – se é necessário dizer que eu conto entre homens,
um velho inútil[8] – para que jamais estes quando adultos,
executem a justiça do sangue pelos parentes maternos.
Quanto a mim – pois meu filho deixou-me neste
palácio, nutriz de seus filhos, vigia da casa,
quando na negra treva da terra entrava –
para que não morram os filhos de Héracles,
sento-me, com a mãe, neste altar de Zeus salvador
erguido, como oferta de sua arma vitoriosa,
por meu nobre filho, quando os mínias[9] venceu.
Conservamos estes lugares carentes de tudo:
alimentos, bebidas, vestimentas, no solo nu
colocando os flancos; pois trancados fora de casa
permanecemos sentados, sem meios de salvação.
Entre os amigos, uns não vejo como verdadeiros,
e aqueles que realmente são, não podem ajudar.
Tal é para os homens o infortúnio, o qual ninguém
benévolo a mim, mesmo que moderadamente, jamais
encontre: prova irrefutável de amizade![10]

ΜΕΓΑΡΑ

ὦ πρέϲβυ, Ταφίων ὅϲ ποτ' ἐξεῖλεϲ πόλιν
ϲτρατηλατήϲαϲ κλεινὰ Καδμείων δορόϲ,
ὡϲ οὐδὲν ἀνθρώποιϲι τῶν θείων ϲαφέϲ.
ἐγὼ γὰρ οὔτ' ἐϲ πατέρ' ἀπηλάθην τύχηϲ,
ὃϲ οὕνεκ' ὄλβου μέγαϲ ἐκομπάϲθη ποτὲ
ἔχων τυραννίδ', ἧϲ μακραὶ λόγχαι πέρι
πηδῶϲ' ἔρωτι ϲώματ' εἰϲ εὐδαίμονα,
ἔχων δὲ τέκνα· κἄμ' ἔδωκε παιδὶ ϲῶι,
ἐπίϲημον εὐνὴν Ἡρακλεῖ ϲυνοικίϲαϲ.
καὶ νῦν ἐκεῖνα μὲν θανόντ' ἀνέπτατο,
ἐγὼ δὲ καὶ ϲὺ μέλλομεν θνήιϲκειν, γέρον,
οἵ θ' Ἡράκλειοι παῖδεϲ, οὓϲ ὑπὸ πτεροῖϲ
ϲώιζω νεοϲϲοὺϲ ὄρνιϲ ὣϲ ὑφειμένουϲ.
οἱ δ' εἰϲ ἔλεγχον ἄλλοϲ ἄλλοθεν πίτνων
Ὦ μῆτερ, αὐδᾶι, ποῖ πατὴρ ἄπεϲτι γῆϲ;
τί δρᾶι, πόθ' ἥξει; τῶι νέωι δ' ἐϲφαλμένοι
ζητοῦϲι τὸν τεκόντ', ἐγὼ δὲ διαφέρω
λόγοιϲι μυθεύουϲα. θαυμάζων δ' ὅταν
πύλαι ψοφῶϲι πᾶϲ ἀνίϲτηϲιν πόδα,
ὡϲ πρὸϲ πατρῶιον προϲπεϲούμενοι γόνυ.
νῦν οὖν τίν' ἐλπίδ' ἢ πόρον ϲωτηρίαϲ
ἐξευμαρίζηι, πρέϲβυ; πρὸϲ ϲὲ γὰρ βλέπω.
ὡϲ οὔτε γαίαϲ ὅρι' ἂν ἐκβαῖμεν λάθραι
(φυλακαὶ γὰρ ἡμῶν κρείϲϲονεϲ κατ' ἐξόδουϲ)
οὔτ' ἐν φίλοιϲιν ἐλπίδεϲ ϲωτηρίαϲ
ἔτ' εἰϲὶν ἡμῖν. ἥντιν' οὖν γνώμην ἔχειϲ
λέγ' ἐϲ τὸ κοινόν, μὴ θανεῖν ἕτοιμον ἦι.

Αμ. ὦ θύγατερ, οὔτοι ῥάιδιον τὰ τοιάδε
φαύλωϲ παραινεῖν ϲπουδάϲαντ' ἄνευ πόνου·
χρόνον δὲ μηκύνωμεν ὄντεϲ ἀϲθενεῖϲ.

Με. λύπηϲ τι προϲδεῖϲ ἢ φιλεῖϲ οὕτω φάοϲ;

Αμ. καὶ τῶιδε χαίρω καὶ φιλῶ τὰϲ ἐλπίδαϲ.

Με. κἀγώ· δοκεῖν δὲ τἀδόκητ' οὐ χρή, γέρον.

MÉGARA:

Ancião, tu que um dia destruíste a cidade dos táfios[11]
quando comandaste gloriosamente a lança dos cadmeus,
como nada do divino é claro para os homens![12]
Pois nem eu estive excluída da sorte junto a meu pai
que outrora foi celebrado grande por sua felicidade,
mantendo um reino – por cobiça do qual longas lanças
saltam contra pessoas bem aventuradas –
e gerando descendentes. Ele deu-me a teu filho,
unindo-me a Héracles em ilustre leito.
E agora, tudo aquilo, tendo morrido, esvoaçou.
Eu e tu, velho, logo morreremos,
também os filhos de Héracles, que sob asas
preservo, como uma ave aos seus filhotes.
Eles, por todos os lados, se precipitam em perguntas:
Mãe, diz, para que lugar da terra partiu meu pai?
O que está fazendo? Quando virá? E, enganados
pela juventude, buscam o pai. Eu os distraio
fabulando com palavras. Eles se espantam sempre
que as portas rangem e todos se levantam
para lançarem-se aos joelhos paternos.
Mas agora, que esperança ou meio de salvação
preparas, ancião? pois para ti olho.
Nem dos limites do país poderíamos ocultos sair
– pois nas saídas há guardas mais fortes do que nós –
nem nos amigos, esperanças de salvação
ainda temos. Comunica, portanto, qualquer plano
que tiveres para que não seja pronto o morrer.

ANF.: Filha, na verdade não é fácil tais coisas simplesmente
aconselhar, tendo-se aplicado sem esforço.
Prolonguemos o tempo já que somos frágeis.[13]

MÉG.: De que aflição ainda necessitas? Ou amas tanto a luz?

ANF.: A luz me é cara e amo a esperança.

MÉG.: Também eu, velho. Mas não há que esperar o inesperado.

Αμ. ἐν ταῖϲ ἀναβολαῖϲ τῶν κακῶν ἔνεϲτ' ἄκη.
Με. ὁ δ' ἐν μέϲωι γε λυπρὸϲ ὢν δάκνει χρόνοϲ.
Αμ. γένοιτο μέντἄν, θύγατερ, οὔριοϲ δρόμοϲ
ἐκ τῶν παρόντων τῶνδ' ἐμοὶ καὶ ϲοὶ κακῶν
ἔλθοι τ' ἔτ' ἂν παῖϲ οὑμόϲ, εὐνήτωρ δὲ ϲόϲ.
ἀλλ' ἡϲύχαζε καὶ δακρυρρόουϲ τέκνων
πηγὰϲ ἀφαίρει καὶ παρευκήλει λόγοιϲ,
κλέπτουϲα μύθοιϲ ἀθλίουϲ κλοπὰϲ ὅμωϲ.
κάμνουϲι γάρ τοι καὶ βροτῶν αἱ ϲυμφοραί,
καὶ πνεύματ' ἀνέμων οὐκ ἀεὶ ῥώμην ἔχει,
οἵ τ' εὐτυχοῦντεϲ διὰ τέλουϲ οὐκ εὐτυχεῖϲ·
ἐξίϲταται γὰρ πάντ' ἀπ' ἀλλήλων δίχα.
οὗτοϲ δ' ἀνὴρ ἄριϲτοϲ ὅϲτιϲ ἐλπίϲιν
πέποιθεν αἰεί· τὸ δ' ἀπορεῖν ἀνδρὸϲ κακοῦ.

ΧΟΡΟϹ

ὑψόροφα μέλαθρα καὶ γεραι- [ϲτρ.
ὰ δέμνι' ἀμφὶ βάκτροιϲ
ἔρειϲμα θέμενοϲ ἐϲτάλην
ἰηλέμων γέρων ἀοι-
δὸϲ ὥϲτε πολιὸϲ ὄρνιϲ,
ἔπεα μόνον καὶ δόκημα νυκτερω-
πὸν ἐννύχων ὀνείρων,
τρομερὰ μὲν ἀλλ' ὅμωϲ πρόθυμ',
ὦ τέκεα τέκεα πατρὸϲ ἀπάτορ',
ὦ γεραιὲ ϲύ τε τάλαινα μᾶ-
τερ, ἃ τὸν ⟨ἐν⟩ 'Αίδα δόμοιϲ
πόϲιν ἀναϲτενάζειϲ.

†μὴ προκάμητε πόδα† βαρύ τε κῶ- [ἀντ.
λον ὥϲτε πρὸϲ πετραῖον
λέπαϲ †ζυγηφόρον πῶλον
ἀνέντεϲ ὡϲ βάροϲ φέρον
τροχηλάτοιο πώλου†.

ANF.: No adiamento dos males há alívio.
MÉG.: Mas o tempo intermédio, pungente, fere.
ANF.: Mesmo assim filha, um curso favorável poderia surgir
para mim e para ti, fora destes males presentes.
Talvez ainda volte o meu filho, teu esposo.
Tranqüiliza-te, afasta dos teus filhos o fluxo
de lágrimas, e conforta-os com palavras, enganando-os
com fábulas, ainda que míseros enganos.
Pois não só dos mortais os infortúnios cessam,
como não tem sempre força o sopro dos ventos.
Aqueles que são prósperos não o são até o fim,
pois todas as coisas se afastam umas das outras.
O melhor homem é aquele que na esperança
sempre confia: o desesperar é próprio do homem vil.

PÁRODO[14]

Ao palácio de elevado teto e antigo *estrofe*
leito, por meio de bastões
tendo posto apoio, cheguei:
idoso aedo de melancólicos cantos
qual ave encanecida,[15]
palavras só e visão notívaga
de noturnos sonhos,[16]
trêmulas sim, mas corajosas.
Ó! filhos, filhos privados de pai.
Ó! velho e tu, desgraçada mãe
que, na casa de Hades
o esposo, gemes.

Não fatigues o pé e a pesada perna[17] *antístrofe*
como se, para a pétrea rocha subindo,
fosse potro que suporta jugo,
levando carga
de carro movido por rodas.

λαβοῦ χερῶν καὶ πέπλων, ὅτου λέλοι-
  πε ποδὸϲ ἀμαυρὸν ἴχνοϲ.
γέρων γέροντα παρακόμιζ',
ὧι ξύνοπλα δόρατα νέα νέωι
τὸ πάροϲ ἐν ἡλίκων πόνοιϲ
  ξυνῆν ποτ', εὐκλεεϲτάταϲ
πατρίδοϲ οὐκ ὀνείδη.

ἴδετε πατέροϲ ὡϲ γορ- [ἐπῳδ.
  γῶπεϲ αἵδε προϲφερεῖϲ
ὀμμάτων αὐγαί,
τὸ δὲ κακοτυχὲϲ οὐ λέλοιπεν ἐκ τέκνων
οὐδ' ἀποίχεται χάριϲ.
Ἑλλὰϲ ὦ ξυμμάχουϲ
οἵουϲ οἵουϲ ὀλέϲαϲα
τούϲδ' ἀποϲτερήϲηι.

ἀλλ' εἰϲορῶ γὰρ τόνδε δωμάτων πέλαϲ
Λύκον περῶντα, τῆϲδε κοίρανον χθονόϲ.

ΛΥΚΟϹ

τὸν Ἡράκλειον πατέρα καὶ ξυνάορον,
εἰ χρή μ', ἐρωτῶ· χρὴ δ', ἐπεί γε δεϲπότηϲ
ὑμῶν καθέϲτηχ', ἱϲτορεῖν ἃ βούλομαι.
τίν' ἐϲ χρόνον ζητεῖτε μηκῦναι βίον;
τίν' ἐλπίδ' ἀλκήν τ' εἰϲορᾶτε μὴ θανεῖν;
ἦ τὸν παρ' Ἅιδηι πατέρα τῶνδε κείμενον
πιϲτεύεθ' ἥξειν; ὡϲ ὑπὲρ τὴν ἀξίαν
τὸ πένθοϲ αἴρεϲθ', εἰ θανεῖν ὑμᾶϲ χρεών,
ϲὺ μὲν καθ' Ἑλλάδ' ἐκβαλὼν κόμπουϲ κενοὺϲ
ὡϲ ϲύγγαμόϲ ϲοι Ζεὺϲ τέκνου τε κοινεών,
ϲὺ δ' ὡϲ ἀρίϲτου φωτὸϲ ἐκλήθηϲ δάμαρ.
τί δὴ τὸ ϲεμνὸν ϲῶι κατείργαϲται πόϲει,
ὕδραν ἕλειον εἰ διώλεϲε κτανὼν
ἢ τὸν Νέμειον θῆρ', ὃν ἐν βρόχοιϲ ἑλὼν

Agarra mãos e mantos de quem deixa
do pé frágil pegada.
Velho, conduze um velho
com quem quando jovem, jovens lanças aliadas
outrora em lutas coevas
estavam juntas, não infâmia
de gloriosíssima pátria.
Vede como são parecidos *epodo*
com os do pai
estes gorgôneos[18] brilhos dos olhos.
O infortúnio não abandona os filhos,
mas sua graça não se vai.
Ó! Hélade, de que aliados,
se perderes estes,
serás privada!
Mas vejo Lico, soberano desta terra,
das proximidades do palácio vindo.

Primeiro episódio

LICO:

Ao pai de Héracles e à esposa,
se posso, pergunto – e posso, já que sou
vosso senhor, examinar aquilo que quero:
Por quanto tempo pretendeis prolongar a vida?
Que esperança e socorro contemplais para não morrer?
Ou o pai destas crianças, que jaz no Hades,
confiais que voltará? Pois para além do devido
aumentais a dor, já que vos é necessário morrer.
Tu, por toda Hélade, lançaste vanglórias vãs
de que Zeus compartiu tua mulher e congerou teu filho.
E tu, que foste chamada esposa de excelente homem,
que venerável feito foi realizado por teu esposo?
Se aniquilou, se matou a hidra do pântano[19]
ou a fera Némea, que com redes capturou,

βραχίονόϲ φηϲ' ἀγχόναιϲιν ἐξελεῖν;
τοῖϲδ' ἐξαγωνίζεϲθε; τῶνδ' ἄρ' οὕνεκα
τοὺϲ Ἡρακλείουϲ παῖδαϲ οὐ θνῄϲκειν χρεών;
ὁ δ' ἔϲχε δόξαν οὐδὲν ὢν εὐψυχίαϲ
θηρῶν ἐν αἰχμῆι, τἄλλα δ' οὐδὲν ἄλκιμοϲ,
ὃϲ οὔποτ' ἀϲπίδ' ἔϲχε πρὸϲ λαιᾶι χερὶ
οὐδ' ἦλθε λόγχηϲ ἐγγὺϲ ἀλλὰ τόξ' ἔχων,
κάκιϲτον ὅπλον, τῆι φυγῆι πρόχειροϲ ἦν.
ἀνδρὸϲ δ' ἔλεγχοϲ οὐχὶ τόξ' εὐψυχίαϲ
ἀλλ' ὃϲ μένων βλέπει τε κἀντιδέρκεται
δορὸϲ ταχεῖαν ἄλοκα τάξιν ἐμβεβώϲ.
ἔχει δὲ τοὐμὸν οὐκ ἀναίδειαν, γέρον,
ἀλλ' εὐλάβειαν· οἶδα γὰρ κατακτανὼν
Κρέοντα πατέρα τῆϲδε καὶ θρόνουϲ ἔχων.
οὔκουν τραφέντων τῶνδε τιμωροὺϲ ἐμοὶ
χρῄζω λιπέϲθαι, τῶν δεδραμένων δίκην.
Αμ. τῶι τοῦ Διὸϲ μὲν Ζεὺϲ ἀμυνέτω μέρει
παιδόϲ· τὸ δ' εἰϲ ἔμ', Ἡράκλειϲ, ἐμοὶ μέλει
λόγοιϲι τὴν τοῦδ' ἀμαθίαν ὑπὲρ ϲέθεν
δεῖξαι· κακῶϲ γάρ ϲ' οὐκ ἐατέον κλύειν.
πρῶτον μὲν οὖν τἄρρητ' (ἐν ἀρρήτοιϲι γὰρ
τὴν ϲὴν νομίζω δειλίαν, Ἡράκλεεϲ)
ϲὺν μάρτυϲιν θεοῖϲ δεῖ μ' ἀπαλλάξαι ϲέθεν.
Διὸϲ κεραυνὸν ἠρόμην τέθριππά τε
ἐν οἷϲ βεβηκὼϲ τοῖϲι γῆϲ βλαϲτήμαϲιν
Γίγαϲι πλευροῖϲ πτήν' ἐναρμόϲαϲ βέλη
τὸν καλλίνικον μετὰ θεῶν ἐκώμαϲεν·
τετραϲκελέϲ θ' ὕβριϲμα, Κενταύρων γένοϲ,
Φολόην ἐπελθών, ὦ κάκιϲτε βαϲιλέων,
ἐροῦ τίν' ἄνδρ' ἄριϲτον ἐγκρίνειαν ἄν·
ἢ οὐ παῖδα τὸν ἐμόν, ὃν ϲὺ φῂϲ εἶναι δοκεῖν;
Δίρφυν τ' ἐρωτῶν ἥ ϲ' ἔθρεψ' Ἀβαντίδα,
οὐκ ἄν ⟨ϲ'⟩ ἐπαινέϲειεν· οὐ γὰρ ἔϲθ' ὅπου
ἐϲθλόν τι δράϲαϲ μάρτυρ' ἂν λάβοιϲ πάτραν.

mas diz ter destruído, sufocando-a com o braço?
Debateis com estes argumentos? Por causa deles,
não devem morrer os filhos de Héracles?
Ele teve reputação de bravura – nada sendo –
em luta com feras. Quanto ao resto foi covarde.
Ele que jamais portou escudo à mão esquerda,
nem chegou perto de lança, mas tendo o arco,
a arma mais vil,[20] estava pronto para a fuga.
O arco não é prova da bravura de um homem,
mas aquele que, permanecendo, olha e encara
a rápida aradura da lança firme no posto.
Minha atitude não tem impudência, velho,
mas cautela: pois sei que matei Creonte,
pai desta mulher, e que ocupo seu trono,
e não quero deixar – estes crescidos –
quem se vingue, em justiça, de meus atos.

ANF.: Que Zeus proteja a parte de Zeus de seu filho.
Quanto a mim, Héracles, importa-me mostrar
com palavras[21] a ignorância deste homem sobre ti,
pois não se deve permitir que tenhas má reputação.
Primeiro, portanto, as acusações nefandas – pois
considero nefando acusar-te de covardia, Héracles –
com o testemunho dos deuses, devo afastar de ti.
Interrogo o raio de Zeus e sua quadriga
montado na qual, nos flancos dos gigantes,[22]
rebentos da terra, fincou aladas flechas
e vitorioso hino com os deuses entoou.[23]
A quadrúpede insolência, raça dos centauros,
vai a Fóloe[24] e interroga – ó vilíssimo rei –
que homem escolheriam como o melhor,
senão meu filho, que tu dizes apenas parecer ser?
E se perguntasses à Dirfis[25] abantida que te nutriu,
ela não te louvaria, pois não há lugar onde, tendo feito
algo nobre, possas tomar a pátria por testemunha.

τὸ πάνcοφον δ' εὕρημα, τοξήρη cαγήν,
μέμφηι· κλύων νυν τἀπ' ἐμοῦ cοφὸc γενοῦ.
ἀνὴρ ὁπλίτηc δοῦλόc ἐcτι τῶν ὅπλων 190
θραύcαc τε λόγχην οὐκ ἔχει τῶι cώματι 193
θάνατον ἀμῦναι, μίαν ἔχων ἀλκὴν μόνον· 194
καὶ τοῖcι cυνταχθεῖcιν οὖcι μὴ ἀγαθοῖc 191
αὐτὸc τέθνηκε δειλίαι τῆι τῶν πέλαc. 192
ὅcοι δὲ τόξοιc χεῖρ' ἔχουcιν εὔcτοχον, 195
ἓν μὲν τὸ λῶιcτον, μυρίουc οἰcτοὺc ἀφεὶc
ἄλλοιc τὸ cῶμα ῥύεται μὴ κατθανεῖν,
ἑκὰc δ' ἀφεcτὼc πολεμίουc ἀμύνεται
τυφλοῖc ὁρῶνταc οὐτάcαc τοξεύμαcιν
τὸ cῶμά τ' οὐ δίδωcι τοῖc ἐναντίοιc, 200
ἐν εὐφυλάκτωι δ' ἐcτί. τοῦτο δ' ἐν μάχηι
cοφὸν μάλιcτα, δρῶντα πολεμίουc κακῶc
cώιζειν τὸ cῶμα, μὴ 'κ τύχηc ὡρμιcμένον.
λόγοι μὲν οἵδε τοῖcι cοῖc ἐναντίαν
γνώμην ἔχουcι τῶν καθεcτώτων πέρι. 205
παῖδαc δὲ δὴ τί τούcδ' ἀποκτεῖναι θέλειc;
τί c' οἵδ' ἔδραcαν; ἓν τί c' ἡγοῦμαι cοφόν,
εἰ τῶν ἀρίcτων τἄκγον' αὐτὸc ὢν κακὸc
δέδοικαc. ἀλλὰ τοῦθ' ὅμωc ἡμῖν βαρύ,
εἰ δειλίαc cῆc κατθανούμεθ' οὕνεκα, 210
ὃ χρῆν c' ὑφ' ἡμῶν τῶν ἀμεινόνων παθεῖν,
εἰ Ζεὺc δικαίαc εἶχεν εἰc ἡμᾶc φρέναc.
εἰ δ' οὖν ἔχειν γῆc cκῆπτρα τῆcδ' αὐτὸc θέλειc,
ἔαcον ἡμᾶc φυγάδαc ἐξελθεῖν χθονόc·
βίαι δὲ δράcηιc μηδὲν ἢ πείcηι βίαν 215
ὅταν θεοῦ cοι πνεῦμα μεταβαλὸν τύχηι.
φεῦ·
ὦ γαῖα Κάδμου (καὶ γὰρ ἐc c' ἀφίξομαι
λόγουc ὀνειδιcτῆραc ἐνδατούμενοc),
τοιαῦτ' ἀμύνεθ' Ἡρακλεῖ τέκνοιcί τε;
Μινύαιc ὃc εἷc ἅπαcι διὰ μάχηc μολὼν 220

A mais engenhosa invenção, o armamento de arqueiro,
censuras: ouve agora o que penso e aprende.
O hoplita é um homem escravo das armas,
quando rompe a lança não pode afastar do corpo
a morte, por ter uma só forma de defesa.
E, se não forem bravos os companheiros de batalha,
ele próprio morre pela covardia dos próximos.
Mas aqueles que têm mão certeira com o arco,
têm o mais desejável: ao lançar incontáveis dardos,
resguarda da morte o corpo de outros.[26]
Posto a distância, protege-se dos inimigos,
ferindo com flechas cegas a eles que vêem.
O corpo não entrega aos oponentes
mas o mantém sob guarda. Isto é na luta
o mais sábio: fazendo mal aos inimigos
salvar a si próprio, não ancorado na sorte.
Estas palavras têm opinião contrária
às tuas, acerca desse tema.
Mas estas crianças, por que queres matar?
O que elas te fizeram? Em um só ponto julgo-te sábio:
se temes a prole dos melhores, sendo tu mesmo vil.
Mas isto, contudo, nos é grave:
se vamos morrer por tua covardia,
o que nós os melhores deveríamos fazer-te padecer,
se Zeus tivesse justos pensamentos em nossa direção.[27]
Se queres tu mesmo ter o cetro do país,
deixa-nos sair exilados desta terra.
Por violência nada faças, ou sofrerás violência
quando o sopro divino para ti mudar.
Ai!
Ó terra de Cadmo – pois também a ti virei
fazer-te partilhar palavras de censura –
é assim que defendeis Héracles e os filhos?
Ele que sozinho lutou contra todos os mínias

Θήβας ἔθηκεν ὄμμ' ἐλεύθερον βλέπειν.
οὐδ' Ἑλλάδ' ᾔνεσ' (οὐδ' ἀνέξομαί ποτε
σιγῶν) κακίστην λαμβάνων ἐς παῖδ' ἐμόν,
ἣν χρῆν νεοσσοῖς τοῖσδε πῦρ λόγχας ὅπλα
φέρουσαν ἐλθεῖν, ποντίων καθαρμάτων
χέρσου τ' ἀμοιβὰς ὧν †ἐμόχθησας χάριν†.
τὰ δ', ὦ τέκν', ὑμῖν οὔτε Θηβαίων πόλις
οὔθ' Ἑλλὰς ἀρκεῖ· πρὸς δ' ἔμ' ἀσθενῆ φίλον
δεδόρκατ', οὐδὲν ὄντα πλὴν γλώσσης ψόφον.
ῥώμη γὰρ ἐκλέλοιπεν ἣν πρὶν εἴχομεν,
γήραι δὲ τρομερὰ γυῖα κἀμαυρὸν σθένος.
εἰ δ' ἢ νέος τε κἄτι σώματος κρατῶν,
λαβὼν ἂν ἔγχος τοῦδε τοὺς ξανθοὺς πλόκους
καθηιμάτωσ' ἄν, ὥστ' Ἀτλαντικῶν πέραν
φεύγειν ὅρων ἂν δειλίαι τοὐμὸν δόρυ.
Χο. ἆρ' οὐκ ἀφορμὰς τοῖς λόγοισιν ἁγαθοὶ
θνητῶν ἔχουσι, κἂν βραδύς τις ἧι λέγειν;
Λυ. σὺ μὲν λέγ' ἡμᾶς οἷς πεπύργωσαι λόγοις,
ἐγὼ δὲ δράσω σ' ἀντὶ τῶν λόγων κακῶς.
ἄγ', οἱ μὲν Ἑλικῶν', οἱ δὲ Παρνασοῦ πτυχὰς
τέμνειν ἄνωχθ' ἐλθόντες ὑλουργοὺς δρυὸς
κορμούς· ἐπειδὰν δ' ἐσκομισθῶσιν πόλει
βωμὸν πέριξ νήσαντες ἀμφήρη ξύλα
ἐμπίμπρατ' αὐτῶν κἀκπυροῦτε σώματα
πάντων, ἵν' εἰδῶσ' οὕνεκ' οὐχ ὁ κατθανὼν
κρατεῖ χθονὸς τῆσδ' ἀλλ' ἐγὼ τὰ νῦν τάδε.
ὑμεῖς δέ, πρέσβεις, ταῖς ἐμαῖς ἐναντίοι
γνώμαισιν ὄντες, οὐ μόνον στενάξετε
τοὺς Ἡρακλείους παῖδας ἀλλὰ καὶ δόμου
τύχας, ὅταν πάσχηι τι, μεμνήσεσθε δὲ
δοῦλοι γεγῶτες τῆς ἐμῆς τυραννίδος.
Χο. ὦ γῆς λοχεύμαθ', οὓς Ἄρης σπείρει ποτὲ
λάβρον δράκοντος ἐξερημώσας γένυν,
οὐ σκῆπτρα, χειρὸς δεξιᾶς ἐρείσματα,

e possibilitou Tebas ver com olhos livres.
Nem aprovo a Hélade nem tolerarei ficar calado,
encontrando-a vilíssima para com meu filho,
a qual deveria ter vindo a estas crianças trazendo
fogo, lanças, armas, em retorno pela purificação
dos mares e da terra; em gratidão pelo que penou.[28]
Mas nisso, ó filhos, nem a cidade dos tebanos
nem a Hélade vos defendem. E olhais para mim,
impotente amigo, que nada sou exceto som de voz,
pois falta a força que antes tínhamos e com
a velhice são trêmulos os membros e baço o vigor.
Se eu fosse jovem e ainda senhor do meu corpo,
teria pego a lança e ensangüentado os louros cachos
deste homem, de modo que para lá dos limites
atlânticos,[29] fugisse covardemente de minha hasta.

CORIF.: Não têm acaso, os bons entre os mortais, recurso
com as palavras, ainda que lentos no falar?

LICO: Tu fala mal de nós exaltando-te com palavras,
mas eu te farei mal – e não com palavras.[30]
Eia, ide uns ao Hélicon, outros às escarpas do Parnaso.[31]
Lá, ordenai aos lenhadores que cortem do carvalho
os troncos e quando estiverem na cidade, empilhai
a madeira por todos os lados ao redor do altar,
colocai fogo e queimai os corpos de todos,[32]
para que saibam que não o morto
domina esta terra, mas eu, aqui e agora.
E vós, anciãos, sendo contrários aos meus
propósitos, não só gemereis os filhos
de Héracles, mas também da casa
a sorte quando algo sofrer e recordareis
que sois escravos de minha tirania.

CORO: Ó nascidos da terra, que Ares um dia semeou
após devastar voraz mandíbula de dragão,[33]
os bastões, esteios de destra mão, não

ἀρεῖτε καὶ τοῦδ' ἀνδρὸς ἀνόσιον κάρα
καθαιματώσεθ', ὅστις οὐ Καδμεῖος ὢν
ἄρχει κάκιστος τῶν ἐμῶν ἔπηλυς ὤν;
ἀλλ' οὐκ ἐμοῦ γε δεσπόσεις χαίρων ποτὲ
οὐδ' ἁπόνησα πόλλ' ἐγὼ καμὼν χερὶ
ἕξεις. ἀπέρρων δ' ἔνθεν ἦλθες ἐνθάδε
ὕβριζ'. ἐμοῦ γὰρ ζῶντος οὐ κτενεῖς ποτε
τοὺς Ἡρακλείους παῖδας· οὐ τοσόνδε γῆς
ἔνερθ' ἐκεῖνος κρύπτεται λιπὼν τέκνα.
ἐπεὶ σὺ μὲν γῆν τήνδε διολέσας ἔχεις,
ὁ δ' ὠφελήσας ἀξίων οὐ τυγχάνει·
κἄπειτα πράσσω πόλλ' ἐγὼ φίλους ἐμοὺς
θανόντας εὖ δρῶν, οὗ φίλων μάλιστα δεῖ;
ὦ δεξιὰ χείρ, ὡς ποθεῖς λαβεῖν δόρυ,
ἐν δ' ἀσθενείαι τὸν πόθον διώλεσας.
ἐπεί σ' ἔπαυσ' ἂν δοῦλον ἐννέποντά με
καὶ τάσδε Θήβας εὐκλεῶς ὠνήσαμεν,
ἐν αἷς σὺ χαίρεις. οὐ γὰρ εὖ φρονεῖ πόλις
στάσει νοσοῦσα καὶ κακοῖς βουλεύμασιν·
οὐ γάρ ποτ' ἂν σὲ δεσπότην ἐκτήσατο.
Με. γέροντες, αἰνῶ· τῶν φίλων γὰρ οὕνεκα
ὀργὰς δικαίας τοὺς φίλους ἔχειν χρεών.
ἡμῶν δ' ἕκατι δεσπόταις θυμούμενοι
πάθητε μηδέν. τῆς δ' ἐμῆς, Ἀμφιτρύων,
γνώμης ἄκουσον, ἤν τί σοι δοκῶ λέγειν.
ἐγὼ φιλῶ μὲν τέκνα· πῶς γὰρ οὐ φιλῶ
ἅτικτον, ἁμόχθησα; καὶ τὸ κατθανεῖν
δεινὸν νομίζω· τῶι δ' ἀναγκαίωι τρόπωι
ὃς ἀντιτείνει σκαιὸν ἡγοῦμαι βροτῶν.
ἡμᾶς δ', ἐπειδὴ δεῖ θανεῖν, θνήισκειν χρεὼν
μὴ πυρὶ καταξανθέντας, ἐχθροῖσιν γέλων
διδόντας, οὑμοὶ τοῦ θανεῖν μεῖζον κακόν.
ὀφείλομεν γὰρ πολλὰ δώμασιν καλά·
σὲ μὲν δόκησις ἔλαβεν εὐκλεὴς δορός,

levantareis e a ímpia cabeça deste homem
ensangüentareis que, não sendo cadmeu
mas estrangeiro, comanda vilíssimo os meus?
Mas nunca me dominarás impunemente, nem terás
tudo que obtive com esforço e fadiga de meu braço.
Volta para o lugar de onde viestes e lá atua
com excesso. Enquanto eu viver, jamais matarás
os filhos de Héracles. Não tão longe sob a terra
ele está oculto, tendo deixado os filhos.
Pois tu que destruíste esta terra a possuis,
mas ele que a ajudou, não recebe o merecido.
E eu exagero ao fazer o bem aos meus amigos
mortos, quando mais necessitam de amigos?
Ó destra mão, como desejas empunhar a lança,
mas na fragilidade tens o desejo destruído![34]
Ou teria feito tu parares de chamar-me escravo
e teríamos, gloriosamente, auxiliado esta Tebas,
na qual exultas. Pois não é sensata uma cidade
enferma de sedições e de más resoluções.
Senão jamais teria te escolhido como déspota.

MÉG.: Velhos, agradeço: pelos amigos
justas iras é necessário que os amigos tenham.
Mas por nossa causa não sofras nada,
irritando-vos com déspotas. Ouve Anfitrião
o que penso, se te parecer que digo algo de valor.
Eu amo meus filhos: como não amaria aqueles
a quem dei à luz com dores? Também julgo
terrível o morrer, mas considero tolo[35] aquele
dentre os mortais que resiste ao curso da necessidade.
E nós, já que é necessário morrer, devemos morrer
não pelo fogo dilacerados, dando motivo de riso aos
inimigos[36] – o que é para mim mal maior do que morrer.
Devemos muitos atos belos à nossa casa.
Gloriosa reputação de tua lança te sustenta,

ὥϲτ᾽ οὐκ ἀνεκτὸν δειλίαϲ θανεῖν ϲ᾽ ὕπο,
οὑμὸϲ δ᾽ ἀμαρτύρητοϲ εὐκλεὴϲ πόϲιϲ,
ὃϲ τούϲδε παῖδαϲ οὐκ ἂν ἐκϲῶϲαι θέλοι
δόξαν κακὴν λαβόνταϲ· οἱ γὰρ εὐγενεῖϲ
κάμνουϲι τοῖϲ αἰϲχροῖϲι τῶν τέκνων ὕπερ·
ἐμοί τε μίμημ᾽ ἀνδρὸϲ οὐκ ἀπωϲτέον.
ϲκέψαι δὲ τὴν ϲὴν ἐλπίδ᾽ ἧι λογίζομαι·
ἥξειν νομίζειϲ παῖδα ϲὸν γαίαϲ ὕπο;
καὶ τίϲ θανόντων ἦλθεν ἐξ Ἅιδου πάλιν;
ἀλλ᾽ ὡϲ λόγοιϲι τόνδε μαλθάξαιμεν ἄν;
ἥκιϲτα· φεύγειν ϲκαιὸν ἄνδρ᾽ ἐχθρὸν χρεών,
ϲοφοῖϲι δ᾽ εἴκειν καὶ τεθραμμένοιϲ καλῶϲ·
ῥᾶιον γὰρ αἰδοῖ ϲ᾽ ὑποβαλὼν φίλ᾽ ἂν τέμοιϲ.
ἤδη δ᾽ ἐϲῆλθέ μ᾽ εἰ παραιτηϲαίμεθα
φυγὰϲ τέκνων τῶνδ᾽· ἀλλὰ καὶ τόδ᾽ ἄθλιον
πενίαι ϲὺν οἰκτρᾶι περιβαλεῖν ϲωτηρίαν,
ὡϲ τὰ ξένων πρόϲωπα φεύγουϲιν φίλοιϲ
ἓν ἦμαρ ἡδὺ βλέμμ᾽ ἔχειν φαϲὶν μόνον.
τόλμα μεθ᾽ ἡμῶν θάνατον, ὃϲ μένει ϲ᾽ ὅμωϲ.
προκαλούμεθ᾽ εὐγένειαν, ὦ γέρον, ϲέθεν·
τὰϲ τῶν θεῶν γὰρ ὅϲτιϲ ἐκμοχθεῖ τύχαϲ
πρόθυμόϲ ἐϲτιν, ἡ προθυμία δ᾽ ἄφρων·
ὃ χρὴ γὰρ οὐδεὶϲ μὴ χρεὼν θήϲει ποτέ.

Χο. εἰ μὲν ϲθενόντων τῶν ἐμῶν βραχιόνων
ἦν τίϲ ϲ᾽ ὑβρίζων, ῥαιδίωϲ ἔπαυϲά τἄν·
νῦν δ᾽ οὐδέν ἐϲμεν. ϲὸν δὲ τοὐντεῦθεν ϲκοπεῖν
ὅπωϲ διώϲηι τὰϲ τύχαϲ, Ἀμφιτρύων.

Αμ. οὔτοι τὸ δειλὸν οὐδὲ τοῦ βίου πόθοϲ
θανεῖν ἐρύκει μ᾽, ἀλλὰ παιδὶ βούλομαι
ϲῶϲαι τέκν᾽· ἄλλωϲ δ᾽ ἀδυνάτων ἔοικ᾽ ἐρᾶν.
ἰδού, πάρεϲτιν ἥδε φαϲγάνωι δέρη
κεντεῖν φονεύειν ἱέναι πέτραϲ ἄπο.
μίαν δὲ νῶιν δὸϲ χάριν, ἄναξ, ἱκνούμεθα·
κτεῖνόν με καὶ τήνδ᾽ ἀθλίαν παίδων πάροϲ,

não é pois tolerável morreres covardemente.
Meu esposo tem glória que dispensa testemunho.
Ele não desejaria salvar estas crianças,
se com isso tivessem má reputação, pois os nobres
sofrem pelas infâmias dos filhos.
E eu não devo rejeitar o exemplo de meu marido.
Mas examina o que penso de tua esperança.
Consideras que teu filho virá de dentro da terra?
E quem dentre os mortos retornou do Hades?
Ou pensas que com palavras este abrandaríamos?
Não. Deve-se fugir de inimigo tolo, mas
ceder aos sábios e bem educados, pois mais facilmente,
tendo-te submetido ao pudor, farias pacto amigável.[37]
Já ocorreu-me se poderíamos rogar pelo exílio
destas crianças, porém também isto é mísero:
envolver a salvação com deplorável pobreza,
pois dizem que o rosto dos que hospedam tem
por um só dia doce olhar para amigos exilados.
Ousa conosco a morte – ela que afinal te espera.
Apelamos à tua nobre origem, ó velho:
quem enfrenta a sorte dos deuses
é impetuoso, mas seu ímpeto, insensato.
O inevitável ninguém jamais evitará.

CORO: Se eu tivesse a força de meus braços e
alguém te insultasse, facilmente impediria.
Mas na verdade nada somos. A ti cabe, desde já,
ver como atravessarás a sorte, Anfitrião.

ANF.: Por certo, nem covardia, nem desejo de vida
me impedem de morrer. Mas para meu filho quero
salvar as crianças. Em vão pareço amar o impossível.
Eis aqui minha garganta para, com tua espada,
trespassar, cruentar, precipitar de um rochedo.[38]
Uma única graça, rei, concede-nos. Suplicamos.
Mata-me e a esta mísera, antes das crianças,

ὡς μὴ τέκν' εἰςίδωμεν, ἀνόςιον θέαν,
ψυχορραγοῦντα καὶ καλοῦντα μητέρα
πατρός τε πατέρα. τἄλλα δ', εἰ πρόθυμος εἶ,
πρᾶςς'· οὐ γὰρ ἀλκὴν ἔχομεν ὥςτε μὴ θανεῖν.
Με. κἀγώ ς' ἱκνοῦμαι χάριτι προςθεῖναι χάριν,
⟨ἡμῖν⟩ ἵν' ἀμφοῖν εἷς ὑπουργήςηις διπλᾶ·
κόςμον πάρες μοι παιςὶ προςθεῖναι νεκρῶν,
δόμους ἀνοίξας (νῦν γὰρ ἐκκεκλήιμεθα),
ὡς ἀλλὰ ταῦτά γ' ἀπολάχως' οἴκων πατρός.
Λυ. ἔςται τάδ'· οἴγειν κλῆιθρα προςπόλοις λέγω.
κοςμεῖςθ' ἔςω μολόντες· οὐ φθονῶ πέπλων.
ὅταν δὲ κόςμον περιβάληςθε ςώμαςιν
ἥξω πρὸς ὑμᾶς νερτέραι δώςων χθονί.
Με. ὦ τέκν', ὁμαρτεῖτ' ἀθλίωι μητρὸς ποδὶ
πατρῶιον ἐς μέλαθρον, οὗ τῆς οὐςίας
ἄλλοι κρατοῦςι, τὸ δ' ὄνομ' ἔςθ' ἡμῶν ἔτι.
Αμ. ὦ Ζεῦ, μάτην ἄρ' ὁμόγαμόν ς' ἐκτηςάμην,
μάτην δὲ παιδὸς κοινεῶν' ἐκλήιζομεν·
ςὺ δ' ἦςθ' ἄρ' ἧςςον ἢ 'δόκεις εἶναι φίλος.
ἀρετῆι ςε νικῶ θνητὸς ὢν θεὸν μέγαν·
παῖδας γὰρ οὐ προύδωκα τοὺς Ἡρακλέους.
ςὺ δ' ἐς μὲν εὐνὰς κρύφιος ἠπίςτω μολεῖν,
τἀλλότρια λέκτρα δόντος οὐδενὸς λαβών,
ςώιζειν δὲ τοὺς ςοὺς οὐκ ἐπίςταςαι φίλους.
ἀμαθής τις εἶ θεὸς ἢ δίκαιος οὐκ ἔφυς.

Χο. αἴλινον μὲν ἐπ' εὐτυχεῖ [ςτρ. α
μολπᾶι Φοῖβος ἰαχεῖ
τὰν καλλίφθογγον κιθάραν
ἐλαύνων πλήκτρωι χρυςέωι·
ἐγὼ δὲ τὸν γᾶς ἐνέρων τ'
ἐς ὄρφναν μολόντα παῖδ',
εἴτε Διός νιν εἴπω

para que não as vejamos – ímpia visão –
agonizando e chamando mãe
e avô. O resto, se és impetuoso,[39]
faze. Não temos força para evitar a morte.

MÉG.: Também eu te suplico que acrescentes graça à graça,
para que tu nos prestes a ambos, duplo serviço:
Deixa-me colocar nas crianças o atavio dos mortos –
abre o palácio, pois agora estamos trancados fora –
para que ao menos isso recebam da casa paterna.

LICO: Assim será. Ordeno aos servidores abrirem as trancas.
Entrai e ornai-vos. Não recuso peplos.
Mas quando com atavio estiverdes vestidos,
virei para entregar-vos ao mundo ínfero.

MÉG.: Ó filhos, segui o mísero passo de vossa mãe
ao palácio paterno, cuja riqueza outros
dominam, mas o nome nos pertence ainda.

ANF.: Ó Zeus, em vão compartilhaste minha mulher
e em vão te chamávamos partícipe de meu filho.
Tu eras, então, menos amigo do que parecias ser.
Eu mortal, em virtude supero-te, grande deus.
Pois não traí os filhos de Héracles.
Tu sabias para minha cama vir oculto,
quando tomaste alheio leito sem convite.
Mas não sabes salvar teus amigos.
Tu és um deus ignorante, ou justo não nasceste.[40]

Primeiro Estásimo[41]

estrofe α

Lamento após ditoso
canto Febo[42] entoa,
a melodiosa cítara
a tanger com plectro áureo.
E eu, o que foi para a treva
da terra e dos ínferos
– quer o nomeie filho de Zeus,

εἴτ' Ἀμφιτρύωνος ἶνιν,
ὑμνῆσαι στεφάνωμα μό-
  χθων δι' εὐλογίας θέλω.
γενναίων δ' ἀρεταὶ πόνων
τοῖς θανοῦσιν ἄγαλμα.

πρῶτον μὲν Διὸς ἄλσος [μεσῳδ. α
ἠρήμωσε λέοντος,
πυρσῶι δ' ἀμφεκαλύφθη
ξανθὸν κρᾶτ' ἐπινωτίσας
  δεινοῦ χάσματι θηρός.

τάν τ' ὀρεινόμον ἀγρίων [ἀντ. α
Κενταύρων ποτὲ γένναν
ἔστρωσεν τόξοις φονίοις,
ἐναίρων πτανοῖς βέλεσιν.
ξύνοιδε Πηνειὸς ὁ καλ-
  λιδίνας μακραί τ' ἄρου-
  ραι πεδίων ἄκαρποι
καὶ Πηλιάδες θεράπναι
σύγχορτοί θ' Ὁμόλας ἔναυ-
  λοι, πεύκαισιν ὅθεν χέρας
πληροῦντες χθόνα Θεσσάλων
ἱππείαις ἐδάμαζον.

τάν τε χρυσοκάρανον [ἐπῳδ. α
δόρκα ποικιλόνωτον
συλήτειραν ἀγρωστᾶν
κτείνας θηροφόνον θεὰν
  Οἰνωᾶτιν ἀγάλλει.

τεθρίππων τ' ἐπέβα [στρ. β
καὶ ψαλίοις ἐδάμασσε πώ-
  λους Διομήδεος, αἳ φονίαισι φάτ-
  ναις ἀχάλιν' ἐθόαζον

quer de Anfitrião descendente –
desejo hinear[43] com louvor,
como coroa de seus trabalhos.[44]
As virtudes de nobres fadigas
são glória para os mortos.

mesodo α

Primeiro, o bosque sagrado de Zeus
libertou do leão.[45]
Cobriu o dorso e envolveu a loura
cabeça com ígnea boca hiante
da terrível fera.

antístrofe α

A raça montesa de ferozes
centauros[46] outrora
abateu com cruento arco,
matando-os com aladas flechas.
Foi testemunha Peneu[47] de belo
jorrante curso, os vastos estéreis
campos das planícies,[48]
as pelíades moradas
e os relvosos abrigos do Hómole,
de onde enchiam com pinhos
suas mãos e a terra dos tessálios
em cavalgadas subjugavam.

epodo α

A auricórnea corça
de dorso pintalgado,
saqueadora de camponeses,[49]
tendo matado, a deusa fericida
Enoatis[50] honra.

estrofe β

Subiu em quadriga
e com freios domou as éguas
de Diomedes,[51] que em cruentas
estrebarias infrenes trituravam

κάθαιμα γένυcι cῖτα,
χαρμοναῖcιν ἀνδροβρῶcι
δυcτράπεζοι· πέραν
δ' ἀργυρορρύτων Ἕβρου
διεπέραcεν ὄχθων,
Μυκηναίωι πονῶν τυράννωι.

ἄν τε Μηλιάδ' ἀκτὰν [μεcωιδ. β
Ἀναύρου παρὰ παγὰc
Κύκνον ξεινοδαΐκταν
τόξοιc ὤλεcεν, Ἀμφαναί-
ac οἰκήτορ' ἄμεικτον.

ὑμνωιδούc τε κόραc [ἀντ. β
ἤλυθεν ἑcπέριόν ⟨τ'⟩ ἐc αὐ-
λὰν χρύcεον πετάλων ἄπο μηλοφό-
ρων χερὶ καρπὸν ἀμέρξων,
δράκοντα πυρcόνωτον,
ὅc ⟨cφ'⟩ ἄπλατον ἀμφελικτὸc
ἕλικ' ἐφρούρει, κτανών·
ποντίαc θ' ἁλὸc μυχοὺc
εἰcέβαινε, θνατοῖc
γαλανείαc τιθεὶc ἐρετμοῖc.

οὐρανοῦ θ' ὑπὸ μέccαν [ἐπωιδ. β
ἐλαύνει χέραc ἕδραν,
Ἄτλαντοc δόμον ἐλθών,
ἀcτρωπούc τε κατέcχεν οἴ-
κουc εὐανορίαι θεῶν.

τὸν ἱππευτάν τ' Ἀμαζόνων cτρατὸν [cτρ. γ
Μαιῶτιν ἀμφὶ πολυπόταμον
ἔβα δι' ἄξεινον οἶδμα λίμναc,
τίν' οὐκ ἀφ' Ἑλλανίαc

com as mandíbulas sangrento alimento
– rudes convivas em prazeres
antropófagos! Para além
do argênteo fluxo das altas
orlas do Hebro[52] atravessou
em trabalhos para o micênico tirano.[53]

Sobre o cabo Melíade[54] *mesodo* β
junto às águas do Anauro,
Cicno, xenocida, com
flechas aniquilou – de Anfanea
imiscível habitante.

Às jovens que entoam hinos *antístrofe* β
e ao hespério jardim[55] foi,
para áureo pomo de rama
frutífera com mãos colher,
após serpente de ígneo dorso,
que espiralada o guardava
em inacessível espiral, matar.
Nos recessos do salso mar
penetrou, estabelecendo
bonança para remos mortais.[56]

Sob o ponto médio do céu *epodo* β
estendeu os braços,
quando à casa de Atlas[57] foi,
e a reluzente morada dos
deuses,[58]com varonia, sustentou.
À eqüestre hoste das amazonas,[59] *estrofe* γ
próxima ao multiflumíneo Meotis,[60]
foi por inóspita onda de mar
– e que grupo de amigos

ἄγορον ἁλίcαc φίλων,
κόραc Ἀρείαc †πέπλων
χρυcεόcτολον φάροc†
ζωcτῆροc ὀλεθρίουc ἄγραc·
τὰ κλεινὰ δ᾽ Ἑλλὰc ἔλαβε βαρ-
βάρου κόραc λάφυρα καὶ
cώιζεται Μυκήναιc.

τάν τε μυριόκρανον [μεcωιδ. γ
πολύφονον κύνα Λέρναc
ὕδραν ἐξεπύρωcεν,
βέλεcί τ᾽ ἀμφέβαλ᾽ ⟨ἰόν⟩,
τὸν τριcώματον οἷcιν ἔ-
κτα βοτῆρ᾽ Ἐρυθείαc.

δρόμων τ᾽ ἄλλων ἀγάλματ᾽ εὐτυχῆ [ἀντ. γ
διῆλθε τόν ⟨τε⟩ πολυδάκρυον
ἔπλευc᾽ ἐc Ἅιδαν, πόνων τελευτάν,
ἵν᾽ ἐκπεραίνει τάλαc
βίοτον οὐδ᾽ ἔβα πάλιν.
cτέγαι δ᾽ ἔρημοι φίλων,
τὰν δ᾽ ἀνόcτιμον τέκνων
Χάρωνοc ἐπιμένει πλάτα
βίου κέλευθον ἄθεον ἄδι-
κον· ἐc δὲ cὰc χέραc βλέπει
δώματ᾽ οὐ παρόντοc.

εἰ δ᾽ ἐγὼ cθένοc ἥβων [ἐπωιδ. γ
δόρυ τ᾽ ἔπαλλον ἐν αἰχμᾶι
Καδμείων τε cύνηβοι,
τέκεcιν ἂν προπαρέcταν
ἀλκᾶι· νῦν δ᾽ ἀπολείπομαι
τᾶc εὐδαίμονοc ἥβαc.

da Hélade não reuniu?[61] –
para tomar o butim mortal,
o auriornado cinturão[62]
dos peplos da jovem de Ares.
A Hélade recebeu o ilustre espólio
da jovem bárbara que
está guardado em Micenas.

mesodo γ

A miriocéfala,
carnífice cadela, hidra
de Lerna, incinerou.[63]
E flechas envolveu em veneno,
com as quais matou o tricorpóreo
pastor de Eritia.[64]

antístrofe γ

De outras provas, ditosas glórias[65]
atravessou e ao multilacrimoso
Hades navegou – último dos trabalhos –
onde está terminando desgraçado
a vida e de lá não retornou.
Seu teto está deserto de amigos.
A viagem irregressível da vida
dos filhos, o remo de Caronte[66]
aguarda – ímpia, injusta.
Para tuas mãos volta os olhos
o palácio, tu ausente.

epodo γ

Se eu tivesse o vigor da juventude
e lança brandisse em combate,
também meus coetâneos Cadmeus,
as crianças teria protegido
pela força. Na realidade, estou
longe da feliz juventude.[67]

ἀλλ' ἐcορῶ γὰρ τούcδε φθιμένων
ἔνδυτ' ἔχοντας,
τοὺc τοῦ μεγάλου δή ποτε παῖδας
τὸ πρὶν Ἡρακλέους, ἄλοχόν τε φίλην
†ὑπὸ cειραίοιc ποcὶν† ἕλκουcαν
τέκνα καὶ γεραιὸν πατέρ' Ἡρακλέους.
δύcτηνος ἐγώ,
δακρύων ὡc οὐ δύναμαι κατέχειν
γραίας ὄccων ἔτι πηγάς.

Με. εἶέν· τίc ἱερεύc, τίc cφαγεὺc τῶν δυcπότμων;
[ἢ τῆc ταλαίνηc τῆc ἐμῆc ψυχῆc φονεύc;]
ἕτοιμ' ἄγειν τὰ θύματ' εἰc Ἅιδου τάδε.
ὦ τέκν', ἀγόμεθα ζεῦγος οὐ καλὸν νεκρῶν,
ὁμοῦ γέροντεc καὶ νέοι καὶ μητέρεc.
ὦ μοῖρα δυcτάλαιν' ἐμή τε καὶ τέκνων
τῶνδ', οὓc πανύcτατ' ὄμμαcιν προcδέρκομαι.
ἐτέκομεν ὑμᾶc, πολεμίοιc δ' ἐθρεψάμην
ὕβριcμα κἀπίχαρμα καὶ διαφθοράν.
φεῦ·
ἦ πολύ γε δόξηc ἐξέπεcον εὐέλπιδος,
ἣν πατρὸc ὑμῶν ἐκ λόγων ποτ' ἤλπιcα.
cοὶ μὲν γὰρ Ἄργος ἔνεμ' ὁ κατθανὼν πατήρ,
Εὐρυcθέωc δ' ἔμελλεc οἰκήcειν δόμουc
τῆc καλλικάρπου κράτοc ἔχων Πελαcγίαc,
cτολήν τε θηρὸc ἀμφέβαλλε cῶι κάραι
λέοντοc, ἧιπερ αὐτὸc ἐξωπλίζετο.
cὺ δ' ἦcθα Θηβῶν τῶν φιλαρμάτων ἄναξ
ἔγκληρα πεδία τἀμὰ γῆc κεκτημένοc,
ὡc ἐξέπειθεc τὸν καταcπείραντά cε,
ἐc δεξιάν τε cὴν ἀλεξητήριον
ξύλον καθίει δαίδαλον, ψευδῆ δόcιν.
cοὶ δ' ἣν ἔπερcε τοῖc ἑκηβόλοιc ποτὲ
τόξοιcι δώcειν Οἰχαλίαν ὑπέcχετο.

Mas vejo estes, com
vestes mortuárias,
os filhos do outrora grande
Héracles; sua amada esposa
arrastando as crianças rebocadas a seus
passos,[68] e o velho pai de Héracles.
Que infeliz sou eu,
pois não posso mais conter dos
olhos, o velho fluxo de lágrimas.

Segundo Episódio

MÉG.: Bem! Quem é o sacerdote, quem o sacrífice[69] destes infelizes?
Ou o assassino de minha desgraçada vida?
Eis aqui, prontas, as vítimas a serem levadas ao Hades.
Filhos, somos levados – grupo não belo de cadáveres –
juntos: velhos, jovens e mães.
Ó tão desventurada moira,[70] minha e destes filhos,
aos quais dirijo o olhar pela última vez!
Eu vos dei à luz e nutri para serdes alvo de
insolência, escárnio e destruição dos inimigos![71]
Ai!
Quão despojada fui da expectativa esperançosa
que, crendo nas palavras de vosso pai, um dia esperei.[72]
Pois a ti teu falecido pai atribuiria Argos,
e estavas para habitar o palácio de Euristeu
e ter poder sobre a frutígera Pelásgia.[73]
Envolvia tua cabeça na pele do ferino
leão, com a qual ele próprio se armava.
Mas tu serias rei de Tebas, amante de carros,[74]
senhor das herdadas planícies de minha terra,
como persuadias aquele que te gerou.
Na tua destra colocava a tutelar
clava entalhada,[75] falso dom.
E a ti prometeu dar a Ecália[76] que um dia
devastara com certeiras flechas.

τρεῖc δ' ὄνταc ⟨ὑμᾶc⟩ τριπτύχοιc τυραννίcιν
πατὴρ ἐπύργου, μέγα φρονῶν εὐανδρίαι.
ἐγὼ δὲ νύμφαc ἠκροθινιαζόμην
κήδη cυνάψουc' ἔκ τ' Ἀθηναίων χθονὸc
Cπάρτηc τε Θηβῶν θ', ὡc ἀνημμένοι κάλωιc
πρυμνηcίοιcι βίον ἔχοιτ' εὐδαίμονα.
καὶ ταῦτα φροῦδα· μεταβαλοῦcα δ' ἡ τύχη
νύμφαc μὲν ὑμῖν Κῆραc ἀντέδωκ' ἔχειν,
ἐμοὶ δὲ δάκρυα λουτρὰ δυcτήνωι φέρειν.
πατὴρ δὲ πατρὸc ἑcτιᾶι γάμουc ὅδε,
Ἅιδην νομίζων πενθερόν, κῆδοc πικρόν.
ὤμοι, τίν' ὑμῶν πρῶτον ἢ τίν' ὕcτατον
πρὸc cτέρνα θῶμαι; τῶι προcαρμόcω cτόμα;
τίνοc λάβωμαι; πῶc ἂν ὡc ξουθόπτεροc
μέλιccα cυνενέγκαιμ' ἂν ἐκ πάντων γόουc,
ἐc ἓν δ' ἐνεγκοῦc' ἀθρόον ἀποδοίην δάκρυ;
ὦ φίλτατ', εἴ τιc φθόγγοc εἰcακούεται
θνητῶν παρ' Ἅιδηι, cοὶ τάδ', Ἡράκλειc, λέγω·
θνήιcκει πατὴρ cὸc καὶ τέκν', ὄλλυμαι δ' ἐγώ,
ἣ πρὶν μακαρία διὰ c' ἐκληιζόμην βροτοῖc.
ἄρηξον, ἐλθέ· καὶ cκιὰ φάνηθί μοι.
ἅλιc γὰρ ἐλθὼν κἂν ὄναρ γένοιο cύ·
κακοὶ γάρ εἰcιν οἳ τέκνα κτείνουcι cά.
Αμ. cὺ μὲν τὰ νέρθεν εὐτρεπῆ ποιοῦ, γύναι·
ἐγὼ δὲ c', ὦ Ζεῦ, χεῖρ' ἐc οὐρανὸν δικὼν
αὐδῶ, τέκνοιcιν εἴ τι τοιcίδ' ὠφελεῖν
μέλλειc, ἀμύνειν, ὡc τάχ' οὐδὲν ἀρκέcειc.
καίτοι κέκληcαι πολλάκιc· μάτην πονῶ·
θανεῖν γάρ, ὡc ἔοικ', ἀναγκαίωc ἔχει.
ἀλλ', ὦ γέροντεc, cμικρὰ μὲν τὰ τοῦ βίου,
τοῦτον δ' ὅπωc ἥδιcτα διαπεράcατε
ἐξ ἡμέραc ἐc νύκτα μὴ λυπούμενοι.
ὡc ἐλπίδαc μὲν ὁ χρόνοc οὐκ ἐπίcταται
cῴζειν, τὸ δ' αὑτοῦ cπουδάcαc διέπτατο.

Porque sois três, com tríplice tirania vosso
pai fortificou-vos, orgulhando-se com varonia.
Eu escolhia seletas noivas para contrair
alianças, da terra dos atenienses,
de Esparta e Tebas, para que, ligados por amarras
de popa, tivésseis vida feliz.
Mas tudo isso se foi. A sorte, tendo mudado,
deu-vos, ao revés, as Queres[77] como noivas,
e para mim, infeliz, lágrimas para levar como lustral.[78]
O pai de vosso pai oferece o banquete nupcial,
considerando Hades vosso sogro – acre aliança!
Ai! Qual de vós, primeiro, devo pôr contra
meu peito, e qual por último? Qual beijarei?
Qual segurarei? Se pudesse, como abelha
de fulvas asas, recolher os lamentos de todos,
reuni-los e devolvê-los em pranto cerrado!
Ó caríssimo, se alguma voz mortal
é ouvida no Hades, isto a ti, Héracles, digo:
Estão morrendo teu pai e filhos e perecendo eu,
que antes, por ti, era chamada feliz entre os mortais.
Ajuda-nos, vem: mesmo como sombra, mostra-te a mim.
É o bastante que venhas, ainda que como sonho,[79]
pois vis são os assassinos de teus filhos.

ANF.: Tu, continua a propiciar os ínferos, mulher.[80]
Mas eu, ó Zeus, ergo as mãos ao céu e
rogo-te: se estas crianças em algo pretendes
ajudar, defende-os, pois logo não serás útil.
Porém, foste chamado muitas vezes, peno em vão:
morrer, como parece, é necessário.
Mas, ó velhos, pequenas são as coisas da vida,[81]
atravessai-a do modo mais doce possível,
do dia à noite, sem aflições.
Esperanças, o tempo não sabe
salvar, mas dedica-se ao que é seu e voa.

ὁρᾶτ’ ἔμ’ ὅϲπερ ἦ περίβλεπτοϲ βροτοῖϲ
ὀνομαϲτὰ πράϲϲων, καί μ’ ἀφείλεθ’ ἡ τύχη
ὥϲπερ πτερὸν πρὸϲ αἰθέρ’ ἡμέραι μιᾶι.
ὁ δ’ ὄλβοϲ ὁ μέγαϲ ἥ τε δόξ’ οὐκ οἶδ’ ὅτωι
βέβαιόϲ ἐϲτι. χαίρετ’· ἄνδρα γὰρ φίλον
πανύϲτατον νῦν, ἥλικεϲ, δεδόρκατε.
Με. ἔα·
ὦ πρέϲβυ, λεύϲϲω τἀμὰ φίλτατ’, ἢ τί φῶ;
Αμ. οὐκ οἶδα, θύγατερ· ἀφαϲία δὲ κἄμ’ ἔχει.
Με. ὅδ’ ἐϲτὶν ὃν γῆϲ νέρθεν εἰϲηκούομεν,
εἰ μή γ’ ὄνειρον ἐν φάει τι λεύϲϲομεν.
τί φημί; ποῖ’ ὄνειρα κηραίνουϲ’ ὁρῶ;
οὐκ ἔϲθ’ ὅδ’ ἄλλοϲ ἀντὶ ϲοῦ παιδόϲ, γέρον.
δεῦρ’, ὦ τέκν’, ἐκκρίμναϲθε πατρῴων πέπλων,
ἴτ’ ἐγκονεῖτε, μὴ μεθῆτ’, ἐπεὶ Διὸϲ
ϲωτῆροϲ ὑμῖν οὐδέν ἐϲθ’ ὅδ’ ὕϲτεροϲ.

ΗΡΑΚΛΗϹ

ὦ χαῖρε μέλαθρον πρόπυλά θ’ ἑϲτίαϲ ἐμῆϲ,
ὡϲ ἄϲμενόϲ ϲ’ ἐϲεῖδον ἐϲ φάοϲ μολών.
ἔα· τί χρῆμα; τέκν’ ὁρῶ πρὸ δωμάτων
ϲτολμοῖϲι νεκρῶν κρᾶταϲ ἐξεϲτεμμένα
ὄχλωι τ’ ἐν ἀνδρῶν τὴν ἐμὴν ξυνάορον
πατέρα τε δακρύοντα ϲυμφορὰϲ τίναϲ;
φέρ’ ἐκπύθωμαι τῶνδε πληϲίον ϲταθείϲ·
γύναι, τί καινὸν ἦλθε δώμαϲιν χρέοϲ;
Με. ὦ φίλτατ’ ἀνδρῶν ⟨Αμ.⟩ ὦ φάοϲ μολὼν πατρί
⟨Με.⟩ ἥκειϲ, ἐϲώθηϲ εἰϲ ἀκμὴν ἐλθὼν φίλοιϲ;
Ηρ. τί φήϲ; τίν’ ἐϲ ταραγμὸν ἥκομεν, πάτερ;
Με. διωλλύμεϲθα· ϲὺ δέ, γέρον, ϲύγγνωθί μοι,
εἰ πρόϲθεν ἥρπαϲ’ ἃ ϲὲ λέγειν πρὸϲ τόνδ’ ἐχρῆν·
τὸ θῆλυ γάρ πωϲ μᾶλλον οἰκτρὸν ἀρϲένων,
καὶ τἄμ’ ἔθνηιϲκε τέκν’, ἀπωλλύμην δ’ ἐγώ.
Ηρ. Ἄπολλον, οἵοιϲ φροιμίοιϲ ἄρχηι λόγου.

Olhai-me. Eu era admirado entre os mortais por
realizar célebres feitos, mas a sorte afastou-me,
em um só dia, como pena no ar.
Grande felicidade e reputação, não sei a quem
são seguras. Adeus, coetâneos, pois estais
contemplando, pela última vez, um amigo.

MÉG.: Ei!
Ancião, vejo quem mais amo, ou, o que dizer?

ANF.: Não sei filha, também eu estou sem fala.

MÉG.: Este é aquele que ouvíamos estar sob a terra,
se é que não vemos um sonho em plena luz.
O que digo? Que sonhos[82] olho em minha aflição?
Este não é outro se não teu filho, velho!
Venham crianças, suspendei-vos ao peplo paterno.
Ide, apressai-vos, não o deixeis ir, pois ele é,
para vós, nada inferior a Zeus salvador![83]

HÉRACLES:

Salve, teto e vestíbulos de meu lar,
Quão alegre estou em voltar à luz e ver-te!
Mas o que é isto? Vejo filhos diante do palácio,
cabeças coroadas com ornatos fúnebres?
Minha esposa entre multidão de homens,
e meu pai em lágrimas – que infortúnios vejo?
Eia! Que eu vá até eles e me informe!
Mulher, que nova fatalidade veio ao palácio?

MÉG.: Ó mais amado entre os homens...

ANF.: Ó, tu que vieste ao pai como luz!

MÉG.: Estás aqui, foste salvo e vieste na hora crucial aos amigos?

HER.: Que dizes? A que transtorno chegamos, pai?

MÉG.: Íamos perecer. Mas tu, velho, perdoa-me
se usurpei antes o que devias dizer a ele.
Mulheres são mais lamuriosas do que homens,
e meus filhos iam morrer e eu ser aniquilada.

HER.: Apolo![84] Com que proêmios inicias a fala!

Με. τεθνᾶϲ' ἀδελφοὶ καὶ πατὴρ οὑμὸϲ γέρων.
Ηρ. πῶϲ φήιϲ; τί δράϲαϲ ἢ μόρου ποίου τυχών;
Με. Λύκοϲ ϲφ' ὁ καινὸϲ γῆϲ ἄναξ διώλεϲεν.
Ηρ. ὅπλοιϲ ἀπαντῶν ἢ νοϲηϲάϲηϲ χθονόϲ;
Με. ϲτάϲει· τὸ Κάδμου δ' ἑπτάπυλον ἔχει κράτοϲ.
Ηρ. τί δῆτα πρὸϲ ϲὲ καὶ γέροντ' ἦλθεν φόβοϲ;
Με. κτείνειν ἔμελλε πατέρα κἀμὲ καὶ τέκνα.
Ηρ. τί φήιϲ; τί ταρβῶν ὀρφάνευμ' ἐμῶν τέκνων;
Με. μή ποτε Κρέοντοϲ θάνατον ἐκτειϲαίατο.
Ηρ. κόϲμοϲ δὲ παίδων τίϲ ὅδε νερτέροιϲ πρέπων;
Με. θανάτου τάδ' ἤδη περιβόλαι' ἐνήμμεθα.
Ηρ. καὶ πρὸϲ βίαν ἐθνήιϲκετ'; ὢ τλήμων ἐγώ.
Με. φίλων ⟨γ'⟩ ἔρημοι· ϲὲ δὲ θανόντ' ἠκούομεν.
Ηρ. πόθεν δ' ἐϲ ὑμᾶϲ ἥδ' ἐϲῆλθ' ἀθυμία;
Με. Εὐρυϲθέωϲ κήρυκεϲ ἤγγελλον τάδε.
Ηρ. τί δ' ἐξελείπετ' οἶκον ἑϲτίαν τ' ἐμήν;
Με. βίαι, πατὴρ μὲν ἐκπεϲὼν ϲτρωτοῦ λέχουϲ
Ηρ. κοὐκ ἔϲχεν αἰδὼϲ τὸν γέροντ' ἀτιμάϲαι;
Με. αἰδώϲ; ἀποικεῖ τῆϲδε τῆϲ θεοῦ πρόϲω.
Ηρ. οὕτω δ' ἀπόντεϲ ἐϲπανίζομεν φίλων;
Με. φίλοι γάρ εἰϲιν ἀνδρὶ δυϲτυχεῖ τίνεϲ;
Ηρ. μάχαϲ δὲ Μινυῶν ἃϲ ἔτλην ἀπέπτυϲαν;
Με. ἄφιλον, ἵν' αὖθίϲ ϲοι λέγω, τὸ δυϲτυχέϲ.
Ηρ. οὐ ῥίψεθ' Ἅιδου τάϲδε περιβολὰϲ κόμηϲ
καὶ φῶϲ ἀναβλέψεϲθε, τοῦ κάτω ϲκότου
φίλαϲ ἀμοιβὰϲ ὄμμαϲιν δεδορκότεϲ;
ἐγὼ δέ, νῦν γὰρ τῆϲ ἐμῆϲ ἔργον χερόϲ,
πρῶτον μὲν εἶμι καὶ καταϲκάψω δόμουϲ
καινῶν τυράννων, κρᾶτα δ' ἀνόϲιον τεμὼν
ῥίψω κυνῶν ἕλκημα· Καδμείων δ' ὅϲουϲ
κακοὺϲ ἐφηῦρον εὖ παθόνταϲ ἐξ ἐμοῦ
τῶι καλλινίκωι τῶιδ' ὅπλωι χειρώϲομαι,
τοὺϲ δὲ πτερωτοῖϲ διαφορῶν τοξεύμαϲιν
νεκρῶν ἅπαντ' Ἰϲμηνὸν ἐμπλήϲω φόνου,

MÉG.: Estão mortos meus irmãos e meu velho pai.
HER.: Que dizes? O que fez? Que fado encontrou?
MÉG.: Lico, o novo rei desta terra, aniquilou-o.
HER.: Investindo com armas ou por ficar o país enfermo?[85]
MÉG.: Enfermo de sedições: ele tem a poderosa Tebas de Cadmo.[86]
HER.: Por que, então, pavor veio a ti e ao velho?
MÉG.: Ele estava para matar teu pai, a mim e aos filhos.
HER.: Que dizes? Por que temia a orfandade de meus filhos?
MÉG.: Que um dia vingassem a morte de Creonte.
HER.: Que atavio é este dos filhos, próprio aos ínferos?
MÉG.: Com estes invólucros da morte já estamos vestidos.
HER.: E, pela violência, íeis morrer? Ó mísero que sou!
MÉG.: Sim, ermos de amigos, ouvíamos que tinhas morrido.
HER.: De onde vos veio esta falta de ânimo?
MÉG.: Os arautos de Euristeu anunciavam isto.
HER.: Por que abandonáveis minha casa, meu lar?[87]
MÉG.: Por violência. Teu pai foi arrancado do leito coberto...
HER.: Decência[88] não impediu de desonrar o velho?
MÉG.: Decência? Ele vive longe dessa deusa.
HER.: Assim, em nossa ausência, carecíamos de amigos?
MÉG.: Que amigos tem um homem de má sorte?[89]
HER.: Cuspiram nas lutas que suportei contra os mínias?
MÉG.: A ti repito: a má sorte é sem amigos.
HER.: Não jogareis dos cabelos estes invólucros de Hades,
e alçareis os olhos para luz, agradável
de se ver no lugar da treva ínfera?
Eu, pois agora é trabalho para minha mão,[90]
primeiro irei e derruirei o palácio
dos novos tiranos; arrancarei a ímpia cabeça e
lançá-la-ei como preia de cães. Dentre os Cadmeus,
quantos vis encontrei, embora os tenha tratado bem,
sujeitarei com esta arma vitoriosa.
Outros dilacerarei com aladas flechas e
encherei do cruor de cadáveres todo o Ismeno,

Δίρκηϲ τε νᾶμα λευκὸν αἱμαχθήϲεται.
τῶι γάρ μ' ἀμύνειν μᾶλλον ἢ δάμαρτι χρὴ
καὶ παιϲὶ καὶ γέροντι; χαιρόντων πόνοι·
μάτην γὰρ αὐτοὺϲ τῶνδε μᾶλλον ἤνυϲα.
καὶ δεῖ μ' ὑπὲρ τῶνδ', εἴπερ οἵδ' ὑπὲρ πατρόϲ,
θνήιϲκειν ἀμύνοντ'· ἢ τί φήϲομεν καλὸν
ὕδραι μὲν ἐλθεῖν ἐϲ μάχην λέοντί τε
Εὐρυϲθέωϲ πομπαῖϲι, τῶν δ' ἐμῶν τέκνων
οὐκ ἐκπονήϲω θάνατον; οὐκ ἄρ' Ἡρακλῆϲ
ὁ καλλίνικοϲ ὡϲ πάροιθε λέξομαι.
Χο. δίκαια τοὺϲ τεκόνταϲ ὠφελεῖν τέκνα
πατέρα τε πρέϲβυν τήν τε κοινωνὸν γάμων.
Αμ. πρὸϲ ϲοῦ μέν, ὦ παῖ, τοῖϲ φίλοιϲ ⟨τ'⟩ εἶναι φίλον
τά τ' ἐχθρὰ μιϲεῖν· ἀλλὰ μὴ 'πείγου λίαν.
Ηρ. τί δ' ἐϲτὶ τῶνδε θᾶϲϲον ἢ χρεών, πάτερ;
Αμ. πολλοὺϲ πένηταϲ, ὀλβίουϲ δὲ τῶι λόγωι
δοκοῦνταϲ εἶναι ϲυμμάχουϲ ἄναξ ἔχει,
οἳ ϲτάϲιν ἔθηκαν καὶ διώλεϲαν πόλιν
ἐφ' ἁρπαγαῖϲι τῶν πέλαϲ, τὰ δ' ἐν δόμοιϲ
δαπάναιϲι φροῦδα διαφυγόνθ' ὑπ' ἀργίαϲ.
ὤφθηϲ ⟨δ'⟩ ἐϲελθὼν πόλιν· ἐπεὶ δ' ὤφθηϲ, ὅρα
ἐχθροὺϲ ἀθροίϲαϲ μὴ παρὰ γνώμην πέϲηιϲ.
Ηρ. μέλει μὲν οὐδὲν εἴ με πᾶϲ' εἶδεν πόλιϲ·
ὄρνιν δ' ἰδών τιν' οὐκ ἐν αἰϲίοιϲ ἕδραιϲ
ἔγνων πόνον τιν' ἐϲ δόμουϲ πεπτωκότα,
ὥϲτ' ἐκ προνοίαϲ κρύφιοϲ εἰϲῆλθον χθόνα.
Αμ. καλῶϲ· παρελθών νυν πρόϲειπέ θ' Ἑϲτίαν
καὶ δὸϲ πατρώιοιϲ δώμαϲιν ϲὸν ὄμμ' ἰδεῖν.
ἥξει γὰρ αὐτὸϲ ϲὴν δάμαρτα καὶ τέκνα
ἕλξων φονεύϲων κἄμ' ἐπιϲφάξων ἄναξ.
μένοντι δ' αὐτοῦ πάντα ϲοι γενήϲεται
τῆι τ' ἀϲφαλείαι κερδανεῖϲ· πόλιν δὲ ϲὴν
μὴ πρὶν ταράξηιϲ πρὶν τόδ' εὖ θέϲθαι, τέκνον.
Ηρ. δράϲω τάδ'· εὖ γὰρ εἶπαϲ· εἶμ' ἔϲω δόμων.

e o alvo curso do Dirce se ensangüentará.
Pois, a quem devo defender mais, senão esposa
e filhos e pai? Adeus trabalhos![91]
Mais vãos foram aqueles que realizei do que estes.
Devo morrer por eles, defendendo-os, se, de fato,
morreriam pelo pai. Ou em que diremos ser belo
ir em combate contra a hidra e o leão,
enviado por Euristeu, se não me empenhar
sobre a morte de meus filhos? Então, não serei
chamado, como antes, o vitorioso Héracles.

CORO: É justo que os genitores ajudem aqueles que geraram,
também seu velho pai e a companheira de núpcias.[92]

ANF.: É de tua natureza, filho, ser amigo dos amigos
e odiar os inimigos.[93] Mas não sejas tão apressado.

HÉR.: Nisto o que é mais precipitado do que deveria, pai?

ANF.: Muitos pobres – embora prósperos em palavras
pareçam ser – tem como aliados o rei,
que fizeram revolta e aniquilaram a cidade[94]
visando a pilhagem dos vizinhos: seus bens
foram-se com gastos e evaporaram-se pelo ócio.
Foste visto ao entrar na cidade. E, já que foste visto,
cuida para não reunir inimigos e tombar incautamente.

HÉR.: Não me importa se a cidade toda me viu.
Mas como vi uma ave em lugar não auspicioso,
soube que algum penar caíra sobre o palácio,
assim, por previdência, entrei oculto na cidade.[95]

ANF.: Bom. Entra agora, saúda Héstia[96]
e permite ao palácio paterno ver tua face.
O próprio rei virá para tua esposa e filhos
arrastar, cruentar e a mim degolar.
Se permaneceres ali, tudo estará a teu favor
e, com segurança, ganharás. Mas tua cidade
não transtornes, filho, antes de dispor bem isto.

HÉR.: Assim farei, pois disseste bem. Entrarei no palácio.

χρόνωι δ' ἀνελθὼν ἐξ ἀνηλίων μυχῶν
Ἅιδου Κόρηϲ ⟨τ'⟩ ἔνερθεν οὐκ ἀτιμάϲω
θεοὺϲ προϲειπεῖν πρῶτα τοὺϲ κατὰ ϲτέγαϲ.
Αμ. ἦλθεϲ γὰρ ὄντωϲ δώματ' εἰϲ Ἅιδου, τέκνον;
Ηρ. καὶ θῆρά γ' ἐϲ φῶϲ τὸν τρίκρανον ἤγαγον.
Αμ. μάχηι κρατήϲαϲ ἢ θεᾶϲ δωρήμαϲιν;
Ηρ. μάχηι· τὰ μυϲτῶν δ' ὄργι' εὐτύχηϲ' ἰδών.
Αμ. ἦ καὶ κατ' οἴκουϲ ἐϲτὶν Εὐρυϲθέωϲ ὁ θήρ;
Ηρ. Χθονίαϲ νιν ἄλϲοϲ Ἑρμιών τ' ἔχει πόλιϲ.
Αμ. οὐδ' οἶδεν Εὐρυϲθεύϲ ϲε γῆϲ ἥκοντ' ἄνω;
Ηρ. οὐκ οἶδ', ἵν' ἐλθὼν τἀνθάδ' εἰδείην πάροϲ.
Αμ. χρόνον δὲ πῶϲ τοϲοῦτον ἦϲθ' ὑπὸ χθονί;
Ηρ. Θηϲέα κομίζων ἐχρόνιϲ' ⟨ἐξ⟩ Ἅιδου, πάτερ.
Αμ. καὶ ποῦ 'ϲτιν; ἦ γῆϲ πατρίδοϲ οἴχεται πέδον;
Ηρ. βέβηκ' Ἀθήναϲ νέρθεν ἄϲμενοϲ φυγών.
ἀλλ' εἶ' ὁμαρτεῖτ', ὦ τέκν', ἐϲ δόμουϲ πατρί·
καλλίονέϲ τἄρ' εἴϲοδοι τῶν ἐξόδων
πάρειϲιν ὑμῖν. ἀλλὰ θάρϲοϲ ἴϲχετε
καὶ νάματ' ὄϲϲων μηκέτ' ἐξανίετε,
ϲύ τ', ὦ γύναι μοι, ϲύλλογον ψυχῆϲ λαβὲ
τρόμου τε παῦϲαι, καὶ μέθεϲθ' ἐμῶν πέπλων·
οὐ γὰρ πτερωτὸϲ οὐδὲ φευξείω φίλουϲ.
ἆ,
οἵδ' οὐκ ἀφιᾶϲ' ἀλλ' ἀνάπτονται πέπλων
τοϲῶιδε μᾶλλον· ὧδ' ἔβητ' ἐπὶ ξυροῦ;
ἄξω λαβών γε τούϲδ' ἐφολκίδαϲ χεροῖν,
ναῦϲ δ' ὧϲ ἐφέλξω· καὶ γὰρ οὐκ ἀναίνομαι
θεράπευμα τέκνων. πάντα τἀνθρώπων ἴϲα·
φιλοῦϲι παῖδαϲ οἵ τ' ἀμείνονεϲ βροτῶν
οἵ τ' οὐδὲν ὄντεϲ· χρήμαϲιν δὲ διάφοροι·
ἔχουϲιν, οἱ δ' οὔ· πᾶν δὲ φιλότεκνον γένοϲ.

Χο. ἁ νεόταϲ μοι φίλον· ἄ- [ϲτρ. α
χθοϲ δὲ τὸ γῆραϲ αἰεὶ

Finalmente voltei das ínferas profundezas
sem sol de Hades e Core,[97] e não considerarei
indigno saudar antes os deuses domésticos.

ANF.: Foste realmente à casa de Hades, filho?
HER.: Sim e a tricéfala fera trouxe para a luz.
ANF.: Em luta venceste ou foram dádivas da deusa?[98]
HER.: Em luta. Mas fui próspero por ver os ritos dos iniciados.[99]
ANF.: É verdade que no palácio de Euristeu está a fera?
HER.: Está no bosque da Ctónia, na cidade de Hermíone.[100]
ANF.: Euristeu não sabe que tu voltaste para terra?
HER.: Não sabe. Vim antes para ver a situação aqui.
ANF.: Como ficaste tanto tempo sob a terra?
HER.: Demorei por trazer Teseu do Hades,[101] pai.
ANF.: E onde está? Partiu para o solo da terra pátria?
HER.: Foi para Atenas, alegre por ter escapado dos ínferos.
Mas eia, filhos, acompanhai o pai ao palácio;
pois a entrada vos será mais bela
do que a saída.[102] Vamos, tende coragem
e não mais expeçais lágrimas dos olhos.
E tu, minha esposa, recompõe o espírito
e cessa o tremor,[103] soltai-vos de meu peplo,
pois não sou alado nem desejo fugir dos que amo.
Ai! Eles não soltam, mas agarram-se ao peplo
ainda mais. Andastes assim sobre o fio da navalha?
Eu tomarei e conduzirei estes pequenos barcos
pelas mãos e como nau os rebocarei.[104] Não recuso
o cuidado dos filhos. Tudo nos homens é igual:
amam seus filhos, tanto os melhores entre os mortais,
como os que nada são. Diferem pela riqueza:
uns tem, outros não. Mas toda raça ama seus filhos.

Segundo Estásimo

A juventude me é cara,[105] *estrofe* α
mas a velhice sempre – fardo

βαρύτερον Αἴτναϲ ϲκοπέλων
ἐπὶ κρατὶ κεῖται, βλεφάρων
ϲκοτεινὸν φάοϲ ἐπικαλύψαν.
μή μοι μήτ' Ἀϲιήτιδοϲ
τυραννίδοϲ ὄλβοϲ εἴη,
μὴ χρυϲοῦ δώματα πλήρη
τᾶϲ ἥβαϲ ἀντιλαβεῖν,
ἃ καλλίϲτα μὲν ἐν ὄλβωι,
καλλίϲτα δ' ἐν πενίαι.
τὸ δὲ λυγρὸν φόνιόν τε γῆ-
ραϲ μιϲῶ· κατὰ κυμάτων δ'
ἔρροι μηδέ ποτ' ὤφελεν
θνατῶν δώματα καὶ πόλειϲ
ἐλθεῖν, ἀλλὰ κατ' αἰθέρ' αἰ-
εὶ πτεροῖϲι φορείϲθω.

εἰ δὲ θεοῖϲ ἦν ξύνεϲιϲ [ἀντ. α
καὶ ϲοφία κατ' ἄνδραϲ,
δίδυμον ἂν ἥβαν ἔφερον,
φανερὸν χαρακτῆρ' ἀρετᾶϲ
ὅϲοιϲιν μέτα, καὶ θανόντεϲ
εἰϲ αὐγὰϲ πάλιν ἁλίου
διϲϲοὺϲ ἂν ἔβαν διαύλουϲ,
ἁ δυϲγένεια δ' ἁπλοῦν ἂν
εἶχε ζόαϲ βίοτον,
καὶ τῶιδ' ἂν τούϲ τε κακοὺϲ ἦν
γνῶναι καὶ τοὺϲ ἀγαθούϲ,
ἴϲον ἄτ' ἐν νεφέλαιϲιν ἄ-
ϲτρων ναύταιϲ ἀριθμὸϲ πέλει.
νῦν δ' οὐδεὶϲ ὅροϲ ἐκ θεῶν
χρηϲτοῖϲ οὐδὲ κακοῖϲ ϲαφήϲ,
ἀλλ' εἱλιϲϲόμενόϲ τιϲ αἰ-
ὼν πλοῦτον μόνον αὔξει.

mais pesado do que rochas do Etna –
jaz sobre nossas cabeças, velando
em trevas a luz dos olhos.
Nem pela prosperidade
de um reino asiático,[106]
nem por palácio repleto de ouro
eu trocaria a juventude:
tão bela na prosperidade,
tão bela na penúria.
A funesta e cruenta velhice
odeio. Que sob as ondas
se vá! Ah, se jamais
às casas e cidades dos mortais
viesse, mas pelos ares para sempre,
com asas, fosse levada!

antístrofe α

Se existisse entre deuses inteligência
e sabedoria conforme os homens,[107]
dupla juventude obteriam,
como inequívoco sinal de excelência,
quantos a possuíssem e, mortos,
novamente à luz do sol
em duplo percurso[108] viriam;
mas teriam os de raça abjeta
um simples curso de vida,
e seria assim possível
os vis discernir dos bons,[109]
tal como entre nuvens move-se,
um número de astros para os nautas.
Na realidade, não existe, vinda dos deuses,
clara divisa entre nobres e vis.
O tempo, em seu giro,
exalta só a riqueza.

οὐ παύϲομαι τὰϲ Χάριταϲ [ϲτρ. β
ταῖϲ Μούϲαιϲιν ϲυγκαταμει-
γνύϲ, ἡδίϲταν ϲυζυγίαν.
μὴ ζώιην μετ' ἀμουϲίαϲ,
αἰεὶ δ' ἐν ϲτεφάνοιϲιν εἴην·
ἔτι τοι γέρων ἀοιδὸϲ
κελαδῶ Μναμοϲύναν,
ἔτι τὰν Ἡρακλέουϲ
καλλίνικον ἀείδω
παρά τε Βρόμιον οἰνοδόταν
παρά τε χέλυοϲ ἑπτατόνου
μολπὰν καὶ Λίβυν αὐλόν.
οὔπω καταπαύϲομεν
Μούϲαϲ αἵ μ' ἐχόρευϲαν.

παιᾶνα μὲν Δηλιάδεϲ [ἀντ. β
⟨ναῶν⟩ ὑμνοῦϲ' ἀμφὶ πύλαϲ
τὸν Λατοῦϲ εὔπαιδα γόνον,
εἱλίϲϲουϲαι καλλίχοροι·
παιᾶναϲ δ' ἐπὶ ϲοῖϲ μελάθροιϲ
κύκνοϲ ὣϲ γέρων ἀοιδὸϲ
πολιᾶν ἐκ γενύων
κελαδήϲω· τὸ γὰρ εὖ
τοῖϲ ὕμνοιϲιν ὑπάρχει.
Διὸϲ ὁ παῖϲ· τᾶϲ δ' εὐγενίαϲ
πλέον ὑπερβάλλων ⟨ἀρετᾶι⟩
μοχθήϲαϲ τὸν ἄκυμον
θῆκεν βίοτον βροτοῖϲ
πέρϲαϲ δείματα θηρῶν.

Λυ. ἐϲ καιρὸν οἴκων, Ἀμφιτρύων, ἔξω περᾶιϲ·
χρόνοϲ γὰρ ἤδη δαρὸϲ ἐξ ὅτου πέπλοιϲ
κοϲμεῖϲθε ϲῶμα καὶ νεκρῶν ἀγάλμαϲιν.
ἀλλ' εἶα παῖδαϲ καὶ δάμαρθ' Ἡρακλέουϲ

Não cessarei de as Cárites *estrofe* β
misturar às Musas –[110]
dulcíssima conjunção!
Que eu não viva sem Musas,
mas esteja sempre coroado!
Idoso aedo ainda
canto Mnemósine,[111]
ainda de Héracles,
ode da vitória celebro
com Brômio enóforo,[112]
música de heptacórdia
lira e flauta líbia.
Jamais deixaremos de celebrar as
Musas que guiam minha dança.

Péan, as delíades *antístrofe* β
hineiam às portas dos templos
para a nobre progênie de Leto,[113]
em belos coros girando.
Péans, ante teu palácio
como cisne, idoso aedo[114]
com envelhecidos lábios
cantarei. Há bom tema
para meus hinos.
É o filho de Zeus, mas a nobre origem
em muito supera pela excelência:[115]
com fadiga, estabeleceu
vida tranqüila aos mortais,
ao destruir temíveis feras.

Terceiro Episódio

LICO: Oportunamente, Anfitrião, sais do palácio,
pois já faz muito tempo que tendes o corpo
ornado com peplos e adereços dos mortos.
Mas eia! Aos filhos e esposa de Héracles

ἔξω κέλευε τῶνδε φαίνεσθαι δόμων,
ἐφ' οἷς ὑπέστητ' αὐτεπάγγελτοι θανεῖν.
Αμ. ἄναξ, διώκεις μ' ἀθλίως πεπραγότα
ὕβριν θ' ὑβρίζεις ἐπὶ θανοῦσι τοῖς ἐμοῖς·
ἃ χρῆν σε μετρίως, κεἰ κρατεῖς, σπουδὴν ἔχειν.
ἐπεὶ δ' ἀνάγκην προστίθης ἡμῖν θανεῖν,
στέργειν ἀνάγκη· δραστέον δ' ἃ σοὶ δοκεῖ.
Λυ. ποῦ δῆτα Μεγάρα; ποῦ τέκν' Ἀλκμήνης γόνου;
Αμ. δοκῶ μὲν αὐτήν, ὡς θύραθεν εἰκάσαι
Λυ. τί χρῆμα; δόξης τίνος ἔχεις τεκμήριον;
Αμ. ἱκέτιν πρὸς ἁγνοῖς Ἑστίας θάσσειν βάθροις
Λυ. ἀνόνητά γ' ἱκετεύουσαν ἐκσῶσαι βίον.
Αμ. καὶ τὸν θανόντα γ' ἀνακαλεῖν μάτην πόσιν.
Λυ. ὁ δ' οὐ πάρεστιν οὐδὲ μὴ μόληι ποτέ.
Αμ. οὔκ, εἴ γε μή τις θεῶν ἀναστήσειέ νιν.
Λυ. χώρει πρὸς αὐτὴν κἀκκόμιζε δωμάτων.
Αμ. μέτοχος ἂν εἴην τοῦ φόνου δράσας τόδε.
Λυ. ἡμεῖς ⟨δ'⟩, ἐπειδὴ σοὶ τόδ' ἔστ' ἐνθύμιον,
οἱ δειμάτων ἔξωθεν ἐκπορεύσομεν
σὺν μητρὶ παῖδας. δεῦρ' ἕπεσθε, πρόσπολοι,
ὡς ἂν σχολὴν λεύσσωμεν ἄσμενοι πόνων.
Αμ. σὺ δ' οὖν ἴθ', ἔρχηι δ' οἷ χρεών· τὰ δ' ἄλλ' ἴσως
ἄλλωι μελήσει. προσδόκα δὲ δρῶν κακῶς
κακόν τι πράξειν. ὦ γέροντες, ἐς καλὸν
στείχει, βρόχοισι δ' ἀρκύων κεκλήισεται
ξιφηφόροισι, τοὺς πέλας δοκῶν κτενεῖν
ὁ παγκάκιστος. εἶμι δ', ὡς ἴδω νεκρὸν
πίπτοντ'· ἔχει γὰρ ἡδονὰς θνήισκων ἀνὴρ
ἐχθρὸς τίνων τε τῶν δεδραμένων δίκην.

Χο. — μεταβολὰ κακῶν· μέγας ὁ πρόσθ' ἄναξ [στρ. α
πάλιν ὑποστρέφει βίοτον ἐξ Ἅιδα.
ἰώ
δίκα καὶ θεῶν παλίρρους πότμος.

ordena que apareçam fora deste palácio,
já que vos submetestes voluntariamente a morrer.[116]

ANF.: Rei, persegues a mim – um miserável –
e perpetras excesso sobre a morte dos meus.[117]
Aqui deverias moderar o afã ainda que domines.
Mas já que impões a necessidade de morrermos,
é necessário suportar. Faça-se como te parece.
LICO: Onde afinal está Mégara? Onde estão os netos de Alcmena?
ANF.: Parece-me que ela, tanto quanto imagino aqui de fora...[118]
LICO: O quê? De qual parecer tens indício?
ANF.: Está sentada como súplice nos sacros degraus de Héstia.
LICO: Inutilmente suplica para salvar a vida.
ANF.: E invoca em vão o esposo morto.
LICO: Ele não está aqui, nem jamais virá.
ANF.: Não, a não ser que um deus o ressuscite.
LICO: Vai até ela e traze-a para fora do palácio.
ANF.: Se fizesse isto seria partícipe do cruor.[119]
LICO: Nós, já que isto te causa escrúpulos e
não temos estes temores,[120] arrancaremos
os filhos com a mãe. Aqui, servos, segui-me para
que alegres vejamos o alívio de nossos trabalhos.
ANF.: Tu então vai, segue para aonde é necessário. Do resto,
outro provavelmente cuidará. Mas espera, ao praticar
o mal, algum mal sofrer. Velhos, para nosso bem
ele se vai: por ensíferos fios de redes será preso
o pervilíssimo, enquanto pensa em matar os que
estão próximos. Mas irei para vê-lo cair morto.
É prazeroso um inimigo morrendo
e sendo punido por seus atos.

Terceiro Estásimo

– Mudança de males! Grande, o antigo rei *estrofe* α
retorna sua vida do Hades.[121]
Ai! Justiça e réfluo destino dos deuses.

— ἦλθεϲ χρόνωι μὲν οὗ δίκην δώϲειϲ θανών,
ὕβρειϲ ὑβρίζων εἰϲ ἀμείνοναϲ ϲέθεν.
— χαρμοναὶ δακρύων ἔδοϲαν ἐκβολάϲ·
πάλιν ἔμολεν,
ἃ πάροϲ οὔποτε διὰ φρενὸϲ ἤλπιϲ' ἂν
παθεῖν, γᾶϲ ἄναξ.
— ἀλλ', ὦ γεραιοί, καὶ τὰ δωμάτων ἔϲω
ϲκοπῶμεν, εἰ πράϲϲει τιϲ ὡϲ ἐγὼ θέλω.

Λυ. (ἔϲωθεν)
ἰώ μοί μοι.

Χο. — τόδε κατάρχεται μέλοϲ ἐμοὶ κλύειν [ἀντ. α
φίλιον ἐν δόμοιϲ· θάνατοϲ οὐ πόρϲω.
βοᾶι
φόνου φροίμιον ϲτενάζων ἄναξ.
Λυ. (ἔϲωθεν)
ὦ πᾶϲα Κάδμου γαῖ', ἀπόλλυμαι δόλωι.
Χο. — καὶ γὰρ διώλλυϲ· ἀντίποινα δ' ἐκτίνων
τόλμα, διδούϲ γε τῶν δεδραμένων δίκην.
— τίϲ ὁ θεοὺϲ ἀνομίαι χραίνων, θνατὸϲ ὤν,
ἄφρονα λόγον
†οὐρανίων μακάρων† κατέβαλ' ὡϲ ἄρ' οὐ
ϲθένουϲιν θεοί;
— γέροντεϲ, οὐκέτ' ἔϲτι δυϲϲεβὴϲ ἀνήρ.
ϲιγᾶι μέλαθρα· πρὸϲ χοροὺϲ τραπώμεθα.
[φίλοι γὰρ εὐτυχοῦϲιν οὓϲ ἐγὼ θέλω.]

χοροὶ χοροὶ [ϲτρ. β
καὶ θαλίαι μέλουϲι Θή-
βαϲ ἱερὸν κατ' ἄϲτυ.
μεταλλαγαὶ γὰρ δακρύων,
μεταλλαγαὶ ϲυντυχίαϲ

– Vieste no tempo em que serás punido com a morte
por perpetrares excessos contra os melhores do que tu.[122]
– Alegrias deram-nos jorros de lágrimas:
Ele voltou –
o que antes, no espírito, jamais esperaria
experimentar – o rei de minha terra.
– Eia velhos! Dentro do palácio,
vejamos se alguém está como eu quero.

LICO: Ai de mim! Ai de mim!

CORO: – Um canto começa no palácio... *antístrofe* α
Dá-me prazer ouvi-lo! Não está longe a morte!
Grita o rei, gemendo proêmio de cruor.
LICO: Oh! terra toda de Cadmo, pereço com dolo!
CORO: – Também tu ias aniquilar: resigna-te a pagar
a pena, sofrendo a punição pelo que fizeste.
– Quem é aquele que maculou com injustiça os deuses
e, mortal, lançou insensata afirmação sobre os
bem aventurados celestes, de que não são poderosos?[123]
– Velhos, já não há o homem ímpio!
A casa silencia: voltemos às danças,
pois são prósperos os amigos que eu quero.[124]

Danças, danças e festas ocupam *estrofe* β
a sacra[125] cidade de Tebas.
Mudanças de lágrimas,[126]
mudanças da Sorte,

⟨ ⟩ ἔτεκον ἀοιδάς.
βέβακ' ἄναξ ὁ καινός, ὁ δὲ παλαίτερος
κρατεῖ, λιμένα λιπών γε τὸν 'Αχερόντιον.
δοκημάτων ἐκτὸς ἦλθεν ἐλπίς.

θεοὶ θεοὶ [ἀντ. β
τῶν ἀδίκων μέλουςι καὶ
τῶν ὁςίων ἐπάιειν.
ὁ χρυςὸς ἅ τ' εὐτυχία
φρενῶν βροτοὺς ἐξάγεται
δύναςιν ἄδικον ἐφέλκων.
†χρόνου γὰρ οὔτις ἔτλα τὸ πάλιν εἰςορᾶν†·
νόμον παρέμενος ἀνομίαι χάριν διδοὺς
ἔθραυςεν ὄλβου κελαινὸν ἅρμα.

'Ιςμήν' ὦ ςτεφαναφόρει [ςτρ. γ
ξεςταί θ' ἑπταπύλου πόλεως
ἀναχορεύςατ' ἀγυιαὶ
Δίρκα θ' ἁ καλλιρρέεθρος,
ςύν τ' 'Αςωπιάδες κόραι
πατρὸς ὕδωρ βᾶτε λιποῦςαι ςυναοιδοὶ
Νύμφαι τὸν Ἡρακλέους
καλλίνικον ἀγῶνα.
Πυθίου δενδρῶτι πέτρα
Μουςᾶν θ' Ἑλικωνίδων δώματα,
αὔξετ' εὐγαθεῖ κελάδωι
ἐμὰν πόλιν, ἐμὰ τείχη,
ςπαρτῶν ἵνα γένος ἐφάνθη,
χαλκαςπίδων λόχος, ὃς γᾶν
τέκνων τέκνοις μεταμείβει,
Θήβαις ἱερὸν φῶς.

ὦ λέκτρων δύο ςυγγενεῖς [ἀντ. γ
εὐναί, θνατογενοῦς τε καὶ
Διός, ὃς ἦλθεν ἐς εὐνὰν

geraram outros cantos.[127]
Foi-se o novo rei, o mais antigo
domina,[128] após deixar aquerôntico porto.
Esperança chegou além da expectativa.

antístrofe β

Deuses, Deuses ocupam-se em
conhecer injustos e pios.[129]
O ouro e a prosperidade
tiram do juízo os mortais e
trazem em seu rastro um poder injusto.
Ninguém suporta olhar o tempo futuro:
ao abandonar a lei e favorecer o ilegal,
rompe o obscuro carro da felicidade.[130]

estrofe γ

Ó Ismeno, coroa-te,
e polidas ruas de heptápila cidade,
iniciai a dança!
Tu, Dirce de belo curso,
e jovens Asopíades,[131]
deixai águas paternas e avançai juntas,
cantando, de Héracles,
o vitorioso combate.
Rocha arborizada de Pítio[132]
e morada das Musas helicónides,[133]
exaltai com jubiloso canto
minha cidade, minhas muralhas,
onde a raça dos homens semeados surgiu:
tropa armada de brônzeos escudos, que esta
terra transmite aos filhos de seus filhos,
sacra luz para Tebas.

antístrofe γ

Ó duplo leito nupcial, progenitor
comum, de raça mortal e de
Zeus, que foi ao leito

νύμφαϲ τᾶϲ Περϲηίδοϲ· ὡϲ
πιϲτόν μοι τὸ παλαιὸν ἤ-
  δη λέχοϲ, ὦ Ζεῦ, ϲὸν ἐπ' οὐκ ἐλπίδι φάνθη.
λαμπρὰν δ' ἔδειξ' ὁ χρόνοϲ
τὰν Ἡρακλέοϲ ἀλκάν·
ὃϲ γᾶϲ ἐξέβαϲ θαλάμων
Πλούτωνοϲ δῶμα λιπὼν νέρτερον.
κρείϲϲων μοι τύραννοϲ ἔφυϲ
ἢ δυϲγένει' ἀνάκτων,
ἃ νῦν ἐϲορῶντι φαίνει
ξιφηφόρων ἐϲ ἀγώνων
ἅμιλλαν εἰ τὸ δίκαιον
θεοῖϲ ἔτ' ἀρέϲκει.

— ἔα ἔα·
  ἆρ' ἐϲ τὸν αὐτὸν πίτυλον ἥκομεν φόβου,
  γέροντεϲ, οἷον φάϲμ' ὑπὲρ δόμων ὁρῶ;
— φυγῆι φυγῆι
  νωθὲϲ πέδαιρε κῶλον, ἐκποδὼν ἔλα.
— ὦναξ Παιάν,
  ἀπότροποϲ γένοιό μοι πημάτων.

ΙΡΙϹ

θαρϲεῖτε Νυκτὸϲ τήνδ' ὁρῶντεϲ ἔκγονον
Λύϲϲαν, γέροντεϲ, κἀμὲ τὴν θεῶν λάτριν
Ἶριν· πόλει γὰρ οὐδὲν ἥκομεν βλάβοϲ,
ἑνὸϲ δ' ἐπ' ἀνδρὸϲ δώματα ϲτρατεύομεν,
ὃν φαϲιν εἶναι Ζηνὸϲ Ἀλκμήνηϲ τ' ἄπο.
πρὶν μὲν γὰρ ἄθλουϲ ἐκτελευτῆϲαι πικρούϲ,
τὸ χρή νιν ἐξέϲωιζεν οὐδ' εἴα πατὴρ
Ζεύϲ νιν κακῶϲ δρᾶν οὔτ' ἔμ' οὔθ' Ἥραν ποτέ·
ἐπεὶ δὲ μόχθουϲ διεπέραϲ' Εὐρυϲθέωϲ,
Ἥρα προϲάψαι κοινὸν αἷμ' αὐτῶι θέλει
παῖδαϲ κατακτείναντι, ϲυνθέλω δ' ἐγώ.

da noiva neta de Perseu:[134] quão
crível é agora, para mim, a antiga união,
ó Zeus, que se revelou tua contra a expectativa![135]
Esplêndida, mostrou o tempo,
é a força de Héracles:[136]
saíste dos recessos da terra
e deixaste o ínfero palácio de Plutão.[137]
És para mim melhor soberano
do que uma raça abjeta de reis,
que agora mostra a quem vê
o ensífero combate,
se a justiça
ainda é grata aos Deuses.

Quarto Episódio

CORO: – Ei! Ei!
Chegamos ao mesmo golpe de pavor, velhos?
Tal é o espectro que vejo sobre o palácio?[138]
– Em fuga! Em fuga!
Ergue as lentas pernas e vai para longe!
Ó soberano Péan,[139]
Torna-te apotropeu[140] de meus flagelos!

IRIS:

Sede corajosos, velhos, vedes a filha da Noite,
Lissa,[141] e a mim, a serva dos Deuses,
Íris.[142] Nenhum dano trazemos à cidade,
marchamos contra a casa de um só homem,
que dizem ser filho de Zeus e Alcmena.
Pois, antes de terminar pungentes fainas,
o destino preservava-o e nem permitia seu pai
Zeus, que eu ou Hera jamais lhe fizéssemos mal.
Mas agora que transpôs os trabalhos de Euristeu,
Hera quer atá-lo à derrama de sangue familiar
através do assassínio dos filhos; o mesmo quero eu.[143]

ἀλλ' εἶ' ἄτεγκτον ϲυλλαβοῦϲα καρδίαν,
Νυκτὸϲ κελαινῆϲ ἀνυμέναιε παρθένε,
μανίαϲ τ' ἐπ' ἀνδρὶ τῶιδε καὶ παιδοκτόνουϲ
φρενῶν ταραγμοὺϲ καὶ ποδῶν ϲκιρτήματα
ἔλαυνε κίνει, φόνιον ἐξίει κάλων,
ὡϲ ἂν πορεύϲαϲ δι' Ἀχερούϲιον πόρον
τὸν καλλίπαιδα ϲτέφανον αὐθέντηι φόνωι
γνῶι μὲν τὸν Ἥραϲ οἷόϲ ἐϲτ' αὐτῶι χόλοϲ,
μάθηι δὲ τὸν ἐμόν· ἢ θεοὶ μὲν οὐδαμοῦ,
τὰ θνητὰ δ' ἔϲται μεγάλα, μὴ δόντοϲ δίκην.

ΛΥϹϹΑ

ἐξ εὐγενοῦϲ μὲν πατρὸϲ ἔκ τε μητέροϲ
πέφυκα, Νυκτὸϲ Οὐρανοῦ τ' ἀφ' αἵματοϲ·
†τιμάϲ τ' ἔχω τάϲδ' οὐκ ἀγαϲθῆναι φίλοιϲ†
οὐδ' ἥδομαι φοιτῶϲ' ἐπ' ἀνθρώπων φίλουϲ.
παραινέϲαι δέ, πρὶν ϲφαλεῖϲαν εἰϲιδεῖν,
Ἥραι θέλω ϲοί τ', ἢν πίθηϲθ' ἐμοῖϲ λόγοιϲ.
ἀνὴρ ὅδ' οὐκ ἄϲημοϲ οὔτ' ἐπὶ χθονὶ
οὔτ' ἐν θεοῖϲιν, οὗ ϲύ μ' ἐϲπέμπειϲ δόμουϲ·
ἄβατον δὲ χώραν καὶ θάλαϲϲαν ἀγρίαν
ἐξημερώϲαϲ θεῶν ἀνέϲτηϲεν μόνοϲ
τιμὰϲ πιτνούϲαϲ ἀνοϲίων ἀνδρῶν ὕπο.
ὥϲτ' οὐ παραινῶ μεγάλα βουλεῦϲαι κακά.

Ιρ. μὴ ϲὺ νουθέτει τά θ' Ἥραϲ κἀμὰ μηχανήματα.
Λυ. ἐϲ τὸ λῶιον ἐμβιβάζω ϲ' ἴχνοϲ ἀντὶ τοῦ κακοῦ.
Ιρ. οὐχὶ ϲωφρονεῖν γ' ἔπεμψε δεῦρό ϲ' ἡ Διὸϲ δάμαρ.
Λυ. Ἥλιον μαρτυρόμεϲθα δρῶϲ' ἃ δρᾶν οὐ βούλομαι.
εἰ δὲ δή μ' Ἥραι θ' ὑπουργεῖν ϲοί τ' ἀναγκαίωϲ ἔχει,
εἶμί γ'· οὔτε πόντοϲ οὕτω κύμαϲι ϲτένων λάβροϲ
οὔτε γῆϲ ϲειϲμὸϲ κεραυνοῦ τ' οἶϲτροϲ ὠδῖναϲ πνέων
οἷ' ἐγὼ ϲτάδια δραμοῦμαι ϲτέρνον εἰϲ Ἡρακλέουϲ·
καὶ καταρρήξω μέλαθρα καὶ δόμουϲ ἐπεμβαλῶ,
τέκν' ἀποκτείναϲα πρῶτον· ὁ δὲ κανὼν οὐκ εἴϲεται

Mas eia! Retoma teu inflexível coração,
virgem filha da negra Noite,
e sobre este homem, a loucura, a puericida
perturbação de espírito e o saltar de seus pés,[144]
impele, move. Solta cruenta amarra[145]
para que, tendo feito cruzar aquerôntica travessia
a coroa de belos filhos, pelo cruor de suas mãos,
saiba de que natureza é a cólera de Hera por ele,
e aprenda a minha. Ou os deuses de nada valerão
e grandes serão os mortais, se não for punido.[146]

LISSA:

De nobre pai e mãe nasci:
da Noite e do sangue de Urano.[147]
Tenho funções que não agradam aos deuses admirar,[148]
nem me alegro em visitar homens amigos.
Mas aconselhar, antes de vê-las cometendo erro,
a Hera e a ti quero, se ouvirdes minhas palavras.
Este homem, a cujo palácio tu me envias, não é
ínfimo nem sobre a terra, nem entre os deuses.
Impérvio território e mar feroz
pacificou, e dos deuses, sozinho restaurou
as honras, decadentes devido a homens ímpios.
Por isso não aconselho tramardes grandes males.

IRIS: Tu, não repreendas as maquinações minhas e de Hera.
LISSA: Para o melhor guio teus passos, não para o mal.
IRIS: A esposa de Zeus não te enviou aqui para seres sensata.[149]
LISSA: Tomo Hélio[150] por testemunha de que faço o que não quero.
Mas se, de fato, devo servir a ti e a Hera,
irei! Nem mar bramindo em vagas é tão violento,
nem terremoto ou raio dardejando dores,
quanto corridas que moverei no peito de Héracles.[151]
Romperei o teto e derruirei o palácio após
aniquilar as crianças. Ele, ao matar os filhos, não saberá

παῖδαϲ οὓϲ ἔτικτεν ἐναρών, πρὶν ἂν ἐμὰϲ λύϲϲαϲ ἀφῆι.
ἢν ἰδού· καὶ δὴ τινάϲϲει κρᾶτα βαλβίδων ἄπο
καὶ διαϲτρόφουϲ ἑλίϲϲει ϲῖγα γοργωποὺϲ κόραϲ,
ἀμπνοὰϲ δ' οὐ ϲωφρονίζει, ταῦροϲ ὣϲ ἐϲ ἐμβολήν,
δεινὰ μυκᾶται δέ. Κῆραϲ ἀνακαλῶ τὰϲ Ταρτάρου
τάχοϲ ἐπιρροιβδεῖν ὁμαρτεῖν θ' ὡϲ κυνηγέτηι κύναϲ. 860
τάχα ϲ' ἐγὼ μᾶλλον χορεύϲω καὶ καταυλήϲω φόβωι. 871
ϲτεῖχ' ἐϲ Οὔλυμπον πεδαίρουϲ', Ἶρι, γενναῖον πόδα·
ἐϲ δόμουϲ δ' ἡμεῖϲ ἄφαντοι δυϲόμεϲθ' Ἡρακλέουϲ.

Χο. ὀτοτοτοῖ, ϲτέναξον· ἀποκείρεται
ϲὸν ἄνθοϲ πόλεοϲ, ὁ Διὸϲ ἔκγονοϲ,
μέλεοϲ Ἑλλάϲ, ἃ τὸν εὐεργέταν
ἀποβαλεῖϲ ὀλεῖϲ μανιάϲιν λύϲϲαιϲ
χορευθέντ' ἐναύλοιϲ.

βέβακεν ἐν δίφροιϲιν ἁ πολύϲτονοϲ,
ἅρμαϲι δ' ἐνδίδωϲι
κέντρον ὡϲ ἐπὶ λώβαι
Νυκτὸϲ Γοργὼν ἑκατογκεφάλοιϲ
ὄφεων ἰαχήμαϲι Λύϲϲα μαρμαρωπόϲ.

ταχὺ τὸν εὐτυχῆ μετέβαλεν δαίμων,
ταχὺ δὲ πρὸϲ πατρὸϲ τέκν' ἐκπνεύϲεται.
⟨Αμ.⟩ (ἔϲωθεν)
ἰώ μοι μέλεοϲ.
Χο. ἰὼ Ζεῦ, τὸ ϲὸν γένοϲ ἄγονον αὐτίκα
λυϲϲάδεϲ ὠμοβρῶτεϲ ἄδικοι Ποιναὶ
κακοῖϲιν ἐκπετάϲουϲιν.
Αμ. ἰὼ ϲτέγαι.
Χο. κατάρχεται χορεύματ' ἄτερ τυπάνων
οὐ Βρομίου κεχαριϲμένα θύρϲωι
Αμ. ἰὼ δόμοι.
Χο. πρὸϲ αἷματ', οὐχὶ τᾶϲ Διονυϲιάδοϲ
βοτρύων ἐπὶ χεύμαϲι λοιβᾶϲ.

que destruiu aqueles que gerou até livrar-se de meu furor.
Eis aí! Vê como sacode a cabeça desde a largada[152]
e, enviesadas, gira em silêncio gorgôneas pupilas;
não controla a respiração como touro prestes a investir,
mas terrivelmente muge. Invoco as Queres do Tártaro[153]
para pronto rosnarem e seguirem como cães ao caçador.
Eu logo te farei dançar mais e apavorarei ao som de flauta.[154]
Ergue teu nobre pé, Íris, e dirige-te ao Olimpo.[155]
Mas nós, invisíveis, mergulharemos no palácio de Héracles.

CORO: Ai! ai! ai! geme: é ceifada
tua flor da cidade, o filho de Zeus,
infeliz Hélade que o benfeitor
perderás: dele serás privada em danças
de loucos furores ao som de flautas.

Foi-se em seu carro a de muitos pesares,[156]
ela aguilhoa seus cavalos
como quem vai causar ruína,
Górgona da Noite acompanhada por centiápites
silvos de serpentes, Lissa de petrífico olhar.
Rápido, um nume[157] transformou quem era próspero.
Rápido, filhos expirarão por meio do pai.

ANF.: Ai de mim, infeliz![158]

CORO: Ó Zeus! Pronto tua prole será improlífera:
furiosas crudívoras injustas Vinganças,[159]
com males, a dissiparão.

ANF.: Ai! minha casa!

CORO: Iniciam danças sem tímpanos
não agradáveis ao tirso de Brômio.[160]

ANF.: Ai! meu palácio!

CORO: Danças por sangue, não pelo sumo
de uvas de dionisíaca libação.

⟨Αμ.⟩ φυγῆι, τέκν', ἐξορμᾶτε. ⟨Χο.⟩ δάιον τόδε
δάιον μέλοϲ ἐπαυλεῖται.
κυναγετεῖ τέκνων διωγμόν· οὔποτ' ἄκραντα δόμοιϲι
Λύϲϲα βακχεύϲει.
Αμ. αἰαῖ κακῶν.
Χο. αἰαῖ δῆτα τὸν γεραιὸν ὡϲ ϲτένω
πατέρα τάν τε παιδοτρόφον, ⟨ἃι⟩ μάταν
τέκεα γεννᾶται.
ἰδοὺ ἰδού,
θύελλα ϲείει δῶμα, ϲυμπίπτει ϲτέγη.
Αμ. ἢ ἤ· τί δρᾶιϲ, ὦ Διὸϲ παῖ, μελάθρωι;
τάραγμα ταρτάρειον ὡϲ ἐπ' Ἐγκελάδωι ποτέ, Παλλάϲ,
ἐϲ δόμουϲ πέμπειϲ.

ΕΞΑΓΓΕΛΟϹ

ὦ λευκὰ γήραι ϲώματ' ⟨Χο.⟩ ἀνακαλεῖϲ με τίνα
βοάν; Εξ. ἄλαϲτα τἀν δόμοιϲι. ⟨Χο.⟩ μάντιν οὐχ
ἕτερον ἄξομαι.
Εξ. τεθνᾶϲι παῖδεϲ. ⟨Χο.⟩ αἰαῖ.
⟨Εξ.⟩ ϲτενάζεθ' ὡϲ ϲτενακτά. ⟨Χο.⟩ δάιοι φόνοι,
δάιοι δὲ τοκέων χέρεϲ.
Εξ. οὐκ ἄν τιϲ εἴποι μᾶλλον ἢ πεπόνθαμεν.
Χο. πῶϲ παιϲὶ ϲτενακτὰν ἄταν ἄταν
πατέροϲ ἀμφαίνειϲ;
λέγε τίνα τρόπον ἔϲυτο θεόθεν ἐπὶ μέλα-
θρα κακὰ τάδε ⟨ ⟩ τλάμονάϲ
τε παίδων τύχαϲ.
Εξ. ἱερὰ μὲν ἦν πάροιθεν ἐϲχάραϲ Διὸϲ
καθάρϲι' οἴκων, γῆϲ ἄνακτ' ἐπεὶ κτανὼν
⟨ἐξέβαλε⟩ τῶνδε δωμάτων Ἡρακλέηϲ·
χορὸϲ δὲ καλλίμορφοϲ εἱϲτήκει τέκνων
πατήρ τε Μεγάρα τ', ἐν κύκλωι δ' ἤδη κανοῦν
εἵλικτο βωμοῦ, φθέγμα δ' ὅϲιον εἴχομεν.

ANF.: Em fuga, filhos, lançai-vos!
CORO: Destruente! Destruente esta melodia da flauta.
Ele persegue os filhos numa caçada: jamais em vão
para o palácio, Lissa entrará em furor báquico!
ANF.: Ai! ai de meus males!
CORO: Ai! como lamento o velho pai
e a nutriz que em vão
gerou filhos.
Olha! Olha!
Tempestade faz tremer o palácio, o teto desaba.
ANF.: Ei! Que fazes, ó filha de Zeus, no palácio?
Tartáreo transtorno, Palas,[161] como outrora para Encélado,[162]
envias a esta casa.

MENSAGEIRO:
Ó vidas encanecidas pela velhice![163]
CORO: Que grito é este com que me chamas?
MENS: Catástrofe no palácio!
CORO: Não precisarei de outro adivinho.[164]
MENS: Filhos estão mortos!
CORO: Ai! Ai!
MENS: Lamentai que é lamentável!
CORO: Destruentes cruores! Destruentes mãos paternas!
MENS: Nosso sofrimento excede qualquer fala.
CORO: Como lamentável cegueira, cegueira[165]
ruinosa de pai contra filhos, revelarás?
Dize como precipitaram sobre o palácio
estes males vindos dos deuses e a mísera
sorte dos filhos.
MENS: Vítimas estavam diante do altar de Zeus[166]
para catarse da casa, posto que Héracles
matou e expeliu do palácio o rei desta terra.
Estava disposto o formoso coro dos filhos com
o pai de Héracles e Mégara. O cesto já havia girado
em torno do altar e mantínhamos sacro silêncio.[167]

μέλλων δὲ δαλὸν χειρὶ δεξιᾶι φέρειν,
ἐϲ χέρνιβ' ὡϲ βάψειεν, Ἀλκμήνηϲ τόκοϲ
ἔϲτη ϲιωπῆι. καὶ χρονίζοντοϲ πατρὸϲ
παῖδεϲ προϲέϲχον ὄμμ'· ὁ δ' οὐκέθ' αὑτὸϲ ἦν,
ἀλλ' ἐν ϲτροφαῖϲιν ὀμμάτων ἐφθαρμένοϲ
ῥίζαϲ τ' ἐν ὄϲϲοιϲ αἱματῶπαϲ ἐκβαλὼν
ἀφρὸν κατέϲταζ' εὔτριχοϲ γενειάδοϲ.
ἔλεξε δ' ἅμα γέλωτι παραπεπληγμένωι·
Πάτερ, τί θύω πρὶν κτανεῖν Εὐρυϲθέα
καθάρϲιον πῦρ καὶ πόνουϲ διπλοῦϲ ἔχω;
ἔργον μιᾶϲ μοι χειρὸϲ εὖ θέϲθαι τάδε.
ὅταν δ' ἐνέγκω δεῦρο κρᾶτ' Εὐρυϲθέωϲ
ἐπὶ τοῖϲι νῦν θανοῦϲιν ἁγνιῶ χέραϲ.
ἐκχεῖτε πηγάϲ, ῥίπτετ' ἐκ χειρῶν κανᾶ.
τίϲ μοι δίδωϲι τόξα; τίϲ ⟨δ'⟩ ὅπλον χερόϲ;
πρὸϲ τὰϲ Μυκήναϲ εἶμι· λάζυϲθαι χρεὼν
μοχλοὺϲ δικέλλαϲ θ' ὥϲτε Κυκλώπων βάθρα
φοίνικι κανόνι καὶ τύκοιϲ ἡρμοϲμένα
ϲτρεπτῶι ϲιδήρωι ϲυντριαινῶϲαι πάλιν.
ἐκ τοῦδε βαίνων ἅρματ' οὐκ ἔχων ἔχειν
ἔφαϲκε δίφρου τ' εἰϲέβαινεν ἄντυγα
κἄθεινε, κέντρωι δῆθεν ὡϲ θείνων, χερί.
διπλοῦϲ δ' ὀπαδοῖϲ ἦν γέλωϲ φόβοϲ θ' ὁμοῦ,
καί τιϲ τόδ' εἶπεν, ἄλλοϲ εἰϲ ἄλλον δρακών·
Παίζει πρὸϲ ἡμᾶϲ δεϲπότηϲ ἢ μαίνεται;
ὁ δ' εἷρπ' ἄνω τε καὶ κάτω κατὰ ϲτέγαϲ,
μέϲον δ' ἐϲ ἀνδρῶν' ἐϲπεϲὼν Νίϲου πόλιν
ἥκειν ἔφαϲκε, δωμάτων τ' ἔϲω βεβὼϲ
κλιθεὶϲ ἐϲ οὖδαϲ ὡϲ ἔχει ϲκευάζεται
θοίνην. διελθὼν δ' ὡϲ βραχὺν χρόνον μονῆϲ
Ἰϲθμοῦ ναπαίαϲ ἔλεγε προϲβαίνειν πλάκαϲ.
κἀνταῦθα γυμνὸν ϲῶμα θεὶϲ πορπαμάτων
πρὸϲ οὐδέν' ἡμιλλᾶτο κἀκηρύϲϲετο
αὐτὸϲ πρὸϲ αὑτοῦ καλλίνικοϲ οὐδενόϲ,

Mas quando ia com a destra levar o tição para
mergulhá-lo em água lustral, o filho de Alcmena
deteve-se em silêncio.[168] E o hesitante pai
os filhos fitaram. Ele já não era o mesmo,
mas alterado no esgazear dos olhos
e com sangüinosas raízes protraídas,
vertia espuma da espessa barba.[169]
E disse com riso demente:
pai, por que oferecer, antes de matar Euristeu,
sacrifício com fogo catártico e ter duplo trabalho?
Com uma só mão disponho bem isto.
Quando trouxer aqui a cabeça de Euristeu,
purificarei minhas mãos pelos mortos de agora.
Derramai as águas, soltai das mãos os cestos.
Quem me dá o arco? E quem a clava?
Para Micenas irei. Necessito tomar
alavancas e alviões para as ciclópicas bases,[170]
por rúbeo prumo e cinzéis ajustadas,
com curvo ferro demolir novamente.[171]
Depois, movendo-se, dizia ter um carro
que não tinha e subia em seu assento; golpeava
com a mão como se com aguilhão golpeasse.[172]
Dupla reação tinham os servos: riso e pavor juntos.
Entreolharam-se e alguém disse:
brinca conosco o senhor ou está louco?
Ele movia-se pela casa acima e abaixo e,
quando irrompeu no meio do ândron,[173]
afirmou chegar à cidade de Niso.[174] Dentro do palácio
reclina-se no solo tal como estava e supõe preparar
banquete. Depois, como se fizera breve repouso,
dizia aproximar-se das silvosas planícies do Istmo.[175]
E ali, tendo-se desnudado de afivelada veste,
contra ninguém combatia e proclamava-se,
ele próprio, vencedor[176] de ninguém, após

ἀκοὴν ὑπειπών. δεινὰ δ' Εὐρυϲθεῖ βρέμων
ἦν ἐν Μυκήναιϲ τῶι λόγωι. πατὴρ δέ νιν
θιγὼν κραταιᾶϲ χειρὸϲ ἐννέπει τάδε·
Ὦ παῖ, τί πάϲχειϲ; τίϲ ὁ τρόποϲ ξενώϲεωϲ
τῆϲδ'; οὔ τί που φόνοϲ ϲ' ἐβάκχευϲεν νεκρῶν
οὓϲ ἄρτι καίνειϲ; ὁ δέ νιν Εὐρυϲθέωϲ δοκῶν
πατέρα προταρβοῦνθ' ἱκέϲιον ψαύειν χερὸϲ
ὠθεῖ, φαρέτραν δ' εὐτρεπῆ ϲκευάζεται
καὶ τόξ' ἑαυτοῦ παιϲί, τοὺϲ Εὐρυϲθέωϲ
δοκῶν φονεύειν. οἱ δὲ ταρβοῦντεϲ φόβωι
ὤρουον ἄλλοϲ ἄλλοϲ', ἐϲ πέπλουϲ ὁ μὲν
μητρὸϲ ταλαίνηϲ, ὁ δ' ὑπὸ κίονοϲ ϲκιάν,
ἄλλοϲ δὲ βωμὸν ὄρνιϲ ὣϲ ἔπτηξ' ὕπο.
βοᾶι δὲ μήτηρ· Ὦ τεκών, τί δρᾶιϲ; τέκνα
κτείνειϲ; βοᾶι δὲ πρέϲβυϲ οἰκετῶν τ' ὄχλοϲ.
ὁ δ' ἐξελίϲϲων παῖδα κίονοϲ κύκλωι
τόρνευμα δεινὸν ποδόϲ, ἐναντίον ϲταθεὶϲ
βάλλει πρὸϲ ἧπαρ· ὕπτιοϲ δὲ λαΐνουϲ
ὀρθοϲτάταϲ ἔδευϲεν ἐκπνέων βίον.
ὁ δ' ἠλάλαξε κἀπεκόμπαϲεν τάδε·
Εἷϲ μὲν νεοϲϲὸϲ ὅδε θανὼν Εὐρυϲθέωϲ
ἔχθραν πατρώιαν ἐκτίνων πέπτωκέ μοι.
ἄλλωι δ' ἐπεῖχε τόξ', ὃϲ ἀμφὶ βωμίαν
ἔπτηξε κρηπῖδ' ὡϲ λεληθέναι δοκῶν.
φθάνει δ' ὁ τλήμων γόναϲι προϲπεϲὼν πατρὸϲ
καὶ πρὸϲ γένειον χεῖρα καὶ δέρην βαλὼν
Ὦ φίλτατ', αὐδᾶι, μή μ' ἀποκτείνηιϲ, πάτερ·
ϲόϲ εἰμι, ϲὸϲ παῖϲ· οὐ τὸν Εὐρυϲθέωϲ ὀλεῖϲ.
ὁ δ' ἀγριωπὸν ὄμμα Γοργόνοϲ ϲτρέφων,
ὡϲ ἐντὸϲ ἔϲτη παῖϲ λυγροῦ τοξεύματοϲ
μυδροκτύπον μίμημ' ὑπὲρ κάρα βαλὼν
ξύλον καθῆκε παιδὸϲ ἐϲ ξανθὸν κάρα,
ἔρρηξε δ' ὀϲτᾶ. δεύτερον δὲ παῖδ' ἑλὼν
χωρεῖ τρίτον θῦμ' ὡϲ ἐπιϲφάξων δυοῖν.

ordenar silêncio. Terríveis ameaças bramia contra
Euristeu e, em palavras, estava em Micenas.
Seu pai tocou-lhe a poderosa mão e disse-lhe:
Ó filho, o que sofres? Que estranheza é esta?
Não te teria causado furor báquico, o cruor dos mortos
que acabas de matar?[177] Ele, pensando ser de Euristeu
o temente súplice pai que lhe segura a mão,
afasta-o; apronta aljava e arco
contra os próprios filhos, mas os de Euristeu[178]
pensa que cruentará. Eles, alarmados com pavor,
lançavam-se cada um para um lado: um para o peplo
da desgraçada mãe, um sob a sombra de uma coluna,
e outro encolheu-se qual ave sob o altar.
Grita a mãe: Ó tu que os geraste, que fazes? Vais matar
teus filhos? Grita também o ancião e o grupo de servos.
Héracles persegue o filho girando ao redor da coluna,
com terríveis torneantes[179] passos e, posto frente a ele,
dispara contra seu fígado. Ao tombar, impregnou
pétreas colunas com sangue e exalou a vida.
Héracles gritou[180] e vangloriou-se em triunfo:
Eis aqui morto um dos filhotes[181] de Euristeu,
caído em expiação do ódio paterno por mim.
E dirigia o arco contra outro, que junto a base
do altar se encolhera, pensando estar oculto.
Antecipa-se o mísero, prostra-se aos joelhos paternos
e ergue a mão à sua barba e pescoço:
"Ó tão amado pai, não me mates", diz,
"sou teu, teu filho; não aniquilarás o de Euristeu".
Mas ele, esgazeando ferozes olhos gorgôneos e
estando o filho perto demais do funesto tiro,
em mímica de ferreiro,[182] sobre a cabeça alçou
a clava e golpeou do filho a loura cabeça,
quebrando-lhe os ossos. Capturado o segundo filho,
avança para terceira vítima sacrificar[183] sobre as duas.

ἀλλὰ φθάνει νιν ἡ τάλαιν' ἔϲω δόμων
μήτηρ ὑπεκλαβοῦϲα καὶ κλῄει πύλαϲ.
ὁ δ' ὡϲ ἐπ' αὐτοῖϲ δὴ Κυκλωπίοιϲιν ὢν
ϲκάπτει μοχλεύει θύρετρα κἀκβαλὼν ϲταθμὰ
δάμαρτα καὶ παῖδ' ἑνὶ κατέϲτρωϲεν βέλει.
κἀνθένδε πρὸϲ γέροντοϲ ἱππεύει φόνον·
ἀλλ' ἦλθεν εἰκών, ὡϲ ὁρᾶν ἐφαίνετο
Παλλάϲ, κραδαίνουϲ' ἔγχοϲ †ἐπὶ λόφῳ κέαρ†,
κἄρριψε πέτρον ϲτέρνον εἰϲ Ἡρακλέουϲ,
ὅϲ νιν φόνου μαργῶντοϲ ἔϲχε κἀϲ ὕπνον
καθῆκε· πίτνει δ' ἐϲ πέδον πρὸϲ κίονα
νῶτον πατάξαϲ, ὃϲ πεϲήμαϲι ϲτέγηϲ
διχορραγὴϲ ἔκειτο κρηπίδων ἔπι.
ἡμεῖϲ δ' ἐλευθεροῦντεϲ ἐκ δραϲμῶν πόδα
ϲὺν τῶι γέροντι δεϲμὰ ϲειραίων βρόχων
ἀνήπτομεν πρὸϲ κίον', ὡϲ λήξαϲ ὕπνου
μηδὲν προϲεργάϲαιτο τοῖϲ δεδραμένοιϲ.
εὕδει δ' ὁ τλήμων ὕπνον οὐκ εὐδαίμονα
παῖδαϲ φονεύϲαϲ καὶ δάμαρτ'. ἐγὼ μὲν οὖν
οὐκ οἶδα θνητῶν ὅϲτιϲ ἀθλιώτεροϲ.

Χο. ὁ φόνοϲ ἦν ὃν Ἀργολὶϲ ἔχει πέτρα
τότε μὲν περιϲαμότατοϲ καὶ ἄπιϲτοϲ Ἑλλάδι
τῶν Δαναοῦ παίδων·
τάδε δ' ὑπερέβαλεν παρέδραμεν τὰ τότε
κακὰ τάλανι διογενεῖ κόρωι.

μονότεκνον Πρόκνηϲ φόνον ἔχω λέξαι
θυόμενον Μούϲαιϲ· ϲὺ δὲ τέκνα τρίγον', ὦ
δάιε, τεκόμενοϲ
λυϲϲάδι ϲυγκατειργάϲω μοίραι.
αἰαῖ, τίνα ϲτεναγμὸν
ἢ γόον ἢ φθιτῶν ὠιδὰν ἢ τίν' Ἅι-

Mas antecipa-se a desgraçada mãe, leva o filho
ao interior do palácio e tranca as portas.
Ele, como se diante dos próprios muros ciclópicos,
cava, arromba portas e, tendo derruído os batentes,
esposa e filho abate com única flecha.
Então galopa para cruentar o velho.
Mas veio uma imagem que, ao olhar, revelou-se
Palas brandindo a hasta + +[184]
e pedra[185] atirou ao peito de Héracles,
que do insano cruor o conteve e ao sono
lançou-o.[186] Cai no solo e bate as costas
contra coluna, que pela queda do teto,[187]
partida em dois, sobre o alicerce jazia.
Nós, livres da necessidade de fuga,
e o velho, com laços de enleadas cordas,
prendemo-lo à coluna, para que ao despertar
do sono, nada acrescente ao que já fez.
Dorme o mísero sono não feliz, após
cruentar filhos e esposa. Eu não conheço
dentre os mortais quem seja mais lastimável.

Quarto Estásimo

O cruor que a rocha de Argos conserva foi
outrora para Hélade o mais célebre e incrível:
o cruor das filhas de Dânao.[188]
Mas os males do desgraçado filho de Zeus
excederam, ultrapassaram os de outrora.

Posso citar o cruor do unigênito de Procne[189]
em sacrifício às Musas.[190] Mas tu, trífida prole,
ó destruente, tendo gerado,
mataste-a em furiosa moira.

Ai ai! Que gemido,
lamento, ode fúnebre ou

δα χορὸν ἀχήcω;
φεῦ φεῦ·
ἴδεcθε, διάνδιχα κλῇθρα
κλίνεται ὑψιπύλων δόμων.
ἰώ μοι·
ἴδεcθε δὲ τέκνα πρὸ πατρὸc
ἄθλια κείμενα δυcτάνου,
εὕδοντοc ὕπνον δεινὸν ἐκ παίδων φόνου,
περὶ δὲ δεcμὰ καὶ πολύβροχ' ἁμμάτων
ἐρείcμαθ' Ἡράκλειον
ἀμφὶ δέμαc τάδε λαΐνοιc
ἀνημμένα κίοcιν οἴκων.

ὁ δ' ὥc τιc ὄρνιc ἄπτερον καταcτένων
ὠδῖνα τέκνων πρέcβυc ὑcτέρωι ποδὶ
πικρὰν διώκων ἤλυcιν πάρεcθ' ὅδε.

Αμ. Καδμεῖοι γέροντεc, οὐ cῖγα cῖ-
γα τὸν ὕπνωι παρειμένον ἐάcετ' ἐκ-
λαθέcθαι κακῶν;
Χο. κατὰ cὲ δακρύοιc cτένω, πρέcβυ, καὶ
τέκεα καὶ τὸ καλλίνικον κάρα.
Αμ. ἑκαcτέρω πρόβατε, μὴ
κτυπεῖτε, μὴ βοᾶτε, μὴ
τὸν εὔδι' ἰαύονθ'
ὑπνώδεά τ' εὐνᾶc
ἐγείρετε. Χο. οἴμοι,
φόνοc ὅcοc ὅδ' Αμ. ἆ ἆ, διά μ' ὀλεῖτε. ⟨Χο.⟩ κεχυ-
μένοc ἐπαντέλλει.
⟨Αμ.⟩ οὐκ ἀτρεμαῖα θρῆνον αἰ-
άξετ', ὦ γέροντεc;
ἢ δέcμ' ἀνεγειρόμενοc χαλάcαc ἀπολεῖ πόλιν,
ἀπὸ δὲ πατέρα, μέλαθρά τε καταρρήξει.

coro de Hades ecoarei?
Ai! ai!
Vede, abrem-se duplas,
as elevadas portas do palácio.[191]
Ai de mim!
Vede mortos os míseros filhos
diante de lamentável pai, que
dorme sono terrível após o cruor das crianças;
Vede ao redor amarras e cordas
com múltiplos nós cerrados em
torno do corpo de Héracles,
atadas às pétreas colunas do palácio.

Eis aqui o ancião, qual ave gemendo
filhote implume, com lento passo
movimentando pungente marcha.

Quinto Episódio:

ANF.: Velhos Cadmeus, silêncio, silêncio!
Não deixareis que ele, entregue ao sono,
esqueça dos males?[192]
CORO: A ti em lágrimas lamento, ancião,
e os filhos e a vitoriosa cabeça.[193]
ANF.: Afastai-vos, não façais
ruído, não griteis; não,
quem dorme tranqüila
e profundamente, desperteis.
CORO: Ai! Quão grande este cruor...
ANF.: Ai ai, aniquilar-me-eis!
CORO: ...derramado, avulta.[194]
ANF.: Não aiareis manso
vossos trenos, ó velhos?
Ou, ao despertar, soltará as amarras, destruirá
a cidade e o pai, e derruirá o palácio.

Χο. ἀδύνατ' ἀδύνατά μοι.
Αμ. ϲῖγα, πνοὰϲ μάθω· φέρε, πρὸϲ οὖϲ βάλω.
Χο. εὕδει; *Αμ.* ναί, εὕδει ⟨γ'⟩ ὕπνον ἄυπνον ὀλόμε-
νον ὃϲ ἔκανεν ἄλοχον, ἔκανε δὲ ψαλμῶι
τέκεα τοξήρει.
Χο. ϲτέναζέ νυν *Αμ.* ϲτενάζω.
⟨*Χο.*⟩ τέκνων ὄλεθρον *Αμ.* ὤμοι.
⟨*Χο.*⟩ ϲέθεν τε παιδόϲ ⟨*Αμ.*⟩ αἰαῖ.
⟨*Χο.*⟩ ὦ πρέϲβυ. *Αμ.* ϲῖγα ϲῖγα·
παλίντροποϲ ἐξεπεγειρόμενοϲ ϲτρέφεται· φέρε,
ἀπόκρυφον δέμαϲ ὑπὸ μέλαθρον κρύψω.
Χο. θάρϲει· νὺξ ἔχει βλέφαρα παιδὶ ϲῶι.
Αμ. ὁρᾶθ' ὁρᾶτε. τὸ φάοϲ ἐκ-
λιπεῖν μὲν ἐπὶ κακοῖϲιν οὐ
φεύγω τάλαϲ, ἀλλ' εἴ με κανεῖ πατέρ' ὄντα,
πρὸϲ δὲ κακοῖϲ κακὰ μήϲε-
ται πρὸϲ Ἐρινύϲι θ' αἷμα
ϲύγγονον ἕξει.
Χο. τότε θανεῖν ϲ' ἐχρῆν ὅτε δάμαρτι ϲᾶι
φόνον ὁμοϲπόρων ἔμολεϲ ἐκπράξαϲ,
Ταφίων περίκλυϲτον ἄϲτυ πέρϲαϲ.
Αμ. φυγὰν φυγάν, γέροντεϲ, ἀποπρὸ δωμάτων
διώκετε· φεύγετε μάργον
ἄνδρ' ἐπεγειρόμενον.
⟨ἢ⟩ τάχα φόνον ἕτερον ἐπὶ φόνωι βαλὼν
ἀν' αὖ βακχεύϲει Καδμείων πόλιν.
Χο. ὦ Ζεῦ, τί παῖδ' ἤχθηραϲ ὧδ' ὑπερκότωϲ
τὸν ϲόν, κακῶν δὲ πέλαγοϲ ἐϲ τόδ' ἤγαγεϲ;

Ηρ. ἔα·
ἔμπνουϲ μέν εἰμι καὶ δέδορχ' ἅπερ με δεῖ,
αἰθέρα τε καὶ γῆν τόξα θ' ἡλίου τάδε.
ὡϲ ⟨δ'⟩ ἐν κλύδωνι καὶ φρενῶν ταράγματι

CORO: É-me impossível, impossível.
ANF.: Silêncio! Que eu aproxime o ouvido e ouça seu respiro.
CORO: Dorme?
ANF.: Sim, dorme devastado sono insone,[195]
quem, com teso arco, matou esposa e matou filhos.
CORO: Geme então...
ANF.: Estou gemendo.
CORO: ...a ruína das crianças...
ANF.: Ai de mim!
CORO: ...e de teu filho!
ANF.: Ai ai!
CORO: Ó ancião!
ANF.: Silêncio, silêncio! Ele desperta e vira-se novamente:
Eia! Irei ocultar-me no palácio.
CORO: Coragem: a noite vela os olhos de teu filho.
ANF.: Vede, vede! A luz deixar
em adição a meus males, desgraçado,
não evito, mas se a mim, seu pai, ele matar,
sobre seus males, males projetará
e para suas Erínias, sangue
paterno acrescentará.[196]
CORO: Tu devias ter morrido outrora quando voltaste,
após ter, para tua esposa, vingado o cruor dos irmãos
e devastado a cidade dos táfios,[197] cingida de ondas.
ANF.: Ide em fuga, fuga, ó velhos, para
longe do palácio: fugi do insano
homem que desperta!
Ou logo lançará outro cruor sobre cruor e entrará
em furor báquico pela cidade dos Cadmeus.[198]
CORO: ......Ó Zeus, por que odiaste teu filho com tão excessiva
ira? Por que o conduziste a este pélago de males?[199]

HERACLES:

Ei! Ainda respiro e vejo tudo que devo ver:
céu e terra e estas setas de sol.[200]
Mas em escarcéu e perturbação terrível

πέπτωκα δεινῶι καὶ πνοὰϲ θερμὰϲ πνέω
μετάρϲι', οὐ βέβαια πλευμόνων ἄπο.
ἰδού, τί δεϲμοῖϲ ναῦϲ ὅπωϲ ὡρμιϲμένοϲ
νεανίαν θώρακα καὶ βραχίονα
πρὸϲ ἡμιθραύϲτωι λαΐνωι τυκίϲματι
ἧμαι, νεκροῖϲι γείτοναϲ θάκουϲ ἔχων;
πτερωτὰ δ' ἔγχη τόξα τ' ἔϲπαρται πέδωι,
ἃ πρὶν παραϲπίζοντ' ἐμοῖϲ βραχίοϲιν
ἔϲωιζε πλευρὰϲ ἐξ ἐμοῦ τ' ἐϲώιζετο.
οὔ που κατῆλθον αὖθιϲ εἰϲ Ἅιδου πάλιν,
Εὐρυϲθέωϲ δίαυλον ἐξ Ἅιδου μολών;
ἀλλ' οὔτε Ϲιϲύφειον εἰϲορῶ πέτρον
Πλούτωνά τ' οὐδὲ ϲκῆπτρα Δήμητροϲ κόρηϲ.
ἔκ τοι πέπληγμαι· ποῦ ποτ' ὢν ἀμηχανῶ;
ὠή, τίϲ ἐγγὺϲ ἢ πρόϲω φίλων ἐμῶν,
δύϲγνοιαν ὅϲτιϲ τὴν ἐμὴν ἰάϲεται;
ϲαφῶϲ γὰρ οὐδὲν οἶδα τῶν εἰωθότων.
Αμ. γέροντεϲ, ἔλθω τῶν ἐμῶν κακῶν πέλαϲ;
Χο. κἄγωγε ϲὺν ϲοί, μὴ προδοὺϲ τὰϲ ϲυμφοράϲ.
Ηρ. πάτερ, τί κλαίειϲ καὶ ϲυναμπίϲχηι κόραϲ,
τοῦ φιλτάτου ϲοι τηλόθεν παιδὸϲ βεβώϲ;
Αμ. ὦ τέκνον· εἶ γὰρ καὶ κακῶϲ πράϲϲων ἐμόϲ.
Ηρ. πράϲϲω δ' ἐγὼ τί λυπρὸν οὗ δακρυρροεῖϲ;
Αμ. ἃ κἂν θεῶν τιϲ, εἰ μάθοι, καταϲτένοι.
Ηρ. μέγαϲ γ' ὁ κόμποϲ, τὴν τύχην δ' οὔπω λέγειϲ.
Αμ. ὁρᾶιϲ γὰρ αὐτόϲ, εἰ φρονῶν ἤδη κυρεῖϲ.
Ηρ. εἴπ' εἴ τι καινὸν ὑπογράφηι τὠμῶι βίωι.
Αμ. εἰ μηκέθ' Ἅιδου βάκχοϲ εἶ, φράϲαιμεν ἄν.
Ηρ. παπαῖ, τόδ' ὡϲ ὕποπτον ἠινίξω πάλιν.
Αμ. καί ϲ' εἰ βεβαίωϲ εὖ φρονεῖϲ ἤδη ϲκοπῶ.
Ηρ. οὐ γάρ τι βακχεύϲαϲ γε μέμνημαι φρέναϲ.
Αμ. λύϲω, γέροντεϲ, δεϲμὰ παιδόϲ, ἢ τί δρῶ;
Ηρ. καὶ τόν γε δήϲαντ' εἴπ'· ἀναινόμεϲθα γάρ.
Αμ. τοϲοῦτον ἴϲθι τῶν κακῶν, τὰ δ' ἄλλ' ἔα.

de espírito caí! Respiro ofegante respiração
ardente, não firme vinda dos pulmões.[201]
Eis! Por que, como nau ancorada,[202] com cordas
em torno do vigoroso tórax e braços, estou
preso a pétrea coluna partida ao meio,
sentado vizinho a cadáveres?
Semeados no solo estão alados dardos e arco[203]
que antes, como escudo para meus braços,
protegiam meus flancos e eram protegidos por mim.
Decerto não desci de volta ao Hades
após ter do Hades retornado para Euristeu?[204]
Mas não vejo a sisífica rocha,[205]
nem Plutão, nem o cetro da filha de Deméter.
Estou tão aturdido! Onde, impotente, estou?
Ei! Quem dos meus amigos, perto ou longe,
minha ignorância curará?
Pois nada reconheço claramente que seja habitual.

ANF.: Velhos, devo aproximar-me de meus males?
CORO.: Também eu contigo! Não te trairei nos infortúnios.
HER.: Pai, por que choras e encobres os olhos,
postado longe de teu filho tão amado?
ANF.: Ó filho! Sim és meu, apesar de teus males.[206]
HER.: O que eu faço de aflitivo que pranteias?
ANF.: Algo que mesmo um deus se soubesse gemeria.
HER.: Grande é o alarde, mas minha sorte ainda não dizes.
ANF.: É que tu mesmo vês, se já tens o espírito são.
HER.: Dize, se algo novo[207] delineias em minha vida.
ANF.: Se não és mais bacante do Hades,[208] contarei.
HER.: Ai ai! Como outra vez enigmaste esta fala suspeita.
ANF.: Se tu tens o espírito seguramente são, ainda avalio.
HER.: Não recordo de furor báquico em meu espírito.
ANF.: Soltarei, velhos, as amarras do filho, ou o que fazer?
HER.: Dize quem me prendeu pois me envergonho.
ANF.: Tantos males conhece: os outros deixa.

Ηρ. ἀρκεῖ cιωπὴ γὰρ μαθεῖν ὃ βούλομαι;
Αμ. ὦ Ζεῦ, παρ' Ἥρας ἆρ' ὁρᾶις θρόνων τάδε;
Ηρ. ἀλλ' ἦ τι κεῖθεν πολέμιον πεπόνθαμεν;
Αμ. τὴν θεὸν ἐάcαc τὰ cὰ περιcτέλλου κακά.
Ηρ. ἀπωλόμεcθα· cυμφορὰν λέξειc τινά.
Αμ. ἰδού, θέαcαι τάδε τέκνων πεcήματα.
Ηρ. οἴμοι· τίν' ὄψιν τήνδε δέρκομαι τάλαc;
Αμ. ἀπόλεμον, ὦ παῖ, πόλεμον ἔcπευcαc τέκνοιc.
Ηρ. τί πόλεμον εἶπαc; τούcδε τίc διώλεcεν;
Αμ. cὺ καὶ cὰ τόξα καὶ θεῶν ὃc αἴτιοc.
Ηρ. τί φήιc; τί δράcαc; ὦ κάκ' ἀγγέλλων πάτερ.
Αμ. μανείc· ἐρωτᾶιc δ' ἄθλι' ἑρμηνεύματα.
Ηρ. ἦ καὶ δάμαρτόc εἰμ' ἐγὼ φονεὺc ἐμῆc;
Αμ. μιᾶc ἅπαντα χειρὸc ἔργα cῆc τάδε.
Ηρ. αἰαῖ· cτεναγμῶν γάρ με περιβάλλει νέφοc.
Αμ. τούτων ἕκατι cὰc καταcτένω τύχαc.
Ηρ. ἦ γὰρ cυνήραξ' οἶκον †ἢ βάκχευc' ἐμόν†;
Αμ. οὐκ οἶδα πλὴν ἕν· πάντα δυcτυχεῖ τὰ cά.
Ηρ. ποῦ δ' οἶcτροc ἡμᾶc ἔλαβε; ποῦ διώλεcεν;
Αμ. ὅτ' ἀμφὶ βωμὸν χεῖραc ἡγνίζου πυρί.
Ηρ. οἴμοι· τί δῆτα φείδομαι ψυχῆc ἐμῆc
τῶν φιλτάτων μοι γενόμενοc παίδων φονεύc;
οὐκ εἶμι πέτραc λιccάδοc πρὸc ἅλματα
ἢ φάcγανον πρὸc ἧπαρ ἐξακοντίcαc
τέκνοιc δικαcτὴc αἵματοc γενήcομαι,
ἢ cάρκα †τὴν ἐμὴν† ἐμπρήcαc πυρὶ
δύcκλειαν ἣ μένει μ' ἀπώcομαι βίου;
ἀλλ' ἐμποδών μοι θαναcίμων βουλευμάτων
Θηcεὺc ὅδ' ἕρπει cυγγενὴc φίλοc τ' ἐμόc.
ὀφθηcόμεcθα καὶ τεκνοκτόνον μύcοc
ἐc ὄμμαθ' ἥξει φιλτάτωι ξένων ἐμῶν.
οἴμοι, τί δράcω; ποῖ κακῶν ἐρημίαν
εὕρω, πτερωτὸc ἢ κατὰ χθονὸc μολών;
φέρ', ἀμφὶ κρατὶ περιβάλω cκότον ⟨ ⟩.

HER.: Então teu silêncio basta para saber o que quero?
ANF.: Ó Zeus, próximo ao trono de Hera,[209] vês isto?
HER.: Mas é dali que sofremos hostilidade?
ANF.: Deixa a deusa e atenta teus males.
HER.: Perecemos: dirás algum infortúnio.
ANF.: Eis, contempla estes corpos caídos de teus filhos.[210]
HER.: Ai de mim! Que cena é esta que, desgraçado, vejo?
ANF.: Insólita guerra,[211] ó filho, lutaste contra as crianças.
HER.: O que chamas de guerra? Estes quem aniquilou?
ANF.: Tu e teu arco e quem dos deuses é o responsável.[212]
HER.: Que dizes? O que perpetrei? Ó pai núncio de males!
ANF.: Enlouqueceste. Indagas dolorosas explicações.
HER.: Também de minha esposa sou eu o assassino?
ANF.: De tua mão só tudo isto é obra.[213]
HER.: Ai ai! Envolve-me nuvem de gemidos.
ANF.: Por isto gemo tua sorte.
HER.: Destruí minha casa, onde entrei em furor báquico?[214]
ANF.: Sei isto só: tudo que é teu tem má sorte.
HER.: Onde o moscardo[215] nos pegou? Onde nos aniquilou?
ANF.: Quando junto ao altar as mãos purificavas pelo fogo.
HER.: Ai de mim! Por que poupo então minha vida[216]
já que sou assassino de meus filhos tão amados?
Não irei à íngreme rocha saltar,[217]
ou punhal lançarei contra o fígado e
para os filhos, víndice[218] do sangue serei?
Não consumirei minha[219] carne pelo fogo e
afastarei a infâmia de vida que me espera?
Mas, empeço às minhas letais resoluções,
eis que vem Teseu, meu parente e amigo.[220]
Seremos vistos e a filicida mácula[221]
chegará aos olhos de meu mais amado hóspede.
Ai de mim ! O que fazer? Onde ausência de males
encontrar? Vôo ou desapareço sob a terra?[222]
Eia! Minha cabeça envolverei em trevas,

αἰϲχύνομαι γὰρ τοῖϲ δεδραμένοιϲ κακοῖϲ,
καὶ τῶιδε προϲτρόπαιον αἷμα προϲβαλὼν
οὐδὲν κακῶϲαι τοὺϲ ἀναιτίουϲ θέλω.

ΘΗϹΕΥϹ

ἥκω ϲὺν ἄλλοιϲ, οἳ παρ' Ἀϲωποῦ ῥοὰϲ
μένουϲιν, ἔνοπλοι γῆϲ Ἀθηναίων κόροι,
ϲῶι παιδί, πρέϲβυ, ϲύμμαχον φέρων δόρυ.
κληδὼν γὰρ ἦλθεν εἰϲ Ἐρεχθειδῶν πόλιν
ὡϲ ϲκῆπτρα χώραϲ τῆϲδ' ἀναρπάϲαϲ Λύκοϲ
ἐϲ πόλεμον ὑμῖν καὶ μάχην καθίϲταται.
τίνων δ' ἀμοιβὰϲ ὧν ὑπῆρξεν Ἡρακλῆϲ
ϲώϲαϲ με νέρθεν ἦλθον, εἴ τι δεῖ, γέρον,
ἢ χειρὸϲ ὑμᾶϲ τῆϲ ἐμῆϲ ἢ ϲυμμάχων.
ἔα· τί νεκρῶν τῶνδε πληθύει πέδον;
οὔ που λέλειμμαι καὶ νεωτέρων κακῶν
ὕϲτεροϲ ἀφῖγμαι; τίϲ τάδ' ἔκτεινεν τέκνα;
τίνοϲ γεγῶϲαν τήνδ' ὁρῶ ξυνάορον;
οὐ γὰρ δορόϲ γε παῖδεϲ ἵϲτανται πέλαϲ,
ἀλλ' ἄλλο πού τι καινὸν εὑρίϲκω κακόν.

Αμ. ὦ τὸν ἐλαιοφόρον ὄχθον ἔχων ⟨ἄναξ⟩
Θη. τί χρῆμά μ' οἰκτροῖϲ ἐκάλεϲαϲ προοιμίοιϲ;
Αμ. ἐπάθομεν πάθεα μέλεα πρὸϲ θεῶν.
Θη. οἱ παῖδεϲ οἵδε τίνοϲ ἐφ' οἷϲ δακρυρροεῖϲ;
Αμ. ἔτεκε μέν ⟨νιν⟩ οὑμὸϲ ἶνιϲ τάλαϲ,
τεκόμενοϲ δ' ἔκανε φόνιον αἷμα τλάϲ. 1184
Θη. τί φήιϲ; τί δράϲαϲ; Αμ. μαινομένωι πιτύλωι πλαγχθεὶϲ 1187
ἑκατογκεφάλου βαφαῖϲ ὕδραϲ. 1188
Θη. ὦ δεινὰ λέξαϲ. Αμ. οἰχόμεθ' οἰχόμεθα πτανοί. 1186
Θη. εὔφημα φώνει. Αμ. βουλομένοιϲιν ἐπαγγέλληι. 1185
Θη. Ἥραϲ ὅδ' ἀγών· τίϲ δ' ὅδ' οὐν νεκροῖϲ, γέρον;
Αμ. ἐμὸϲ ἐμὸϲ ὅδε γόνοϲ ὁ πολύπονοϲ, ⟨ὃϲ⟩ ἐπὶ

pois me envergonho dos males que perpetrei
e sobre este, não quero lançar poluto
sangue e causar mal a inocentes.

TESEU:

Vim com outros que junto ao rio Asopo[223]
aguardam, armados jovens da terra ateniense,
e para teu filho, ancião, aliadas lanças trago.
Pois rumor chegou a cidade dos erectidas[224] de
que, tendo o cetro desta terra arrebatado, Lico
em guerra total contra vós se põe.
Em retribuição pelo que Héracles iniciou
ao salvar-me dos ínferos vim, se necessitais,[225]
velho, ou de minha mão ou de aliados.
Oh! Por que o solo está repleto destes cadáveres?
Será que me atrasei e após males mais recentes[226]
cheguei? Quem matou estas crianças?
De quem era esposa esta que vejo?
Pois meninos não resistem à lança,
mas suponho encontrar algum outro novo mal.

ANF.: Ó rei de olivífera colina...[227]
TESEU: Por que me chamas com lamuriosos proêmios?
ANF.: Padecemos míseras dores vindas dos deuses.
TESEU: De quem são estas crianças pelas quais pranteias?
ANF.: Gerou-as o meu desgraçado filho mas, ainda que
genitor, matou-as e cruento sangue assumiu.
TESEU: Que dizes? O que perpetrou?[228]
ANF.: Por louco golpe foi extraviado,
com dardos imersos no sangue de hecatoncéfala hidra.[229]
TESEU: Que terríveis palavras disseste!
ANF.: Perecemos, perecemos esvaecidos no ar.[230]
TESEU: Fala propícias palavras!
ANF.: Ordenas o que gostaríamos.
TESEU: Este combate é de Hera.[231] Quem é este entre mortos, velho?
ANF.: Eis meu filho, meu filho que muito penou![232]

δόρυ γιγαντοφόνον ἦλθεν ϲὺν θεοῖ-
ϲι Φλεγραῖον ἐϲ πεδίον ἀϲπιϲτάϲ.
Θη. φεῦ φεῦ· τίϲ ἀνδρῶν ὧδε δυϲδαίμων ἔφυ;
Αμ. οὐκ ἂν εἰδείηϲ ἕτερον
πολυμοχθότερον πολυπλαγκτότερόν τε θνατῶν.
Θη. τί γὰρ πέπλοιϲιν ἄθλιον κρύπτει κάρα;
Αμ. αἰδόμενοϲ τὸ ϲὸν ὄμμα
καὶ φιλίαν ὁμόφυλον
αἷμά τε παιδοφόνον.
Θη. ἀλλ᾽ εἰ ϲυναλγῶν γ᾽ ἦλθον; ἐκκάλυπτέ νιν.
Αμ. ὦ τέκνον, πάρεϲ ἀπ᾽ ὀμμάτων
πέπλον, ἀπόδικε, ῥέθοϲ ἀελίωι δεῖξον.
βάροϲ ἀντίπαλον δακρύοιϲ ϲυναμιλλᾶται·
ἱκετεύομεν ἀμφὶ γενειάδα καὶ
γόνυ καὶ χέρα ϲὰν προπίτνων πολιὸν
δάκρυον ἐκβαλών· ἰὼ παῖ, κατά-
ϲχεθε λέοντοϲ ἀγρίου θυμόν, ὧι
δρόμον ἐπὶ φόνιον ἀνόϲιον ἐξάγηι
κακὰ θέλων κακοῖϲ ϲυνάψαι, τέκνον.

Θη. εἶέν· ϲὲ τὸν θάϲϲοντα δυϲτήνουϲ ἕδραϲ
αὐδῶ φίλοιϲιν ὄμμα δεικνύναι τὸ ϲόν.
οὐδεὶϲ ϲκότοϲ γὰρ ὧδ᾽ ἔχει μέλαν νέφοϲ
ὅϲτιϲ κακῶν ϲῶν ϲυμφορὰν κρύψειεν ἄν.
τί μοι προϲείων χεῖρα ϲημαίνειϲ φόβον;
ὡϲ μὴ μύϲοϲ με ϲῶν βάληι προϲφθεγμάτων;
οὐδὲν μέλει μοι ϲύν γε ϲοὶ πράϲϲειν κακῶϲ·
καὶ γάρ ποτ᾽ εὐτύχηϲ᾽. ἐκεῖϲ᾽ ἀνοιϲτέον
ὅτ᾽ ἐξέϲωϲάϲ μ᾽ ἐϲ φάοϲ νεκρῶν πάρα.
χάριν δὲ γηράϲκουϲαν ἐχθαίρω φίλων
καὶ τῶν καλῶν μὲν ὅϲτιϲ ἀπολαύειν θέλει,
ϲυμπλεῖν δὲ τοῖϲ φίλοιϲι δυϲτυχοῦϲιν οὔ.
ἀνίϲταϲ᾽, ἐκκάλυψον ἄθλιον κάρα,
βλέψον πρὸϲ ἡμᾶϲ. ὅϲτιϲ εὐγενὴϲ βροτῶν
φέρει †τὰ τῶν θεῶν γε† πτώματ᾽ οὐδ᾽ ἀναίνεται.

Para gigantófona luta marchou com os
deuses, à planície de Flegra, como guerreiro.[233]
TESEU: Ai ai! Quem dentre os homens é tão desditoso?
ANF.: Não poderias conhecer outro
mais sofrido e extraviado dentre os mortais.
TESEU: Por que oculta com peplo a mísera cabeça?
ANF.: Por vergonha de teu olhar,
da consangüínea amizade
e do sangue filicida.
TESEU: Mas se vim partilhar sua dor? Descobre-o.
ANF.: Ó filho! Afasta dos olhos
o peplo, lança-o, mostra tua face ao sol.
Um peso contrário combate o pranto.
Suplicamos, prostrando-nos diante de tua
barba, joelhos e mãos,[234] envelhecido
pranto tendo vertido. Oh, filho! Detém
teu ímpeto de leão feroz,[235] pelo qual
és arrastado a um cruento ímpio curso,
males entrelaçando a males, filho.

TESEU: Bem! A ti sentado em lamentável posição,
rogo que mostres teu olhar aos amigos.
Não há treva que tenha tal negra nuvem
capaz de ocultar a desgraça de teus males.
Por que me agitas a mão e assinalas pavor?
Que não me atinja a mácula de tuas palavras?
Não me importa estar mal a teu lado,[236]
pois outrora também fui próspero: devo citar o dia
em que salvo me trouxeste dos mortos para luz.
Odeio a gratidão decrépita de amigos
e quem quer que deseje do belo aproveitar-se,
mas navegar com amigos de má sorte, não.
Levanta-te, descobre tua mísera face,
olha para nós. Quem é nobre dentre os mortais
suporta o que vem dos deuses[237] e não o rejeita.

Ηρ. Θηϲεῦ, δέδορκαϲ τόνδ' ἀγῶν' ἐμῶν τέκνων;
Θη. ἤκουϲα καὶ βλέποντι ϲημαίνειϲ κακά.
Ηρ. τί δῆτά μου κρᾶτ' ἀνεκάλυψαϲ ἡλίωι;
Θη. τί δ'; οὐ μιαίνειϲ θνητὸϲ ὢν τὰ τῶν θεῶν.
Ηρ. φεῦγ', ὦ ταλαίπωρ', ἀνόϲιον μίαϲμ' ἐμόν.
Θη. οὐδεὶϲ ἀλάϲτωρ τοῖϲ φίλοιϲ ἐκ τῶν φίλων.
Ηρ. ἐπῄνεϲ'· εὖ δράϲαϲ δέ ϲ' οὐκ ἀναίνομαι.
Θη. ἐγὼ δὲ πάϲχων εὖ τότ' οἰκτίρω ϲε νῦν.
Ηρ. οἰκτρὸϲ γάρ εἰμι τἄμ' ἀποκτείναϲ τέκνα;
Θη. κλαίω χάριν ϲὴν ἐφ' ἑτέραιϲι ϲυμφοραῖϲ.
Ηρ. ηὗρεϲ δέ γ' ἄλλουϲ ἐν κακοῖϲι μείζοϲιν;
Θη. ἅπτηι κάτωθεν οὐρανοῦ δυϲπραξίαι.
Ηρ. τοιγὰρ παρεϲκευάϲμεθ' ὥϲτε κατθανεῖν.
⟨Θη. ⟩
⟨Ηρ. ⟩
Θη. δοκεῖϲ ἀπειλῶν ϲῶν μέλειν τι δαίμοϲιν;
Ηρ. αὔθαδεϲ ὁ θεόϲ, πρὸϲ δὲ τοὺϲ θεοὺϲ ἐγώ.
Θη. ἴϲχε ϲτόμ', ὡϲ μὴ μέγα λέγων μεῖζον πάθηιϲ.
Ηρ. γέμω κακῶν δὴ κοὐκέτ' ἔϲθ' ὅπηι τεθῆι.
Θη. δράϲειϲ δὲ δὴ τί; ποῖ φέρηι θυμούμενοϲ;
Ηρ. θανών, ὅθενπερ ἦλθον, εἶμι γῆϲ ὕπο.
Θη. εἴρηκαϲ ἐπιτυχόντοϲ ἀνθρώπου λόγουϲ.
Ηρ. ϲὺ δ' ἐκτὸϲ ὢν γε ϲυμφορᾶϲ με νουθετεῖϲ.
Θη. ὁ πολλὰ δὴ τλὰϲ Ἡρακλῆϲ λέγει τάδε;
Ηρ. οὔκουν τοϲαῦτά γ'· ἐν μέτρωι μοχθητέον.
Θη. εὐεργέτηϲ βροτοῖϲι καὶ μέγαϲ φίλοϲ;
Ηρ. οἱ δ' οὐδὲν ὠφελοῦϲί μ', ἀλλ' Ἥρα κρατεῖ.
Θη. οὐκ ἄν ⟨ϲ'⟩ ἀνάϲχοιθ' Ἑλλὰϲ ἀμαθίαι θανεῖν.
Ηρ. ἄκουε δή νυν, ὡϲ ἁμιλληθῶ λόγοιϲ
πρὸϲ νουθετήϲειϲ ϲάϲ· ἀναπτύξω δέ ϲοι
ἀβίωτον ἡμῖν νῦν τε καὶ πάροιθεν ὄν.
πρῶτον μὲν ἐκ τοῦδ' ἐγενόμην, ὅϲτιϲ κτανὼν
μητρὸϲ γεραιὸν πατέρα προϲτρόπαιοϲ ὢν
ἔγημε τὴν τεκοῦϲαν Ἀλκμήνην ἐμέ.

HER.: Teseu, vês este combate contra meus filhos?
TESEU: Ouvi e assinalas para mim os males que vejo.
HER.: Por que então descobriste minha cabeça ao sol?
TESEU: Por quê? Não maculas, sendo mortal, o divino.[238]
HER.: Foge, ó desgraçado, de meu ímpio miasma.
TESEU: Não há alastor[239] de amigos para amigos.
HER.: Agradeço. Bem eu te fiz e não me arrependo.
TESEU: E eu, que recebi o bem então, apiado-me de ti agora.
HER.: Sou digno de piedade, tendo matado meus filhos?
TESEU: Choro graças a ti sobre outros infortúnios.
HER.: Encontraste então outros com males maiores?
TESEU: Daqui alcanças o céu com tua infelicidade.
HER.: Por isso estou preparado para morrer.
[ ]
[ ]
TESEU: Crês que tuas ameaças importam aos numes?[240]
HER.: Implacáveis são os deuses e para com os deuses, eu.[241]
TESEU: Detém tua boca, que por vanglória mais não sofras.
HER.: Estou repleto de males e já não há lugar para mais.
TESEU: E farás o quê? Aonde te levará teu ímpeto?
HER.: À morte. Irei para sob a terra de onde vim.
TESEU: Dizes palavras de um homem qualquer.[242]
HER.: Tu, alheio à desgraça, repreendes-me.
TESEU: Diz isso o Héracles que muito suportou?
HER.: Nunca tanto. Deve haver medida para o penar.
TESEU: O benfeitor dos mortais e grande amigo?
HER.: Eles em nada me ajudam, mas Hera domina.
TESEU: Não toleraria a Hélade tu morreres por ignorância.
HER.: Ouve então, para que eu lute com palavras[243]
contra tuas repreensões. Revelar-te-ei
que minha vida já não é vida e nem antes era.
Primeiro, nasci deste homem que matou
o velho pai de minha mãe e, poluto,
casou-se com Alcmena, minha genetriz.

ὅταν δὲ κρηπὶς μὴ καταβληθῆι γένους
ὀρθῶς, ἀνάγκη δυςτυχεῖν τοὺς ἐκγόνους.
Ζεὺς δ', ὅςτις ὁ Ζεύς, πολέμιόν μ' ἐγείνατο
Ἥραι (cὺ μέντοι μηδὲν ἀχθεcθῆις, γέρον·
πατέρα γὰρ ἀντὶ Ζηνὸς ἡγοῦμαι c' ἐγώ),
ἔτ' ἐν γάλακτί τ' ὄντι γοργωποὺς ὄφεις
ἐπειcέφρηcε cπαργάνοιcι τοῖς ἐμοῖς
ἡ τοῦ Διὸς cύλλεκτρος, ὡς ὀλοίμεθα.
ἐπεὶ δὲ cαρκὸς περιβόλαι' ἐκτηcάμην
ἡβῶντα, μόχθους οὓς ἔτλην τί δεῖ λέγειν;
ποίους ποτ' ἢ λέοντας ἢ τριcωμάτους
Τυφῶνας ἢ Γίγαντας ἢ τετραςκελῆ
κενταυροπληθῆ πόλεμον οὐκ ἐξήνυςα;
τήν τ' ἀμφίκρανον καὶ παλιμβλαcτῆ κύνα
ὕδραν φονεύcας μυρίων τ' ἄλλων πόνων
διῆλθον ἀγέλας κἀς νεκροὺς ἀφικόμην,
Ἅιδου πυλωρὸν κύνα τρίκρανον ἐς φάος
ὅπως πορεύcαιμ' ἐντολαῖς Εὐρυcθέως.
τὸν λοίcθιον δὲ τόνδ' ἔτλην τάλας πόνον,
παιδοκτονήcας δῶμα θριγκῶcαι κακοῖς.
ἥκω δ' ἀνάγκης ἐς τόδ'· οὔτ' ἐμαῖς φίλαις
Θήβαις ἐνοικεῖν ὅcιον· ἢν δὲ καὶ μένω,
ἐς ποῖον ἱερὸν ἢ πανήγυριν φίλων
εἶμ'; οὐ γὰρ ἄτας εὐπροcηγόρους ἔχω.
ἀλλ' Ἄργος ἔλθω; πῶς, ἐπεὶ φεύγω πάτραν;
φέρ' ἀλλ' ἐς ἄλλην δή τιν' ὁρμήcω πόλιν;
κἄπειθ' ὑποβλεπώμεθ' ὡς ἐγνωcμένοι,
γλώccης πικροῖς κέντροιcι †κληιδουχούμενοι†·
Οὐχ οὗτος ὁ Διός, ὃς τέκν' ἔκτεινέν ποτε
δάμαρτά τ'; οὐ γῆς τῆcδ' ἀποφθαρήcεται;
[κεκλημένωι δὲ φωτὶ μακαρίωι ποτὲ
αἱ μεταβολαὶ λυπηρόν· ὧι δ' ἀεὶ κακῶς
ἔcτ', οὐδὲν ἀλγεῖ cυγγενῶς δύcτηνος ὤν.]

Quando o alicerce da raça não é corretamente
posto, é inevitável a má sorte dos descendentes.[244]
Zeus, seja Zeus quem for,[245] gerou-me inimigo
de Hera. Mas tu não te aborreças, velho,
pois pai eu considero-te, não Zeus.
Eu ainda lactava e gorgôneas serpentes
introduziu em meus cueiros
a consorte de Zeus, para que fôssemos aniquilados.[246]
Quando adquiri músculos e estava no vigor da
juventude – por que dizer os trabalhos que suportei?
Afinal, quais leões, tricorpóreos
Tifões,[247] gigantes ou quadrúpedes
bandos de centauros em luta não matei?
A Hidra, cadela repleta de recidivas cabeças,
cruentei e de inúmeros outros trabalhos
rebanhos[248] atravessei; também aos mortos fui
para o tricéfalo cão, guardião do Hades,
trazer à luz sob ordens de Euristeu.
Este derradeiro trabalho,[249] desgraçado, suportei:
matei filhos e encimei a casa com epistílio de males.
Chego necessariamente a isto: não é pio habitar
minha amada Tebas. E, se permanecer,
para qual templo ou reunião de amigos
irei? Pois carrego desastres não abordáveis.[250]
Devo ir a Argos? Como, se estou banido da pátria?
Mas devo então dirigir-me a alguma outra cidade?
E depois, reconhecido, ser olhado com desprezo e
ficar recluso devido aos pungentes aguilhões da língua?
"Não é esse o filho de Zeus que um dia matou filhos
e esposa? Que pereça longe desta terra!"
Para um homem considerado outrora ditoso
são aflitivas as mudanças. Mas quem está sempre
mal nada sofre: é congenitamente infeliz.[251]

ἐϲ τοῦτο δ᾽ ἥξειν ϲυμφορᾶϲ οἶμαί ποτε·
φωνὴν γὰρ ἥϲει χθὼν ἀπεννέπουϲά με
μὴ θιγγάνειν γῆϲ καὶ θάλαϲϲα μὴ περᾶν
πηγαί τε ποταμῶν, καὶ τὸν ἁρματήλατον
᾽Ιξίον᾽ ἐν δεϲμοῖϲιν ἐκμιμήϲομαι.
[καὶ ταῦτ᾽ ἄριϲτα μηδέν᾽ ῾Ελλήνων μ᾽ ὁρᾶν,
ἐν οἷϲιν εὐτυχοῦντεϲ ἦμεν ὄλβιοι.]
τί δῆτά με ζῆν δεῖ; τί κέρδοϲ ἕξομεν
βίον γ᾽ ἀχρεῖον ἀνόϲιον κεκτημένοι;
χορευέτω δὴ Ζηνὸϲ ἡ κλεινὴ δάμαρ
†κρόουϲ᾽ ᾽Ολυμπίου Ζηνὸϲ ἀρβύληι πόδα†.
ἔπραξε γὰρ βούληϲιν ἣν ἐβούλετο
ἄνδρ᾽ ῾Ελλάδοϲ τὸν πρῶτον αὐτοῖϲιν βάθροιϲ
ἄνω κάτω ϲτρέψαϲα. τοιαύτηι θεῶι
τίϲ ἂν προϲεύχοιθ᾽; ἣ γυναικὸϲ οὕνεκα
λέκτρων φθονοῦϲα Ζηνὶ τοὺϲ εὐεργέταϲ
῾Ελλάδοϲ ἀπώλεϲ᾽ οὐδὲν ὄνταϲ αἰτίουϲ.
Χο. οὐκ ἔϲτιν ἄλλου δαιμόνων ἀγὼν ὅδε
ἢ τῆϲ Διὸϲ δάμαρτοϲ· εὖ τόδ᾽ αἰϲθάνηι.
Θη. ⟨ ⟩
παραινέϲαιμ᾽ ἂν μᾶλλον ἢ πάϲχειν κακῶϲ.
οὐδεὶϲ δὲ θνητῶν ταῖϲ τύχαιϲ ἀκήρατοϲ,
οὐ θεῶν, ἀοιδῶν εἴπερ οὐ ψευδεῖϲ λόγοι.
οὐ λέκτρ᾽ ἐν ἀλλήλοιϲιν, ὧν οὐδεὶϲ νόμοϲ,
ϲυνῆψαν; οὐ δεϲμοῖϲι διὰ τυραννίδα
πατέραϲ ἐκηλίδωϲαν; ἀλλ᾽ οἰκοῦϲ᾽ ὅμωϲ
῎Ολυμπον ἠνέϲχοντό θ᾽ ἡμαρτηκότεϲ.
καίτοι τί φήϲειϲ, εἰ ϲὺ μὲν θνητὸϲ γεγὼϲ
φέρειϲ ὑπέρφευ τὰϲ τύχαϲ, θεοὶ δὲ μή;
Θήβαϲ μὲν οὖν ἔκλειπε τοῦ νόμου χάριν,
ἕπου δ᾽ ἅμ᾽ ἡμῖν πρὸϲ πόλιϲμα Παλλάδοϲ.
ἐκεῖ χέραϲ ϲὰϲ ἁγνίϲαϲ μιάϲματοϲ
δόμουϲ τε δώϲω χρημάτων τ᾽ ἐμῶν μέροϲ.
ἃ δ᾽ ἐκ πολιτῶν δῶρ᾽ ἔχω ϲώϲαϲ κόρουϲ

A este grau de desgraça penso que chegarei um dia:
a terra lançará voz proibindo-me de tocar
o solo e, de atravessá-los,
o mar e as correntes dos rios. Serei
como Íxion[252] girando preso a roda.
Isto é o melhor: que não me veja nenhum dos helenos
entre os quais fomos prósperos e felizes.
Por que então devo viver? Que ganho teremos
já que nossa vida é inútil, ímpia?
Que dance a ilustre esposa de Zeus,
sapateando no Olimpo com reluzente sandália.[253]
Pois realizou o que desejava quando
o primeiro homem da Hélade, com pedestal
e tudo, estatelou. A tal deusa
quem suplicaria? Ela, por causa de uma mulher,
com ciúmes do leito de Zeus,[254] o benfeitor
da Hélade, em nada culpado, aniquilou.

CORO: Não é de outro dentre os numes este combate,
senão da esposa de Zeus. Percebes bem isto.

TESEU: [ ]
...eu aconselharia mais do que a sofrer o mal.[255]
Mas nenhum dentre os mortais é intangível à sorte
nem dentre os deuses, se não mentem os cantos dos aedos.[256]
Não partilharam, sem lei nenhuma, os leitos
uns dos outros? Com grilhões, pelo poder, não
desonraram seus pais? Mas habitam todavia
o Olimpo e toleraram seus erros.[257]
Mas o que dirás se tu, que és mortal,
sofres em excesso tua sorte, e os deuses não.
Tebas então deixa em respeito à lei
e acompanha-nos à cidade de Palas.[258]
Lá tuas mãos purificarei do miasma
e casa te darei e parte de meus bens.
As dádivas que recebi dos cidadãos, porque salvei

δὶϲ ἑπτά, ταῦρον Κνώϲιον κατακτανών,
ϲοὶ ταῦτα δώϲω. πανταχοῦ δέ μοι χθονὸϲ
τεμένη δέδαϲται· ταῦτ' ἐπωνομαϲμένα
ϲέθεν τὸ λοιπὸν ἐκ βροτῶν κεκλήϲεται
ζῶντοϲ· θανόντα δ', εὖτ' ἂν εἰϲ Ἅιδου μόληιϲ,
θυϲίαιϲι λαΐνοιϲί τ' ἐξογκώμαϲιν
τίμιον ἀνάξει πᾶϲ' Ἀθηναίων πόλιϲ.
καλὸϲ γὰρ ἀϲτοῖϲ ϲτέφανοϲ Ἑλλήνων ὕπο
ἄνδρ' ἐϲθλὸν ὠφελοῦνταϲ εὐκλείαϲ τυχεῖν.
κἀγὼ χάριν ϲοι τῆϲ ἐμῆϲ ϲωτηρίαϲ
τήνδ' ἀντιδώϲω· νῦν γὰρ εἶ χρεῖοϲ φίλων.
[θεοὶ δ' ὅταν τιμῶϲιν οὐδὲν δεῖ φίλων·
ἅλιϲ γὰρ ὁ θεὸϲ ὠφελῶν ὅταν θέληι.]
Ηρ. οἴμοι· πάρεργα ⟨ ⟩ τάδ' ἔϲτ' ἐμῶν κακῶν·
ἐγὼ δὲ τοὺϲ θεοὺϲ οὔτε λέκτρ' ἃ μὴ θέμιϲ
ϲτέργειν νομίζω δεϲμά τ' ἐξάπτειν χεροῖν
οὔτ' ἠξίωϲα πώποτ' οὔτε πείϲομαι
οὐδ' ἄλλον ἄλλου δεϲπότην πεφυκέναι.
δεῖται γὰρ ὁ θεόϲ, εἴπερ ἔϲτ' ὀρθῶϲ θεόϲ,
οὐδενόϲ· ἀοιδῶν οἵδε δύϲτηνοι λόγοι.
ἐϲκεψάμην δὲ καίπερ ἐν κακοῖϲιν ὢν
μὴ δειλίαν ὄφλω τιν' ἐκλιπὼν φάοϲ·
ταῖϲ ϲυμφοραῖϲ γὰρ ὅϲτιϲ οὐχ ὑφίϲταται
οὐδ' ἀνδρὸϲ ἂν δύναιθ' ὑποϲτῆναι βέλοϲ.
ἐγκαρτερήϲω βίοτον· εἶμι δ' ἐϲ πόλιν
τὴν ϲήν, χάριν τε μυρίαν δώρων ἔχω.
ἀτὰρ πόνων δὴ μυρίων ἐγευϲάμην,
ὧν οὔτ' ἀπεῖπον οὐδέν' οὔτ' ἀπ' ὀμμάτων
ἔϲταξα πηγάϲ, οὐδ' ἂν ᾠόμην ποτὲ
ἐϲ τοῦθ' ἱκέϲθαι, δάκρυ' ἀπ' ὀμμάτων βαλεῖν.
νῦν δ', ὡϲ ἔοικε, τῆι τύχηι δουλευτέον.
εἶέν· γεραιέ, τὰϲ ἐμὰϲ φυγὰϲ ὁρᾶιϲ,
ὁρᾶιϲ δὲ παίδων ὄντα μ' αὐθέντην ἐμῶν.
δὸϲ τούϲδε τύμβωι καὶ περίϲτειλον νεκροὺϲ

quatorze jovens ao matar o touro de Cnossos,[259]
essas te darei. Em toda a parte há lotes de
terra atribuídos à mim. Com teu nome eles
serão, de agora em diante, celebrados pelos mortais,
enquanto viveres. Quando morreres[260] e fores ao Hades,
com sacrifícios e pétreos monumentos,
honrar-te-á toda a cidade de Atenas.
Bela coroa[261] para meus concidadãos será dos helenos
obter glórias por ajudar um homem nobre.
E eu, com esta graça, minha salvação
retribuir-te-ei. Pois agora necessitas de amigos.
Quando os deuses estimam, amigos não são necessários.
Pois o deus ajudando é o bastante, quando quer.[262]

HER: Ai de mim! Isto é irrelevante a meus males,[263]
e eu nem creio que os deuses por leitos não lícitos
anseiem e que grilhões prendam suas mãos –
nem jamais julguei, nem me persuadirei –
e nem que um seja déspota do outro.
Pois ao deus não falta, se é de fato deus,
nada.[264] Estes são lamentáveis contos dos aedos.
Mas considero se, ainda que entre males, não
seria culpado de certa covardia por abandonar a luz.
Pois aquele que não resiste às desgraças
não poderia resistir à lança de um homem.
Enfrentarei a vida: irei para tua
cidade e gratidão infinita tenho por tuas dádivas.
Experimentei infinitos trabalhos
dos quais não recusei nenhum, nem dos olhos
destilei pranto, nem jamais imaginaria
chegar a isto: lágrimas jorrarem-me dos olhos.
Mas, como parece, é necessário submeter-se à sorte.
Está bem. Velho, vês meu desterro
e vês que sou assassino de meus filhos.
Dá sepultura a estes e envolve seus corpos

δακρύοιϲι τιμῶν (ἐμὲ γὰρ οὐκ ἐᾶι νόμοϲ)
πρὸϲ ϲτέρν' ἐρείϲαϲ μητρὶ δούϲ τ' ἐϲ ἀγκάλαϲ,
κοινωνίαν δύϲτηνον, ἣν ἐγὼ τάλαϲ
διώλεϲ' ἄκων. γῆι δ' ἐπὴν κρύψηιϲ νεκροὺϲ
οἴκει πόλιν τήνδ' ἀθλίωϲ μὲν ἀλλ' ὅμωϲ
[ψυχὴν βιάζου τἀμὰ ϲυμφέρειν κακά].
ὦ τέκν', ὁ φύϲαϲ καὶ τεκὼν ὑμᾶϲ πατὴρ
ἀπώλεϲ', οὐδ' ὤναϲθε τῶν ἐμῶν καλῶν,
ἁγὼ παρεϲκεύαζον ἐκμοχθῶν βίου
εὔκλειαν ὑμῖν, πατρὸϲ ἀπόλαυϲιν καλήν.
ϲέ τ' οὐχ ὁμοίωϲ, ὦ τάλαιν', ἀπώλεϲα
ὥϲπερ ϲὺ τἀμὰ λέκτρ' ἔϲωιζεϲ ἀϲφαλῶϲ,
μακρὰϲ διαντλοῦϲ' ἐν δόμοιϲ οἰκουρίαϲ.
οἴμοι δάμαρτοϲ καὶ τέκνων, οἴμοι δ' ἐμοῦ,
ὡϲ ἀθλίωϲ πέπραγα κἀποζεύγνυμαι
τέκνων γυναικόϲ τ'. ὦ λυγραὶ φιλημάτων
τέρψειϲ, λυγραὶ δὲ τῶνδ' ὅπλων κοινωνίαι.
ἀμηχανῶ γὰρ πότερ' ἔχω τάδ' ἢ μεθῶ,
ἃ πλευρὰ τἀμὰ προϲπίτνοντ' ἐρεῖ τάδε·
Ἡμῖν τέκν' εἷλεϲ καὶ δάμαρθ'· ἡμᾶϲ ἔχειϲ
παιδοκτόνουϲ ϲούϲ. εἶτ' ἐγὼ τάδ' ὠλέναιϲ
οἴϲω; τί φάϲκων; ἀλλὰ γυμνωθεὶϲ ὅπλων
ξὺν οἷϲ τὰ κάλλιϲτ' ἐξέπραξ' ἐν Ἑλλάδι
ἐχθροῖϲ ἐμαυτὸν ὑποβαλὼν αἰϲχρῶϲ θάνω;
οὐ λειπτέον τάδ', ἀθλίωϲ δὲ ϲωϲτέον.
ἕν μοί τι, Θηϲεῦ, ϲύγκαμ'· ἀγρίου κυνὸϲ
κόμιϲτρ' ἐϲ Ἄργοϲ ϲυγκατάϲτηϲον μολών,
λύπηι τι παίδων μὴ πάθω μονούμενοϲ.
ὦ γαῖα Κάδμου πᾶϲ τε Θηβαῖοϲ λεώϲ,
κείραϲθε, ϲυμπενθήϲατ', ἔλθετ' ἐϲ τάφον
παίδων. ἅπανταϲ δ' ἑνὶ λόγωι πενθήϲετε
νεκρούϲ τε κἀμέ· πάντεϲ ἐξολώλαμεν
Ἥραϲ μιᾶι πληγέντεϲ ἄθλιοι τύχηι.

com lágrimas de honra (pois não me permite a lei).[265]
Apoia-os ao peito materno e entrega-os a seus braços,
associação infeliz que eu desgraçado, invito,
aniquilei. Após ocultares sob a terra os corpos,
habita esta cidade ainda que dolorosamente.
[Força teu espírito a suportar meus males comigo].[266]
Ó filhos! O pai que vos gerou e vos fez nascer
aniquilou-vos, e não usufruístes dos belos feitos
que eu preparava conquistando, com fadiga,
vida gloriosa para vós – belo legado de um pai.
E a ti, ó desgraçada, aniquilei, como se não
tivesses tu meu leito preservado firmemente,
suportando longas vigias no palácio.
Pobre esposa e filhos! Pobre de mim!
Quão mísero estou e sou desatrelado[267]
de filhos e mulher. Ó funesto deleite destes
beijos e funesta associação[268] destas armas!
Pois não sei se as mantenho ou as abandono.
Elas batendo em meus flancos[269] dirão:
"Conosco mataste filhos e esposa. Porta-nos
como assassinas de teus filhos." Então eu as levarei em
meus braços? Alegando o quê? Mas desnudado das armas,
com as quais tão belos feitos na Hélade executei,
terei de submeter-me aos inimigos e, infame, morrerei?
Não devo deixá-las, mas dolorosamente preservá-las.[270]
Só isto, Teseu, lida comigo: vai para Argos
e ajuda-me a transportar o cão feroz, para que
na tristeza, privado de filhos, algo não me aconteça.[271]
Ó terra de Cadmo e todo povo de Tebas,
cortai os cabelos, lastimai comigo, ide ao túmulo
de meus filhos. Todos com única voz lastimareis:
os mortos e a mim. Todos estamos aniquilados,
míseros, golpeados por única sorte de Hera.[272]

Θη. ἀνίϲταϲ᾽, ὦ δύϲτηνε· δακρύων ἅλιϲ.
Ηρ. οὐκ ἂν δυναίμην· ἄρθρα γὰρ πέπηγέ μου.
Θη. καὶ τοὺϲ ϲθένονταϲ γὰρ καθαιροῦϲιν τύχαι.
Ηρ. φεῦ·
αὐτοῦ γενοίμην πέτροϲ ἀμνήμων κακῶν.
Θη. παῦϲαι· δίδου δὲ χεῖρ᾽ ὑπηρέτηι φίλωι.
Ηρ. ἀλλ᾽ αἷμα μὴ ϲοῖϲ ἐξομόρξωμαι πέπλοιϲ.
Θη. ἔκμαϲϲε, φείδου μηδέν· οὐκ ἀναίνομαι.
Ηρ. παίδων ϲτερηθεὶϲ παῖδ᾽ ὅπωϲ ἔχω ϲ᾽ ἐμόν.
Θη. δίδου δέρηι ϲὴν χεῖρ᾽, ὁδηγήϲω δ᾽ ἐγώ.
Ηρ. ζεῦγόϲ γε φίλιον· ἅτεροϲ δὲ δυϲτυχήϲ.
ὦ πρέϲβυ, τοιόνδ᾽ ἄνδρα χρὴ κτᾶϲθαι φίλον.
Αμ. ἡ γὰρ τεκοῦϲα τόνδε πατρὶϲ εὔτεκνοϲ.
Ηρ. Θηϲεῦ, πάλιν με ϲτρέψον ὡϲ ἴδω τέκνα.
Θη. ὡϲ δὴ τί; φίλτρον τοῦτ᾽ ἔχων ῥάιων ἔϲηι;
Ηρ. ποθῶ, πατρόϲ τε ϲτέρνα προϲθέϲθαι θέλω.
Αμ. ἰδοὺ τάδ᾽, ὦ παῖ· τἀμὰ γὰρ ϲπεύδειϲ φίλα.
Θη. οὕτω πόνων ϲῶν οὐκέτι μνήμην ἔχειϲ;
Ηρ. ἅπαντ᾽ ἐλάϲϲω κεῖνα τῶνδ᾽ ἔτλην κακά.
Θη. εἴ ϲ᾽ ὄψεταί τιϲ θῆλυν ὄντ᾽ οὐκ αἰνέϲει.
Ηρ. ζῶ ϲοι ταπεινόϲ; ἀλλὰ πρόϲθεν οὐ δοκῶ.
Θη. ἄγαν γ᾽· ὁ κλεινὸϲ Ἡρακλῆϲ οὐκ εἶ νοϲῶν.
Ηρ. ϲὺ ποῖοϲ ἦϲθα νέρθεν ἐν κακοῖϲιν ὤν;
Θη. ὡϲ ἐϲ τὸ λῆμα παντὸϲ ἦν ἥϲϲων ἀνήρ.
Ηρ. πῶϲ οὖν †ἔτ᾽ εἴπηϲ† ὅτι ϲυνέϲταλμαι κακοῖϲ;
Θη. πρόβαινε. Ηρ. χαῖρ᾽, ὦ πρέϲβυ. Αμ. καὶ ϲύ μοι, τέκνον.
Ηρ. θάφθ᾽ ὥϲπερ εἶπον παῖδαϲ. Αμ. ἐμὲ δὲ τίϲ, τέκνον;
Ηρ. ἐγώ. Αμ. πότ᾽ ἐλθών; Ηρ. ἡνίκ᾽ ἂν †θάψηιϲ τέκνα†.
[Αμ. πῶϲ; Ηρ. εἰϲ Ἀθήναϲ πέμψομαι Θηβῶν ἄπο.]
ἀλλ᾽ ἐϲκόμιζε τέκνα, δυϲκόμιϲτ᾽ ἄχη·

TESEU: Levanta-te, ó infeliz, já basta de lágrimas!
HER.: Não poderia. Meus membros estão travados.
TESEU: Também os fortes, as sortes aluem.
HER.: Ai! Aqui pudera tornar-me pedra e esquecer os males!
TESEU: Basta. Dá tua mão ao amigo que está a teu serviço.
HER.: Mas que eu não limpe o sangue em teu peplo!
TESEU: Limpa, nada poupes. Não recuso.
HER.: Privado de filhos, tenho-te como meu filho.
TESEU: Apóia o braço em meu pescoço. Eu conduzirei.
HER.: Uma parelha de amigos! Mas um tem má sorte.
Ó ancião, tal homem deve-se ter como amigo.
ANF.: A pátria que o gerou é abençoada em filhos.
HER.: Teseu, volta-me outra vez para que eu veja meus filhos.
TESEU: Para quê? Com esse filtro[273] será mais fácil?
HER.: Desejo isso e quero abraçar meu pai.
ANF.: Eis me filho. Anseias o que me é caro.
TESEU: Já não tens, assim, memória de teus trabalhos?
HER.: Todos aqueles males que suportei são inferiores a estes.
TESEU: Se alguém te vir efeminado, não aprovará.[274]
HER.: Achas que vivo abatido? Mas antes parece que não.
TESEU: Demais. Enfermo, o ínclito Héracles não és.
HER.: Tu nos ínferos que qualidade tinhas, entre males?
TESEU: Em valor, era o último dos homens.
HER.: Como então podes dizer-me[275] humilhado por males?
TESEU: Avança!
HER.: Adeus, ancião!
ANF.: Também a ti, filho!
HER.: Sepulta meus filhos conforme eu disse.
ANF.: E quem a mim, filho?
HER.: Eu.
ANF.: Quando virás?
HER.: Quando sepultares meus filhos.[276]
ANF.: Como?
HER.: Mandarei buscar-te de Tebas para Atenas.
Leva para dentro meus filhos – dor intolerável!

ἡμεῖϲ δ’ ἀναλώϲαντεϲ αἰϲχύναιϲ δόμον
Θηϲεῖ πανώλειϲ ἑψόμεϲθ’ ἐφολκίδεϲ.
ὅϲτιϲ δὲ πλοῦτον ἢ ϲθένοϲ μᾶλλον φίλων

ἀγαθῶν πεπᾶϲθαι βούλεται κακῶϲ φρονεῖ.

Χο. ϲτείχομεν οἰκτροὶ καὶ πολύκλαυτοι,
τὰ μέγιϲτα φίλων ὀλέϲαντεϲ.

Nós, que consumimos com infâmias a casa,
destruídos, seguiremos Teseu como barcos rebocados![277]
Aquele que riqueza ou força mais do que
bons amigos deseja possuir pensa mal.[278]

CORO: Afastamo-nos lamuriosos e plangentes
pois o que mais amávamos perdemos!

NOTAS

1 Anfitrião e a esposa Alcmena são netos de Perseu e primos entre si: ele filho de Alceu, ela de Eléctrion. Anfitrião, involuntariamente, matou o sogro e, exilado de Argos, foi para Tebas com Alcmena. Ela recusou-se a consolidar o casamento até que o marido vingasse seus irmãos, mortos na guerra contra o rei Ptérelas e os Teléboas, habitantes da ilha de Tafos. Ausente Anfitrião, Zeus toma seu lugar e, simulando retorno vitorioso, une-se a Alcmena gerando Héracles. Quando Anfitrião voltou e Tirésias explicou-lhe o ocorrido, perdoou Alcmena e com ela gerou, de modo simultâneo, Íficles, meio irmão de Héracles (P. Grimal, *Dicionário de Mitologia Grega e Romana*, pág. 205 e segs.). Daí a afirmação: "aquele que partilhou o leito com Zeus". A paternidade de Héracles é atribuída ora a Zeus, ora a Anfitrião.

2 Os *spartoí* (σπαρτοί) são oriundos dos dentes do dragão morto por Cadmo e semeados por ele no solo de Tebas. Conta o mito que Cadmo, filho de Agenor, rei de Tiro, foi da Ásia para terras gregas em busca da irmã Europa, raptada por Zeus. Depois de procurá-la em vão, Cadmo consulta o oráculo de Delfos que lhe ordena fundar uma cidade: deveria seguir uma vaca até o local onde ela caísse de cansaço e esse local foi Tebas. Cadmo quis sacrificá-la à deusa Atena e mandou seus homens buscarem água na fonte de Ares. Um dragão, que segundo alguns descendia do próprio Ares, guardava a fonte e os matou. Cadmo mata o dragão e, aconselhado por Atena, semeia seus dentes, dos quais nasceram homens armados e violentos. Ele atira pedras entre os gigantes que, sem detectarem a origem da agressão, lutam entre si e massacram uns aos outros. Sobreviveram apenas cinco, cujos descendentes povoaram Tebas (P. Grimal, *op. cit.,* pág. 67 e segs.).

3 Os habitantes de Tebas, fundada por Cadmo, são chamados cadmeus.

4 Euristeu era filho de Estênelo (irmão de Alceu e de Eléctrion) e, portanto, primo de Anfitrião e Alcmena. Euristeu e Héracles foram concebidos na mesma época. Zeus anunciou que o primeiro descendente de Perseu que nascesse reinaria em toda a região de Argos. Hera providenciou para que Ilitia, deusa dos partos, apressasse o nascimento de Euristeu e atrasasse o de Héracles. Foi assim que o primeiro nasceu com sete meses e Héracles, com dez (Hom., *Il.*, XIX, 97-134; Apollod., *Bibl.*, II, 4-5 – Apolodoro e

outras fontes antigas que não aparecem citadas individualmente na Bibliografia, estão contidas em *THESAURUS LINGUAE GRAECAE.* CD ROM # D. PHI, Pre-mastering by Packard Humanities Institute. Property of the Regents of the University of California. Compilation 1992). Segundo Eurípides, Héracles submete-se a Euristeu como forma de voltar para Argos com sua família (17-19).

5 O cabo Tênaro fica no extremo sul da Lacônia, região ao sul do Peloponeso. Possuía cavernas, hoje submersas, que eram consideradas entradas para o Hades, o mundo dos mortos. Ver Apollod., *Bibl.*, II, 5.12.

6 Cérbero é o "tricorpóreo cão", filho de Tífon e Equidna, que guarda a entrada do Hades. É comumente representado com três cabeças, embora em Hesíodo, um dos raros poetas que o nomeia, seja descrito com cinqüenta (Hes., *Th.*, 311 e segs.).

7 Os "brancos potros gêmeos", *leukopólo* (λευκοπώλω), são aqui "Anfião e Zeto nascidos de Zeus". *Leukópoloi* (Λευκόπωλοι) ou *leúkippoi* (λεύκιπποι) são epítetos dos Dióscoros (cujo termo significa "filhos de Zeus") da Lacônia, Castor e Pólux (Píndaro, *P.*, I. 66; E., *Hel.*, 638). Eurípides usa o termo para os Dióscoros tebanos. Segundo a *Odisséia*, II. 260 e segs., Anfião e Zeto são os fundadores de Tebas, mas aqui aparecem apenas como governantes da cidade num período posterior à fundação. Wilamowitz (*apud* G.W. Bond, *Euripides-Heracles*, pág. 206) sugeriu que eram cultuados com forma de cavalos, assim como Posídon e outros deuses.

8 *Géronta akhreîon* (Γέροντα ἀχρεῖον), "velho inútil", introduz um tema que será constante na peça: a impotência trazida pela velhice. *Akhreîos* (ἀχρεῖος) pode denominar o cidadão que é inútil para qualquer propósito social, alheio às atividades públicas (como em Tucídides, 2.40.2) e designa, especificamente, aquele que não pode lutar (H. G. Liddell and R. Scott, *Greek-English Lexicon*, pág. 297; essa fonte será citada como *LSJ* nas próximas notas). A impotência de Anfitrião é reforçada no verso 45, como comentado na Introdução, pág. 54 e segs.

9 Os mínias eram os habitantes de Orcômeno, principal rival de Tebas no norte da Beócia. A vitória de Héracles sobre eles é narrada em Apolodoro, *Bibl.*, II, 4. 11.

10 Outro tema constante é a amizade. Anfitrião termina sua fala refletindo sobre o infortúnio como prova irrefutável da amizade: com ele, supostos amigos revelam-se não verdadeiros. Mais tarde, Anfitrião reclama diretamente de Tebas, que deveria proteger os filhos daquele que a libertou (217 e segs.), e da Hélade em geral (222 e segs.). A relação entre amizade e infortúnio também é apontada e reiterada por Mégara (305-6, 559, 561). Por enquanto, os verdadeiros amigos, os anciãos do coro, são impotentes para ajudar (56). No final, Teseu revela-se amigo ao mesmo tempo leal e efetivo (1220-25; 1234, 1322 e segs., 1398).

11 Habitantes de Tafos, pequena ilha do mar Jônico, no noroeste da Grécia. Mégara refere-se à expedição realizada por Anfitrião para vingar a morte dos irmãos de Alcmena. Ver nota 1.

12 Os versos 60-69 introduzem o recidivo tema da inconstância da sorte, da *týkhe* (τύχη). Ver versos 101-3, 216, 460-1, 480, 506 e segs. Em 62, essa inconstância é associada à falta de clareza do âmbito do divino. Por que glória (61) e felicidade (64) cedem lugar ao desamparo e à impotência? Que tipo de relação os reveses da sorte possuem com os desígnios divinos? Os deuses possuem inteligência e sabedoria distintas das que têm os homens (655 e segs.), o que dificulta ou impossibilita o entendimento humano dos intentos divinos.

13 A postura de Anfitrião contrasta com a de Mégara, cuja fala possui um tom heróico (ver mais adiante os versos 275 a 311). Após referir-se à instabilidade da sorte e à obscuridade das coisas divinas (60-9), Mégara expõe com clareza a situação em que se encontram (70-9, 82-4) e busca soluções pragmáticas (80 e segs.). A resposta de Anfitrião (87) parece desapontá-la (90) e ela desacredita sua esperança (92). Anfitrião insiste no adiamento dos males: a impaciência da jovem Mégara contrapõe-se à ponderação do velho Anfitrião.

14 Canto de entrada do coro, formado por anciãos tebanos, amigos de Anfitrião. Eles chegam apoiados em bastões (108) e uns nos outros (124).

15 *Poliós órnis* (πολιὸς ὄρνις), "encanecida ave", é uma alusão ao cisne, que canta antes da morte, alusão confirmada pelos versos 692-4 (ver nota 114). Sócrates diz que os cisnes cantam mais intensamente quando vão morrer,

pois estão felizes em ir ao encontro do deus a quem servem (Platão, *Fédon*, 84e.). Segundo ele, os cisnes pertencem a Apolo e são divinos. Cantam e alegram-se nesse dia mais do que em qualquer outro (*Fédon*, 85a. e b.). Essa não parece ser a visão do coro, próximos da morte pela idade: eles entoam cantos melancólicos e se consideram "visão notívaga de noturnos sonhos" (112-13).

16 Esta será sempre a tônica do coro: coragem no falar e impotência no agir. Ele será o tempo todo solidário com a família de Héracles mas impotente para ajudá-la. Sua impotência é conseqüência da velhice: nas lutas da juventude, foram heróis e não "infâmia de gloriosíssima pátria" (128-30). O tema da velhice como fardo insuportável será desenvolvido no segundo estásimo (637 e segs.).

17 Nos versos 121-123 seguimos as modificações do texto grego propostas e justificadas por Bond (*op. cit.*, pág. 97-8).

18 *Gorgôpes* (γοργῶπες), "gorgôneos", refere-se às Górgonas, três criaturas com cabeças repletas de serpentes que possuíam olhar petrificante: Esteno, Euríale e Medusa, filhas dos monstros marinhos Fórcis e Ceto (Hes., *Th.*, 274 e segs.). O coro identifica nos filhos de Héracles o mesmo olhar gorgôneo do pai (132 e segs.). Vê esse fato como positivo, sinal de força e virilidade, pois em seguida completa: " O infortúnio não abandona os filhos/mas sua graça não se vai" (133-4). Outras duas referências ao olhar de Héracles, relacionando-o às Górgonas, ocorrem durante sua loucura. Em 868, Lissa diz que Héracles "gira em silêncio as gorgôneas pupilas". Em 990, o mensageiro conta que Héracles esgazeava os "ferozes olhos gorgôneos" quando estava para matar o segundo filho. O coro refere-se à própria Lissa como "Górgona da Noite" (883), "de petrífico olhar" (884). Por último, gorgôneo é aplicado às serpentes enviadas por Hera, que atacam Héracles ainda no berço (1266). Gorgôneo adquire, assim, má conotação na peça.

19 A hidra de Lerna é vista como mera serpente do pântano. A palavra *hýdros* (ὕδρος) designa uma serpente aquática qualquer e *hýdra* (ὕδρα) é um termo usado especificamente para a hidra de Lerna. Adicionar o adjetivo *héleion* (ἕλειον), "que vive no pântano", à hidra é compará-la a uma serpente de pântano qualquer. Lico também diz que Héracles capturou o Leão de Neméa com redes e não com os braços (153-4), diminuindo seu feito.

20 Héracles nunca combateu com escudo e lança (159-60), a forma de combate dos hoplitas, que Lico afirma ser a mais corajosa. O hoplita (*hoplítes* – ὁπλίτης) é o guerreiro que lutava a pé, em fileiras, equipado com lança na mão direita e com grande escudo (*hóplon* – ὅπλον) na esquerda. Não é a primeira vez que surge na literatura grega uma depreciação do arqueiro. Na *Ilíada*, por exemplo, Páris, escondido, acerta uma flecha no pé de Diomedes (372 e segs.). Vangloria-se do feito, mas ouve de Diomedes: "Fútil frecheiro...se te atrevesses, armado, a lutar frente a frente comigo, nenhum amparo acharias nesse arco e nas flechas inúmeras" (385 e segs., tradução de Carlos Alberto Nunes). Também Enéias insulta o arqueiro Pândaro que reconhece a inutilidade de seu arco (*Il.*, 5.171-78, 204-16), assim como Hera afronta Ártemis, deusa arqueira (*Il.*, 21. 483, 491). No *Ájax* de Sófocles, Menelau ironiza Teucro justamente por ser arqueiro (1120). Há nas afirmações de Lico um confronto entre o valor individual do guerreiro que luta sozinho, representado por Héracles, e a formação hoplita, na qual uma possível vitória se fundamentava numa boa formação e harmonia do conjunto. Héracles não costuma combater em grupo e, se teve reputação de bravura, foi por ter lutado com feras (157-8). A imagem do herói que Lico nos apresenta assemelha-se à de um selvagem. Há algo de paradoxal em Héracles, herói mais famoso da Hélade. Ele é um tanto bárbaro para padrões gregos: sua força bruta descomunal e acima da inteligência, suas roupas, suas formas de combate, etc.

21 Anfitrião irá defender o filho com palavras. Para ele, assim como para os anciãos do coro, restam apenas palavras (112, 114, 171-2, 229, 238, etc.).

22 Os Gigantes nasceram de Gaia, fecundada pelo sangue de Urano, quando foi castrado por Crono (Hes., *Th.*, 180-6). Eram seres imensos e poderosos que só poderiam ser mortos por uma ação simultânea de um deus e um mortal. Eles ameaçaram o Olimpo ocasionando guerra com os deuses, da qual Héracles participou. O combate foi narrado por Apolodoro (*Bibl.*, 1.6.1-2) e citado por Píndaro (*N.*, 1.67).

23 Héracles entoa com os deuses o hino de vitória (*tòn kallínikon* – τὸν καλλίνικον). A palavra *kallínikos* (καλλίνικος), literalmente "de bela vitória", já aparecera em 49 na função de adjetivo, qualificando a arma de Héracles como "vitoriosa". O termo é um dos epítetos do herói. Aparece oito vezes nessa tragédia: qualifica o próprio herói (582, 961, 1046),

seu combate (789) e suas armas (49, 570). Por duas vezes surge como substantivo: aqui masculino (hino de vitória) e feminino em 681 (ode vitoriosa).

24 Grande planície da Arcádia ao norte de Olímpia. Seu nome vem do centauro Folo, que habitava a região. Os centauros eram seres violentos, excessivos, metade homens metade cavalos, que nasceram da união entre Ixíon e uma nuvem com o formato de Hera. Dois centauros tinham origem e temperamento diferentes: Quíron e Folo. O primeiro era filho de Crono e Fílira e foi o mestre de alguns heróis. Folo, filho de Sileno e de uma ninfa, certa vez hospedou Héracles e serviu-lhe vinho. O perfume atraiu outros centauros que vieram armados para assaltar sua caverna. É a esta passagem que se refere Anfitrião no verso 181. A história é contada com variações por Apolodoro (*Bibl.*, 2.5.4) e Diodoro Sículo (4.12.3-8).

25 Montanha da ilha de Eubéia. O epíteto abantida refere-se ao herói Abante, epônimo dos habitantes da ilha, como referido na *Ilíada,* 2.536. Lico veio da Eubéia (32).

26 Os versos 196 e 197 permitem duas leituras. Em uma considera-se *állois* (ἄλλοις), "outros", dativo instrumental, e a tradução seria: "tendo lançado incontáveis dardos, com outros (ainda) resguarda da morte o corpo." Optamos por entender *állois* como um dativo de interesse, complemento de *tò sôma* (τὸ σῶμα), "o corpo": "resguarda da morte o corpo de outros". Essa leitura parece fazer mais sentido no contexto da discussão, na qual Anfitrião quer demonstrar a superioridade do arqueiro sobre o hoplita. Se adotássemos a primeira leitura, ficaria reforçada certa covardia e individualismo por parte do arqueiro, que apenas defenderia a si próprio. Tal idéia seria contrária aos propósitos de Anfitrião.

27 O verso 212 sugere que Zeus é injusto, antecipando a forte crítica que Anfitrião lhe fará nos versos 339-347.

28 O verso está corrompido e segui a mudança proposta por Triclinius (*apud* Bond, *op. cit.*, pág. 124) que propôs *emókhthesen* (ἐμόχθησεν), "penou", no lugar de *emókhthesas* (ἐμόχθησας), "penaste".

29 Refere-se aos limites do mundo habitado e civilizado da época. Correspondem às colunas de Héracles, erguidas por ele quando passou por Tartesso

(hoje território espanhol perto do estreito de Gibraltar). Héracles ergueu cada coluna de um lado do estreito que separa a antiga Líbia (atual Marrocos) da Europa. As colunas correspondem ao rochedo de Gibraltar e ao de Ceuta. Esse episódio, segundo Pierre Grimal (*op. cit.*, pág. 211), faz parte das aventuras realizadas por Héracles durante a busca para Euristeu dos bois de Gérion.

30 Mais uma vez meras palavras são contrapostas a ações (ver Introdução, pág. 56 e segs.). Enquanto Anfitrião ameaça exaltando-se com palavras, Lico age para colocar em prática sua vontade.

31 Parnaso e Hélicon são montanhas próximas a Tebas. O Parnaso é mais distante e abrigava em suas encostas o oráculo de Apolo em Delfos. O Hélicon é conhecido como o local de moradia das Musas (Hes., *Th.*, 1, 2).

32 A fala de Lico é repleta de *hýbris* (ὕβρις), entendida como excesso, violência e insolência. Sua ordem para que coloquem fogo e queimem o corpo de todos (244) desconsidera o fato de a família de Héracles estar refugiada como suplicante no altar de Zeus. A execução dessa ordem seria ato extremamente ímpio.

33 Segundo a tradição, é Cadmo que mata o dragão e semeia seus dentes, não Ares (Apollod., *Bibl.*, 3. 4. I , ver nota 2).

34 Anfitrião e o coro possuem condições e posturas semelhantes. Ambos tiveram passado glorioso (60-1; 127-30); ambos ameaçam e querem agir mas acabam assumindo a impotência trazida pela velhice (229-35; 258-9, 268-9). Os dois querem salvar os filhos de Héracles (47, 206, 318; 261-2, 439-40) e têm palavras corajosas, mas palavras apenas (172, 218, 222, 229, 238; 112, 114).

35 O sentido primeiro de *skaión* (σκαιόν), "tolo", é "esquerdo, lado ou mão esquerda". É também aquilo que está no oeste, pois o adivinho grego, para proferir seus oráculos, voltava sua face para o norte e tinha o oeste a seu lado esquerdo, de onde vinham os maus presságios. Daí *skaión* significar também agourento, malfadado, danoso. Metaforicamente, significa canhestro, desajeitado, tolo.

[36] Mégara comporta-se heroicamente. É altiva e determinada e, já que morrer é inevitável, defende a necessidade de uma morte digna (287-8, 290-2). Eles não devem morrer dilacerados pelo fogo, pois isso daria motivo de riso aos inimigos, o que é para ela mal maior do que o morrer (285-6). Esse é também o problema de Medéia na tragédia homônima de Eurípides, na qual, por cinco vezes, recusa a idéia de causar riso aos inimigos (383, 404, 797, 1049-50, 1355).

[37] A idéia presente nos versos 299-301 parece ser a de que um inimigo sábio e bem educado estaria mais propenso a mostrar piedade e realizar pacto amigável. Não é o caso de Lico, "inimigo tolo". Portanto, não há esperança de abrandá-lo com palavras (298).

[38] Em 319, Anfitrião parece afastar-se do altar onde estavam como suplicantes, para entregar-se à morte. Ele fala tomado de emoção, o que é indicado pelo uso assindético dos três infinitivos de destinação: *kenteîn* (κεντεῖν), "trespassar"; *phoneúein* (φονεύειν), "cruentar" e *hiénai* (ἱέναι), "precipitar". Todos referindo-se a "esta garganta".

[39] *Próthymos* (πρόθυμος), "impetuoso", e *prothymía* (προθυμία), "ímpeto," apareceram anteriormente em 310, quando Mégara, de maneira genérica, chamou de impetuoso aquele que enfrenta a sorte dos deuses e classificou seu ímpeto de insensato – *áphron* (ἄφρων). Aqui, *próthymos* é associado a Lico. A proximidade e o contexto dos versos em que *próthymos* ocorre são significativos. Anfitrião ameaça Lico, uma vez que, como definiu anteriormente Mégara, *próthymos* é aquele que desafia a sorte dos deuses.

[40] Anfitrião realiza, sem o menor pudor, um ataque memorável a Zeus. Em 342 ele, simples mortal, não só se compara a Zeus, como o faz para mostrar-se superior em virtude. Sua conclusão é, da perspectiva da piedade grega, extremamente injuriosa: ou Zeus é um deus ignorante, *amathés* (ἀμαθής), ou é por natureza injusto. O problema é a incapacidade do homem para compreender os desígnios divinos. Existe relação entre a vida humana e o mundo divino – Hera, por exemplo, mandará Lissa enlouquecer Héracles – a questão é compreender de que forma funciona essa relação e quais são as leis que a regem. Anfitrião acusa Zeus a partir de uma lógica humana, distinta da divina (655-6) e que não alcança sua compreensão.

41 Neste primeiro estásimo, o coro celebrará os trabalhos de Héracles. Incapaz de ajudar efetivamente, homenageará com seu canto o herói que supõe morto (358 e 428-29). O tom predominante da ode é comemorativo. Ele toma a forma de um hino (355) ou mais precisamente de um encômio (356). O coro usa a imagem de uma coroa, *stephánoma* (στεφάνωμα), para caracterizar seu canto. As virtudes de suas nobres fadigas (357) são glória para o herói e a coroa é o símbolo próprio para essa glória.

42 Febo, *Phoîbos* (Φοῖβος), quer dizer "brilhante" e é um dos epítetos de Apolo, deus da justa medida, do belo, da harmonia, do arco e da lira. Filho de Zeus, é o deus que transmite aos mortais os desígnios do pai, por meio de seu oráculo em Delfos. O coro diz que, assim como Febo entoa lamento após venturoso canto (348-9), ele próprio deseja "hinear" Héracles com louvor (355). Apolo é o deus que revela o porvir aos mortais. Muitas vezes prenuncia desgraças a quem antes era poderoso (como, por exemplo, ao rei Creso da Lídia – Hdt., *Hist.,* I, 53 e 91). O coro diz que fará o mesmo que Apolo ("E eu...", 352). De fato, cantará os feitos gloriosos de Héracles ("ditoso canto"), que mais tarde serão eclipsados pelos terríveis acontecimentos. O mensageiro os narrará (o "lamento") num discurso tão extenso quanto esse canto (922 e segs.), como se fosse uma refutação, uma resposta a ele. Talvez a referência a Apolo esteja aludindo a essa alternância, "ditoso canto"/"lamento", que o deus entoa, ao revelar a sorte dos mortais.

43 *Hymnéo* (ὑμνέω) significa "cantar", mas tem também o sentido mais específico de celebrar deuses ou heróis com um hino, *hýmnos* (ὕμνος). Optamos por traduzir pelo inexistente "hinear", como fez o professor J.A.A. Torrano em sua tradução da *Teogonia* (versos 11, 33, 37, 48, 51, 70 e 101).

44 São muitas as fontes que fazem referência aos trabalhos de Héracles, tanto na literatura quanto nas artes plásticas. As mais antigas que estabelecem doze trabalhos para o herói são as métopas do templo de Zeus em Olímpia (460 a.C.) e este canto do coro. As métopas de Olímpia serviram como referência para o cânone estabelecido mais tarde (ver: *Olympia: the sculptures of the temple of Zeus*, B. Ashmole; N. Yalouris, London, 1967; pág. 22 e segs., apud S. Barlow, Euripides – *Heracles*, pág. 139). Em *As Traquínias* de Sófocles, Héracles relaciona apenas seis de seus trabalhos (1095 e segs.). Nove são representados no templo de Hefesto na ágora de Atenas (séc.

V a.C.) e dez nas métopas do tesouro dos atenienses em Delfos (cerca de 500 a.C.). Nas fontes citadas acima, os únicos trabalhos que são comuns a todas são o Leão de Némea e a Hidra de Lerna. Abaixo segue uma comparação entre a seleção de Eurípides e a encontrada nas métopas de Olímpia:

Eurípides	**Olímpia**
Leão de Némea (359-363)	Leão de Némea
Centauros (364-374)	Javali de Erimanto
Corça de cornos de ouro (375-379)	Corça de cornos de ouro
Éguas de Diomedes (380-388)	Éguas de Diomedes
Morte de Cicno (389-393)	Aves do lago Estinfalo
Maçãs do jardim das Hespérides (394-399)	Estábulos de Augias
Limpeza do mar, de piratas (400-402)	Touro de Creta
Sustentar o céu para Atlas (403-407)	Sustentar o céu para Atlas
Vitória sobre as Amazonas (408-418)	Vitória sobre as Amazonas
Hidra de Lerna (419-421)	Hidra de Lerna
Derrota de Gérion (422-424)	Derrota de Gérion
Busca de Cérbero (425-429)	Busca de Cérbero

As métopas de Olímpia apresentam seis trabalhos realizados por Héracles no Peloponeso (Leão, Javali, Corça, Aves do Estínfalo, Estábulo de Augias e Hidra), enquanto a seleção de Eurípides contém apenas três (Leão, Corça e Hidra), o que revela o interesse de Eurípides em mostrar Héracles não como herói regional, mas como herói pan-helênico.

45 O Leão de Némea descende da Medusa e de Posídon: dessa união nasceu o gigante Crisaor, que unido a Calírroe gerou Equidna. Equidna uniu-se a Tífon e gerou Ortro, que unido à própria mãe deu origem ao Leão de Némea (Hes., *Th.*, 274-281; 295-7; 306-9; 327). Ele faz parte do grupo das criaturas que representam as forças devastadoras primordiais e, de fato, devastava toda a região de Némea no Peloponeso. Era invulnerável, mas Héracles conseguiu vencê-lo sufocando-o. Com a própria garra do leão rasgou-lhe a pele e, retirando-a, envolveu-se com ela. Essa couraça é um dos atributos que mais o caracteriza. Bond comenta que da mesma forma que a pele da corça usada pelas Mênades confere a elas o poder de Dioniso, assim também a pele do leão confere a Héracles seu poder (*op. cit.*, pág. 156). Simbolicamente, ao colocá-la, incorpora os atributos da fera vencida. Nos versos 1210-11, Anfitrião exorta o filho a deter seu ímpeto de leão

feroz que o arrasta a um cruento ímpio curso (1212) e o faz entrelaçar males a males (1213).

46 Sobre os centauros ver nota 24. Os primeiros centauros, aos quais Anfitrião se refere em 182, habitavam Fóloe na Arcádia, região do Peloponeso. Aqui o coro nos fala de Héracles lutando contra os centauros da Tessália, região do norte da Grécia. Esses centauros estão mais relacionados ao mito de Teseu que os combate, para ajudar Pirítoo e os Lápitas (ver P. Grimal, *op. cit.*, pág. 82, 269 e 376). Eurípides cita, portanto, dois episódios distintos envolvendo Héracles e os Centauros.

47 Em 368 e segs., o coro apela para uma seqüência de testemunhas geográficas como havia feito Anfitrião (181-85). São elas: o rio Peneu e a planície tessália através da qual ele flui, as moradas do monte Pélion e os abrigos relvosos do monte Hómole, ambos também na Tessália.

48 As planícies são vastas mas improdutivas devido aos centauros, aos quais é comum a bebedeira, os raptos e os roubos. Eurípides acentua ainda um outro aspecto: descendo das montanhas em cavalgadas, esmagam as colheitas, assim como faz a corça, "saqueadora de camponeses" (377). Bond observa (*op. cit.*, pág. 158) que o vale do Peneu era famoso por sua fertilidade (*As Troianas*, 214 e segs.) graças à ação de Héracles, que aniquilou os Centauros.

49 A caracterização da corça dos chifres de ouro como "saqueadora de camponeses" não é compartilhada por outras fontes do mito, nas quais não possui esse caráter ameaçador. Calímaco, citado por Pierre Grimal (*op. cit.*, pág. 209), conta que ela era uma das cinco corças de cornos de ouro encontradas por Ártemis e que, por ordem de Hera, foi solta para fazer parte dos Trabalhos. As outras foram atreladas à quadriga de Ártemis. Apolodoro (*Bibl.*, 2. 5. 3) diz que a corça era consagrada a essa deusa e que Héracles precisou capturá-la viva, demorando um ano para conseguir. Segundo Píndaro (*O.*, III, 25 e segs.), ele a perseguiu rumo ao norte até o país dos Hiperbóreos, onde a própria Ártemis o teria acolhido com benevolência. Talvez Eurípides a retrate de maneira ameaçadora para reforçar o valor de Héracles como herói civilizador.

50 *Therophónon theán* (θηροφόνον θεὰν), literalmente "deusa matadora de feras", qualifica Ártemis, assim como "enoata", isto é, de Énoe. Bond (*op.*

cit., pág. 159) cita uma passagem de Pausanias (2. 25. 3), na qual diz que havia um santuário de Ártemis no monte Artemísio, de onde se contemplava Enoatis.

51 Diomedes, rei da Trácia, possuía quatro éguas (Podargo, Lampo, Xanto e Dino) que se alimentavam de carne humana (P. Grimal, *op. cit.*, pág. 210). Quando Héracles se dirigia à Trácia para realizar esse trabalho, passou por Feras na Tessália, onde lutou com a Morte para trazer Alceste, esposa de Admeto, de volta à vida. O episódio é narrado na *Alceste* de Eurípides, onde Diomedes aparece relacionado ao irmão Cicno (*Alceste,* 481-506), o *xeinodaíktes* (ξεινοδαίκτης), "xenocida", do próximo trabalho (391): enquanto Diomedes entregava os hóspedes como alimento para as éguas (D.S., 4.15.3), Cicno matava os viajantes. O uso dos adjetivos *psalíos* (ψαλίος – com freios, 381) e *akhálina* (ἀχάλινα – infrenes, 383) sugere que a versão adotada por Eurípides difere daquela que transmitiu Diodoro (4.15.3). Ele nos conta que Héracles pacificou as éguas não com freios, mas alimentando-as com o próprio Diomedes.

52 O rio Hebro corre na Trácia e é, atualmente, uma das fronteiras da Grécia. Diz-se de suas "altas orlas" que têm "argênteos fluxos", numa referência às minas de prata da Trácia. Diomedes vivia nas proximidades do lago Bístones (E., *Alc.*, 485), homônimo do povo que habitava a região e do qual Diomedes era rei (*Alc.*, 1022).

53 Euristeu. Ver nota 4.

54 O combate com Cicno parece situar-se na região do golfo de Mális, bastante ao norte de Delfos. É narrado por Hesíodo no *Escudo* 57e segs. e está representado numa métopa do tesouro ateniense em Delfos (Bond, *op. cit.*, pág. 163 e segs.). Hesíodo diz que esse combate foi instigado por Apolo, pois Cicno matava os peregrinos que iam para Delfos. Ele cortava as cabeças de suas vítimas para construir um templo com seus crânios (Pi., *O.* 10. 19 b). Em *Alceste*, 503, Cicno aparece relacionado com seus irmãos Diomedes e Licáon, os outros filhos de Ares com quem Héracles lutou.

55 As Hespérides são, segundo Hesíodo, as filhas da Noite que vigiam as maçãs de ouro, situadas além do ínclito oceano (*Th.*, 215 e segs.). Elas estão no "hespério jardim" (395) localizado nas costas do norte da África (extremo

ocidente para o mundo grego). As maçãs de ouro foram o presente que Hera recebeu de Gaia quando se casou com Zeus. Ela as mandou plantar em seu jardim perto do monte Atlas e lá colocou, além das Hespérides, uma serpente ou dragão, *drákon* (δράκων), para guardá-las (P. Grimal, *op. cit.,* pág. 213).

56 A limpeza dos mares já foi mencionada (225-6), embora não seja comum incluí-la no cânone dos trabalhos. É citada junto com o episódio do jardim das Hespérides e antes de Atlas. Está também em *As Traquínias* de Sófocles (1012 e segs.). O mar que Héracles livrou de perigos foi provavelmente o Mediterrâneo ocidental, quando se dirigia a Atlas e às Hespérides.

57 Atlas era filho do Titã Jápeto e de Clímene (Hes., *Th.*, 507 e segs.). Participou com os gigantes na luta contra os deuses. Como punição, Zeus o fez sustentar sobre os ombros a abóbada celeste (P. Grimal, *op. cit.,* pág. 55). Hesíodo localiza Atlas próximo das Hespérides: "Atlas sustém o amplo céu...nos confins da Terra ante as Hespérides cantoras" (*Th.*, 517 e segs.). Heródoto (*Hist.*, IV, 184) fala de uma montanha no norte da África chamada Atlas: "é tão alta, segundo se diz, que não é possível ver seu cume,... essa montanha, de acordo com relatos dos habitantes da região, seria a coluna do céu." Trata-se do Monte Atlas no atual Marrocos, ao sul de Gibraltar, onde as colunas de Héracles marcam o limite do Mediterrâneo. Essa localização de Atlas e das Hespérides não é unânime. Para Apolodoro, por exemplo, ambos estariam no mais longínquo norte (*Bibl.,* 2.5.11).

58 Apolônio de Rodes (*Argonáutica*, IV 1396 e segs.) deu a versão de que Atlas se ofereceu para pegar as maçãs para Héracles, que deveria, enquanto isso, sustentar o céu em seu lugar. Depois, Atlas teria se recusado a retomar sua função até ser forçado ou enganado por Héracles. Não é a versão de Eurípides: aqui é o próprio Héracles que as colhe (396). Por que teria feito de Atlas um trabalho separado? Bond (*op. cit.,* pág. 169) sugere que foi para enfatizar a *euanoría* (εὐανορία), "varonilidade", de Héracles: por um tempo a estabilidade do mundo dependeu dele.

59 Guerreiras descendentes de Ares e da ninfa Harmonia. Não tinham relação com homens, exceto como servidores e geradores de filhos, dos quais só conservavam as meninas. As Amazonas amputavam um seio para melhor manejarem o arco, daí seu nome: *a-mazón* (ἀ- μαζών), sem seio (*mazós*, μαζός).

60 "Multiflumíneo Meotis" ou Meotis de muitos rios diz respeito, segundo Bond (*op. cit.*, pág. 170-1), ao Mar de Azov com seus muitos afluentes. A expressão "por inóspita onda de mar" (410) é uma forma poética para dizer "através do mar negro".

61 Os versos 411-12 dão a este trabalho um caráter pan-helênico. Aqui, os amigos não são nomeados, talvez para não dividirem a glória de Héracles, mas entre eles está Teseu (*Heracl.*, 215 e segs.). Os atenienses do séc. V a.C. representaram a luta contra as Amazonas no escudo da estátua da deusa Atena (Bond, *op. cit.*, pág. 172). Lá, essa luta é um feito glorioso de Atenas e Teseu é seu herói principal. Plutarco (*Teseu*, 26 e 27) nos conta que, segundo alguns, Teseu recebeu a amazona Antíope como prêmio da expedição de Héracles. Segundo outros, foi só depois dela que Teseu partiu para capturar a jovem. Seja como for, Antíope foi o motivo da guerra das Amazonas contra os atenienses, que não deve ser confundida com o trabalho de Héracles citado por Eurípides.

62 A passagem entre cruzes (413-14) é corrupta e adotei a correção proposta por Bond (*op. cit.*, pág. 172): *khryseóstolou drépein* (χρυσεόστολου δρέπειν). *Drépein* (arrancar, colher, tomar) é aqui infinitivo de destinação e explica porque Héracles foi "à eqüestre hoste das amazonas". Seu objeto direto é o "butim mortal", o "auriornado cinturão". O cinturão foi pedido de Admete, filha de Euristeu, sacerdotisa de Hera no *Heraion* argivo, entre Micenas e Tirinto (P. Grimal, *op. cit.*, 5 e 211). Daí, provavelmente, a afirmação de que foi guardado em Micenas (418). O cinturão pertencia a Hipólita, rainha das Amazonas que, segundo Apolodoro (2.5.9), demonstrara boa vontade de entregá-lo a Héracles, mas Hera provocou discórdia entre eles e Hipólita foi morta. O cinturão é "butim mortal" porque sua captura envolveu lutas e mortes e também porque foi presente de Ares, deus da guerra e da carnificina, para sua filha: *kóras Areías* (κόρας Αρεἰας), literalmente "jovem de Ares", pode significar tanto "filha de Ares" como "jovem guerreira".

63 A Hidra de Lerna, assim como o Leão de Némea, está em todas as principais fontes do mito. Era um monstro assassino (420), filho de Tífon e Equidna, espécie de serpente de inúmeras cabeças (419), que vivia em Lerna ao sul de Argos. Trata-se de um trabalho conhecido desde o século VIII (Hes.,*Th.*, 313 e segs.). Hesíodo menciona a ajuda de Iolau, que aqui

não é citada por Eurípides, mas aparece no coro de *Ion* (190-200). A Hidra é chamada de *kýna* (κύνα), "cadela", termo comumente usado para monstros, como por exemplo, as Erínias (E., *El.,* 1342) e a Esfinge (S., *Édipo Rei*, 391).

64 Gérion, filho do Gigante Crisaor e neto da Medusa (Hes., *Th.,* 280-81, 287-88.). A façanha também foi narrada por Hesíodo (ibid. 289 e segs., 982 e segs.). Buscar os bois de Gérion faz parte dos trabalhos realizados no extremo oeste: Eritia situava-se no sudoeste da Espanha (Bond *op. cit.,* pág. 174). O imenso rebanho de Gérion era cuidado pelo cão Ortro (também filho de Tífon e Equidina), e pelo pastor Euritião (Hes., *Th.,* 293).

65 *Agálmat' eutykhê* (ἀγάλματ' εὐτυχῆ), "ditosas glórias", retoma *ágalma* (ἄγαλμα), "glória", do verso 358 e fecha o círculo dos trabalhos bem sucedidos (359-424). Aqui se completa a homenagem do coro a Héracles, a "coroa de seus trabalhos" (356).

66 Caronte é o barqueiro que transporta a "alma" dos mortos para o Hades, através do rio Aqueronte. O preço da travessia é um óbolo, razão pela qual se colocava uma moeda na boca do morto antes de enterrá-lo. Caronte dirige a barca mas não rema: são os mortos que o fazem (P. Grimal, *op. cit.,* pág. 76).

67 O coro retoma o tema da fragilidade, anteriormente colocado (107 e segs., 124 e segs., 268 e segs.), opondo-o, enfaticamente, à juventude. Nestes versos (436-441) há três referências a ela: *hébon* (ἥβων), "estar na idade da juventude" (436); *sýneboi* (σύνηβοι), "amigos quando jovem" (438), e hébas (ἥβας), "juventude" (441). A exaltação da juventude em oposição à velhice é desenvolvida pelo coro durante o segundo estásimo (637 e segs.).

68 *Hypò seiraíois posín* (ὑπὸ σειραίοις ποσίν) significa, literalmente, "sob os pés atados por cordas", o que não faz sentido. Mégara não arrasta as crianças por cordas presas a seus pés. O sentido necessário é de que as tem sob o controle de seus pés. É o argumento de Wilamowitz citado por Bond que dele discorda (*op. cit.,* pág. 178). Sua objeção é a inadequação da metáfora assim construída: as crianças estão sob o controle dos pés de Mégara e *seiraíois* (atados por corda) sugere analogia com carro e cavalos. Nela, Mégara seria o carro (que tem o controle) e as crianças os cavalos (controlados

pelo carro). Mas, é Mégara quem arrasta as crianças e um carro não arrasta cavalos. Não vemos problema na construção de uma metáfora incomum: Mégara desempenha o papel de um cavalo (e não carro) que arrasta, pelo movimento de seus pés, os filhos paralisados pelo medo (o carro atrelado).

69 *Sphageús* (σφαγεύς), "sacrífice", é quem realiza um sacrifício. Os gregos eram acostumados a sacrifícios cruentos de animais, seguidos de refeição ritual. Mas, como comenta Barlow (*op. cit.,* pág. 145), abominavam sacrifício humano. O sacrifício dos doze jovens troianos, feito por Aquiles, na pira funerária de Pátroclo (Hom., *Il.,* 18.336-7,23. 175-6) é uma exceção, condenada por Homero (*Il.,* 23. 176). Outras exceções são os sacrifícios de Políxena (E., *Hec.,* 521-582) e de Ifigênia (Ésquilo, *Ag.,* 205-257), e nenhum deles é apresentado com aprovação. Mégara usa *sphageús* (sacrífice) e *hiereús* (ἱερεύς, sacerdote), provavelmente para enfatizar a perversidade do inimigo. Talvez os termos também sugiram que a morte de Mégara e das crianças terão função sacrificial. Ver nota 183 e Introdução, pág. 39 e segs.

70 Moira (μοῖρα) é aqui um simples substantivo e significa lote, parte ou porção de alguma coisa que cabe a cada um. É, por exemplo, a parte de um butim de guerra ou de uma herança devida a alguém. Transposto para a vida humana é o que cabe a cada um viver: o destino, a moira, algo que é imposto ao homem, que é necessário e independe de sua vontade. Mas, entre os gregos, o destino era também personificado como *Moîrai* (Μοῖραι). As Moiras aparecem na *Teogonia* em duas genealogias: como filhas da Noite (*Th.,* 217-18) e filhas de Zeus e Têmis (*Th.,* 901 e segs.).

71 O tema de dar à luz e nutrir filhos em vão ocorre em *Troianas.* 484 e segs., 760, e em *Medéia,* 1029 e segs., nas quais é seguido, como aqui, pelas frustradas esperanças maternas.

72 Mégara descreverá os planos de Héracles para os filhos. O número das crianças varia: aqui são três como em Apolodoro (*Bibl.,* 2. 4. 11). A outra principal referência no século V é Píndaro (*I.,* 4. 68 e segs.), que nos diz serem oito. A cena narrada por Mégara mostra a intimidade doméstica e o relacionamento de Héracles com cada um dos filhos. Mais tarde (977-1000), ao narrar suas mortes, o mensageiro também os trata individual-

mente e ocorre um paralelismo entre as cenas. Héracles destinava a cada filho uma de suas armas e um reino. Argos/Micenas (ver nota seguinte) e a pele do leão para o primeiro (462-66). O leão, como mostra a "porta dos leões" das ruínas micênicas, era símbolo da cidade. Ao segundo, daria sua clava e Tebas (467-71). A clava era representada nos escudos dos hoplitas tebanos (Xenofonte, *HG.*, 7.5. 20, citado por Bond, pág. 186). Aqui, ela é ironicamente denominada *alexetérion* (ἀλεξητήριον), "tutelar", pois matará (991-4) o filho que com ela brinca (470-71). Para o terceiro, foi destinada a Ecália, que o herói "devastou com certeiras flechas" (472-73), o que permite imaginar que a esse filho, Héracles deixaria o arco.

73 Pelásgia (Πελασγία), segundo Bond (*op. cit.*, pág. 185), é o nome tradicional para Argos em combinação com Micenas. É assim que aparece também em *Ifigênia em Aulis*, 1498. Em *Suplicantes*, 368, *Pelasgíai kaì kat' Árgos* (Πελασγίᾳ καὶ κατ' Ἄργος) significa, provavelmente, "na Argólida e em Argos". Na Tragédia, há confusão entre Argos e Micenas, pois Micenas, assim como Tirinto, já eram ruínas na época clássica.

74 Tebas era tradicionalmente conhecida como lugar de carros e cavalos. Na *Ilíada*, 4. 391, os tebanos são citados como "os cadmeus aguilhoadores de cavalos" e Hesíodo os denomina "Beócios domadores de cavalos" (*Sc.*, 24). Em Sófocles encontramos "Tebas rica em carros" (*Antígona*, 149).

75 Sobre a "tutelar clava entalhada", Wilamowitz (apud Bond, *op. cit.*, pág. 186) aponta duas tendências opostas na tradição. A primeira é de equipar o herói ricamente: Pisandro lhe confere uma clava de bronze. A outra enfatiza sua autarquia: Héracles teria cortado a clava de uma árvore (Apollod., *Bibl.*, 2. 4.11). Para Bond, devido a *daídalon* (δαίδαλον), "trabalhado com arte, em relevo", prevalece a idéia de uma clava feita de metal. Optamos por "entalhada clava" pois nada impede que uma clava feita pelo herói fosse entalhada, o que é uma forma de *daídalon*.

76 A Ecália era uma cidade da ilha de Eubéia, cujo rei Êurito era famoso por ser campeão de arco (Hom., *Od.*, 8. 224 e segs.). A devastação da cidade por Héracles está ligada, em *As Traquínias* de Sófocles, à sua paixão por Íole, filha de Êurito, assim como à morte trágica do herói. Mas a história de Íole e da destruição da Ecália não é indissociável da morte de Héracles, como narrada por Sófocles.

77 As Queres, na *Teogonia* 217, são filhas da Noite e irmãs das Moiras. São divindades ctônicas, relacionadas com a morte e, às vezes, equiparadas às Erínias. No lugar de noivas, os filhos de Héracles recebem as Queres, ou seja, a morte.

78 *Loutrá* (λουτρά) diz respeito ao banho nupcial que, no séc. V, era preparado pelas mães dos noivos e que filhos e noras de Mégara teriam. A água era trazida de uma fonte (em Atenas, *Calírroe*) por um jovem denominado *loutrophóros* (λουτροφόρος) "aquele que leva água para um banho". *Loutrophóroi* (λουτροφόροι) como substantivo, eram vasos usados nos túmulos de jovens não casados. O banho nupcial (*loutrá*) é substituído pelas lágrimas de Mégara.

79 Mégara invoca Héracles tanto na condição de esposo como na de herói: alguém que, acreditavam os gregos, mesmo depois de morto exerce poder sobre os vivos e se torna, por esse motivo, objeto de culto funerário e das chamadas honras heróicas. Dario é assim invocado pelos persas (Ésq., *Os Persas*, 633-80) e Agamêmnon pelos filhos (S., *El.*, 1066-81; E., *Or.*, 1225-42, *El.* 677-84). Mégara pede que Héracles venha mesmo na condição de *skiá* (σκιά), "sombra", ou de *óneiron* (ὄνειρον), "sonho", pois isso já bastaria. A passagem reforça o poder incomum de Héracles.

80 Há duas possibilidades de tradução para este verso. A primeira seria: "Tu continua com as preparações para o mundo ínfero, mulher". A outra, menos literal e pela qual optei, seguindo a interpretação de Robertson, citada por Bond (*op. cit.*, pág. 193), refere-se mais efetivamente ao apelo de Mégara a Héracles (490-6) e enfatiza, por oposição, a invocação de Anfitrião a Zeus (498-502).

81 *Smikrá* (σμικρά) significa "pouco", "pequeno", "curto". Se o valor for temporal, o significado é de que as coisas da vida são poucas, e, portanto, ocupam pouco tempo. A tradução, então, poderia ser: "breve é a vida". Optamos pela tradução literal, "pequenas são as coisas da vida", para privilegiar a idéia, implícita em várias passagens, de quão desimportantes são as coisas humanas, sempre sujeitas às mudanças da sorte (62 e segs., 69, 101 e segs., 216, 460, 509-10).

82 A dupla ocorrência de "sonho", neste verso e no anterior, é devida a invocação feita por Mégara de que Héracles viesse mesmo como sonho

(495). Num primeiro momento ela se pergunta se o que vê é, de fato, um sonho.

83 Ver a Introdução, pág. 26.

84 É a segunda referência a Apolo na peça (a primeira foi em 348). Bond (*op. cit.*, pág. 202) diz que *Ápollon* (Ἄπολλον), "Apolo", é uma expressão coloquial (E., *Hel.*, 1204, *IT* 1174), dignificada por *Ônax Paián* (ὦναξ Παιάν), "soberano Péan", em 820. *Ápollon* tem função apotropaica com relação às palavras de Mégara do verso anterior (537). A mesma função terá *Ônax Paián* em 820.

85 *Noséo* (νοσέω), "estar enfermo", é usado com freqüência para indicar guerra civil, geralmente combinado com palavras que indiquem rebelião, revolta. Nesta tragédia aparece com *stásei* (στάσει – 34, 273 e 542-3), "sedição", "guerra civil". Optamos por manter a imagem poética de um país enfermo e, para isso, no verso seguinte, repetimos a inexistente palavra "enfermo", para completar com "de sedições" – *stásei.* Conserva-se, assim, a coerência com a tradução dos versos 34 e 273.

86 A tradução literal desse verso seria: "...tem o heptápilo poder de Cadmo". Heptápilo (ἑπτάπυλος) é um epíteto que designa Tebas, a cidade de sete portas.

87 É incomum a lentidão de Héracles para compreender o que se passa. Suas perguntas são estranhas. Mégara conta que Lico tomou o poder, matou seu pai e irmãos (539) e que Tebas está em guerra civil: mesmo assim, Héracles pergunta porque sentem pavor (544). Ela diz que todos seriam mortos (545) e ele pergunta porque os filhos usam ornatos dos ínferos (548). Héracles ainda questiona se é pela violência que iam morrer (550) e de onde veio para eles a falta de ânimo (552). Por último, ainda quer saber por que abandonaram o lar (554). Talvez, vindo do Hades, ele já apresente certa falta de lucidez.

88 *Aidós* (Αἰδώς) significa pudor, vergonha. Traduzimos por "Decência" pois, em grego, é substantivo feminino. *Aidós* era personificada como deusa e era cultuada em Atenas.

[89] Mégara volta a afirmar aquilo que Anfitrião dissera nos versos 57-9: a adversidade é prova irrefutável da amizade. Mégara diz (559) e repete (561) que um homem de má sorte não tem amigos. Teseu retomará este tema no final da peça (1223 e segs.).

[90] Héracles começa narrar futuros planos de vingança. Sua fala é repleta de excessos e alguns helenistas, como por exemplo Wilamowitz (*apud* Bond, *op. cit.*, pág. 206), viram nela sinais de uma loucura incipiente. Sobre o conteúdo dessa passagem, ver Introdução, págs. 28; 34-36.

[91] Há aqui um sentido de recusa dos trabalhos, que parecem, para Héracles, de pouca importância se comparados com o que realizará em defesa da família (576). Isso reforça a ironia dos versos 581-582: se não se empenhar sobre a morte dos filhos, não mais será chamado, como antes, o "vitorioso Héracles". Kallínikos (Καλλίνικος), "vitorioso", é o epíteto que o qualifica como o herói que é: aquele que sempre vence de modo glorioso. Mas, não só ele será incapaz de impedir a morte das crianças, como será seu agente.

[92] O coro apóia os planos de Héracles, portanto uma vingança dessa natureza era natural à visão popular. O que talvez escape a essa visão – e pelos desenvolvimentos e excessos da guerra do Peloponeso parece que escapa – é a percepção de que o excesso leva, inexoravelmente, à destruição, tanto no plano individual quanto no coletivo; tanto no mítico quanto no histórico.

[93] Trata-se de atitude comum aos gregos, própria dos valores heróicos: ser amigo dos amigos e odiar os inimigos (cf. Platão, *República*, I 334b). A questão é que Héracles tomará amigos por inimigos: seus filhos pelos de Euristeu (970-971). Bond comenta (*op. cit.*, pág. 212) que há um abrandamento dessa atitude nos escritores do século V, mas ressalta que Eurípides não contribuiu muito para ele.

[94] A fala de Anfitrião retoma o tema da *stásis* (στάσις), da sedição, da guerra civil, encontrado nos versos 34, 273, 543. A causa é o desejo daqueles que dilapidaram seus próprios bens, pelo gasto e pelo ócio, de se apossarem de bens alheios (591-592). Platão (*R.*, 555d) discorre, de maneira semelhante sobre o tema. Diz que aqueles que são reduzidos à penúria pela libertinagem ficam na cidade, "...uns com dívidas, outros desonrados ...cheios de ódio, a tramar contra os que adquiriram seus bens e contra os demais,

tomados da fúria da revolução". Os aliados de Lico são pessoas dessa natureza, pelo que diz Anfitrião.

95 Héracles justifica não ter sido visto ao entrar na cidade. Não há contradição com a afirmação de Anfitrião (593), que foi uma dedução lógica: alguém como Héracles dificilmente passaria despercebido. Mas entrou oculto porque viu uma ave em lugar não auspicioso. Considerar os augúrios era comum entre os gregos.

96 Héstia (῾Εστιά) é filha de Crono e Réia, irmã de Zeus, Hera, Deméter, Hades e Posídon (Hes., *Th.,* 453 e segs.). É a deusa que personifica o fogo sagrado presente nos lares e templos gregos.

97 Core (Κόρη) é recorrente em inscrições rituais (ver Richardson em *Hino Homérico a Deméter,* 439). Normalmente significa "jovem", mas neste caso corresponde a filha de Deméter, Perséfone, cujo nome os gregos acreditavam ser perigoso pronunciar.

98 Há registros na literatura e na iconografia sobre as duas possibilidades colocadas por Anfitrião. Bond (*op. cit.,* pág. 218) discorre sobre elas: a primeira opção, *mákhei* (μάχῃ), "em luta", é representada nas métopas de Olímpia e do *Hephaesteum* em Atenas, nas quais Cérbero é arrastado por uma corda em seu pescoço. Na literatura, *mákhei* é a versão de Aristófanes (*As Rãs,* 467). Segundo Apolodoro (*Bibl.,* 2.5.12), Héracles coagiu Cérbero sufocando-o, como fizera com o leão de Némea. Segundo Bond (*ibidem*), a segunda opção, *theâs dorémasin* (Θεᾶς δωρήμασιν), como "presente da deusa", é a história de Diodoro 4. 26. I: Perséfone saudou Héracles graciosamente e o ajudou a capturar o monstro. As duas opções não se excluem e a segunda nos permite pensar numa possível iniciação de Héracles nos Mistérios de Elêusis.

99 *Tà mystôn órgia* (τὰ μυστῶν ὄργια) são "os ritos dos iniciados", os mistérios secretos e sagrados. No que diz respeito aos Mistérios de Elêusis, compreendem os rituais e os objetos sagrados que eram mostrados aos iniciados (ver Richardson, *Hino Homérico a Deméter*, 273, 474-6). Conta-se que Héracles, em sua preparação para ir ao Hades, foi iniciado nos Mistérios de Elêusis (Apollod., *Bibl.,* 2.5.12; D. S., 4.25.1 e Plu., *Thes.*, 30. 5, *apud* Bond, pág. 218).

[100] Ctónia é um dos epítetos de Deméter, divindade da terra cultivada e mãe de Perséfone. É em torno do mito de ambas que se constituem os Mistérios de Elêusis. A cidade de Hermíone, no sudeste da Lacônia, tinha um santuário dedicado à Deméter Ctónia (Paus., 2. 35. 3 e segs.).

[101] Este verso e os seguintes introduzem Teseu na peça e justificam sua presença no final. Teseu foi ao Hades com o amigo Pirítoo, para raptar Perséfone. Hades simulou recebê-los cordialmente e os convidou a um banquete. Eles ficaram presos em seus assentos: Pirítoo para sempre e Teseu até ser libertado por Héracles (P. Grimal, *op. cit.,* pág. 443).

[102] Trata-se de mais uma ironia: Héracles antecipa exatamente o que acontecerá, mas pensa estar falando outra coisa. Quando diz "...a entrada vos será mais agradável do que a saída", tem em mente o modo como os filhos foram obrigados a abandonar o palácio. Mas, as crianças só sairão de lá assassinadas pelo pai. Visto dessa ótica, o final do verso 624 fica mais interessante: "Vamos, tende coragem...".

[103] Quem é esta Mégara que treme, justamente agora que Héracles voltou? Como conciliá-la com a que vimos anteriormente? Uma Mégara lúcida em avaliar a situação (60-86), que questiona firmemente Anfitrião (90, 92) e mostra ânimo viril em enfrentar a morte, incitando o sogro a fazer o mesmo (275-311; 451-3). Quando pede pelo retorno de Héracles (494-6), ela o faz como mãe que vê os filhos caminharem para a morte. Depois (534-5), rouba as palavras de Anfitrião, para em seu lugar explicar ao marido o que se passa. Sua última fala foi em 561, quando repete que o infortúnio é sem amigos. Estes versos (626-627) são a última referência a ela antes do desfecho trágico. Sua reação é própria de quem sofrera, desamparada, grande pressão e que agora, ao encontrar socorro, pode demonstrar fragilidade. Ou estaria Mégara, com intuição feminina, pressentindo perigo maior no retorno de Héracles?

[104] Eurípides compõe uma bela imagem náutica para a ação resgatadora de Héracles: pequenos barcos conduzidos, em reboque, por uma nau maior. Assim Héracles conduzirá os filhos para dentro do palácio. A imagem é de amparo e segurança, uma ironia que revela sua força quando contrastada com o desfecho de Héracles enlouquecido matando os filhos. A imagem será retomada, em circunstâncias bem diferentes, em 1424.

105 O segundo estásimo retoma, em sua primeira estrofe e antístrofe, o tema da velhice, já diversas vezes abordado: 41 e segs.; 110-113; 124-126; 229-232; 268 e segs.; 312-314; 436-441. A segunda estrofe concentra-se no valor do canto para os anciãos do coro, enquanto a segunda antístrofe exalta o valor heróico de Héracles. Há contraposição entre a velhice do coro e a juventude de Héracles.

106 Os gregos faziam objeção à opulência dos reinos asiáticos. Ela é clara no diálogo entre Sólon e o rei Creso da Lídia, narrado por Heródoto (*Hist.*, 1.29 e segs.).

107 Barlow (*op. cit.*, pág. 153) e Bond (*op. cit.*, pág. 233) entendem que há, aqui, arrogância semelhante a de Anfitrião com relação a Zeus, em 342-347, com o agravante de que o coro não está em desespero, como estava Anfitrião. Para eles, o coro afirma que os deuses são inferiores aos homens em sabedoria. Mas o coro apenas diz que se os deuses tivessem inteligência e sabedoria de natureza igual a dos homens, agiriam de outro modo. Quem poderia afirmar que o outro modo (dupla juventude para os bons) seria realmente melhor? Que funcionaria? Trata-se do ponto de vista humano que difere do divino, mas não necessariamente o supera. O coro costuma expressar o pensamento do cidadão comum e não parece próprio que afirme a inferioridade da sabedoria divina. O que reitera é seu total desgosto pela velhice, a partir do qual divaga sobre uma forma de privilegiar os bons com dupla juventude.

108 *Diaúlous* (διαύλους), "percurso": trata-se de uma corrida composta por dois trechos. O primeiro sai do ponto de partida e vai até o lado oposto do estádio, e o segundo retorna desse ponto até o inicial. A metáfora tem o Hades como ponto de partida e de chegada. O primeiro trecho corresponde ao nascimento e juventude e o segundo a velhice e morte. Os que possuíssem excelência teriam um duplo *diaúlous* e, por isso, quando chegassem ao Hades, de lá voltariam para uma nova juventude. Traduzimos *diaúlous* como "percurso" considerando a corrida em sua totalidade.

109 A idéia de uma segunda vida aparece em *Suplicantes*, 1080 e segs., mas em contexto diferente: seria importante para a correção dos erros e não como prêmio. A necessidade de existir um sinal objetivo que diferencie os bons dos maus é tema que aparece, por exemplo, em *Medéia,* 516 e segs. e *Hipólito,* 925 e segs.

[110] As Cárites (*Khárites* – Χάριτες) são três: Eufrósine, Talia e Aglaia e estão associadas à presença de graça e beleza na vida humana. São filhas de Zeus e Eurínome (Hes., *Th.*, 907-9). Têm morada próxima às Musas (Hes., *Th.,* 64), e são divindades cultuadas em Orcômeno, no Peloponeso (Pí., *O.* 14. 8). Musas são as nove filhas de Zeus e Mnemósine (*Th.,* 53 e segs.; 77-9). Nos proêmios épicos, o poeta as invoca para que inspirem seu canto (Hom., *Il.*, I.1-52; *Od.*, I. 1-95 e Hes., *Th.*, 1-115; *Trabalhos e Dias*, 1-10). Píndaro refere-se constantemente a elas sob o aspecto de deusas que protegem as artes (ver, por ex., *P.,* 4.67, 5.114, *N.*, 5.23, 10. 26, *I.*, 4.47, 7.23, *apud* Barlow, *op. cit.*, pág. 154).

[111] Mnemósine é uma das Titânidas, filha de Urano e Gaia, que unida a Zeus, na Piéria (região da Macedônia), gerou as nove Musas (Hes., *Th.*, 54 e segs., 135, 915 e segs.). É a personificação da Memória.

[112] Brômio é um dos nomes de Dioniso, assim como Baco. *Oinodótes* (οἰνοδότης) é um dos epítetos do deus e quer dizer "aquele que dá o vinho", "enóforo."

[113] A "nobre progênie de Leto" é Apolo, filho dela com Zeus. Ele nasceu na ilha de Delos, onde as "delíades", as jovens dessa ilha, entoam Péans – cantos de louvor ao deus – diante de seus templos.

[114] *Géron aoidós* (γέρων ἀοιδός), "idoso aedo", está intimamente ligado aos versos 110 e segs. e 678. Em 110, o coro se compara a uma ave encanecida, numa referência indireta ao cisne. Em 678, ele se autodenomina "idoso aedo" e, aqui, a comparação com o cisne é explícita: *Kúknos hòs* (κύκνος ὣς), "como cisne". "Envelhecidos lábios" (693) diz respeito tanto ao cisne quanto ao coro. O cisne era a ave sagrada de Apolo (Pl., *Phdr.*, 85b1) e cantava para o deus no lago circular de Delos: E., *IT,* 1098-1105, *Ion,* 161 e segs.

[115] A afirmação de que Héracles é filho de Zeus anula as dúvidas anteriores (353-54) sobre o assunto. Há nos versos 696-97 outra exaltação indevida de Héracles: ele, filho de Zeus, supera, por sua excelência, a nobre origem. Estaria o coro dizendo que, de algum modo, Héracles supera Zeus? Em 522, Mégara já dissera algo semelhante.

[116] Lico refere-se às afirmações de Anfitrião (319 e segs.) e Mégara (327 e segs.), as quais interpreta como submissão voluntária à morte.

117 A passagem evidencia a *hýbris* (ὕβρις) de Lico. Aqui, a palavra *hýbris* ("excesso", entre muitos outros significados), aparece reforçando o verbo de mesma raiz, *hybrízo* (ὑβρίζω), "perpetrar excesso". Anfitrião diz que Lico deveria moderar o afã, mesmo dominando (709). A moderação é necessária justamente quando se tem poder, pois ele gera a ilusão de não existir limites. O poder é como alucinógeno que faz delirar. Esse delírio é arauto da *hýbris* e Lico já delira há algum tempo (238 e segs.). A expressão "*hýbreis hybrízon*" (ὕβρεις ὑβρίζων), "perpetras excesso", é associada a Lico também em 741.

118 Com dolo, Anfitrião faz Lico entrar no palácio, em direção à morte. Há uma cena semelhante na *Electra* de Eurípides (998-1171), em que Clitemnestra é atraída para dentro do palácio, para ser morta por Orestes. Bond (*op. cit.,* pág. 249) cita a observação de H. Strohm, que vê na situação uma lição moral: o homem não pode esperar ganhar pelo dolo. Para Strohm a cena mostra a cegueira óbvia de Lico e, também, a menos óbvia de Anfitrião: Héracles, visto como salvação, será ruína. Há sempre certa cegueira em nosso olhar para o porvir, e mesmo para as conseqüências reais dos atos presentes. Essa cegueira é um dos ingredientes da ironia trágica. O uso do dolo e da intriga, que pressupõem perspicácia e astúcia, reforça o alcance da cegueira e, portanto, da ironia.

119 Anfitrião teme o *mýsos* (μύσος), "mácula" (1155, 1219), e o miasma (μίασμα – 1233, 1324) que provém de um crime de sangue e impregna quem dele participa, ou quem tem contato com seu autor. Trata-se de temor comum entre os gregos. Um medo similar ocorre nos *Heraclidas*, 556 e segs.: Iolau evita aconselhar Macária a praticar o auto-sacrifício. Em *Héracles*, o tema é retomado em 1155 e segs. e 1232-4.

120 Lico retrata o espírito racionalista do século V a.C., ao não compartilhar de temores religiosos. Sua morte violenta, como conseqüência de conduta também violenta e desmedida, mostra que algumas noções, embora depreciadas pelas novas correntes filosóficas, estavam enraizadas na visão de mundo grega. A idéia de existir mácula causada pelo cruor é uma delas (721). Outra, é a noção de que a *hýbris* leva à ruína (sobre a *hýbris* de Lico, ver 241 e segs., 708, 741, nota 117 e Introdução, pág. 32 e segs.).

121 Os versos 735-762 correspondem ao fim do terceiro episódio e ao prelúdio do terceiro estásimo, que começa propriamente em 763. Há dois versos

intercalados de Lico, nos quais lamenta e perece (750 e 754). O uso do verbo *hypostrépho* (ὑποστρέφω), "virar, voltar, retornar", é comum em contexto hípico (Hom., *Il.,* 5.505 e 581; E., *Supp.*, 678, *Fragmenta Phaethontis* 177, *apud* Bond, *op. cit.,* 257). Sua presença em 735 e segs. sugere também uma metáfora hípica: a vida como um carro puxado por cavalos, que Héracles faz retornar do Hades. *Pálin* (πάλιν), "novamente", que na tradução ficou contido no verbo retornar, pode ser uma referência à volta de retorno de uma corrida hípica: Héracles, voltando do Hades, conduz com sucesso seu "carro" ao ponto de chegada. Ver nota 108.

122 Este verso e o anterior (740) relacionam-se com outras passagens: "serás punido com a morte" retoma 734, "morrendo e sendo punido por seus atos", e a mesma idéia será repetida em 756: "sofrendo a punição pelo que fizestes". "Por perpetrares excessos" repete a afirmação de Anfitrião em 708. Por último, "contra os que são melhores do que tu" retoma a fala de Anfitrião em 211: "o que nós, os melhores, deveríamos fazer-te padecer".

123 Os versos 757 e segs. respondem, de certo modo, a fala desafiadora de Anfitrião em 346-347. O retorno de Héracles e a morte de Lico parecem provar a justiça e o poder divinos. Mas a peça não termina aqui e nem com esse final feliz. Vistos dessa perspectiva, eles contém uma mensagem oposta ao que afirmam: seriam, então, os deuses injustos e/ou impotentes? O problema encontra-se, mais uma vez, na incapacidade humana para compreender a lógica e os desígnios divinos.

124 Alguns editores excluem este verso, mas ele nos parece importante. O coro afirma que "são *prósperos* os amigos que eu quero", referindo-se principalmente a Héracles, agente da mudança. Um pouco adiante, em 774 e segs., o mesmo coro afirma que "o ouro e a *prosperidade* tiram do juízo os mortais..." Ele se refere a Lico mas, por ironia, quem radicalmente sairá do juízo é Héracles. A prosperidade é um desafio aos mortais: em sua presença esquecem que "aqueles que são prósperos não o são até o fim" (103).

125 *Hierón* (ιερόν), "sacra", qualifica Tebas devido ao túmulo de Sêmele, que lá era preservado como um *ábaton* (ἄβατον), um lugar sagrado (ver Dodds em *Ba.*, 6-12). Sêmele era uma princesa tebana, filha de Cadmo, que foi amada por Zeus e gerou Dioniso.

126 "Mudanças de lágrimas" diz respeito à mudança da natureza das lágrimas que derrama o coro: antes de infelicidade pela situação da família de Héracles (442-50), agora de alegria (742). É o canto jubiloso que precede a catástrofe, como acontece em algumas peças de Sófocles (*Áj.*, 693 e segs., *Tr.*, 633 e segs., *Ant.*, 1115 e segs., *OT,* 1086 e segs., apud Bond, *op. cit.*, pág. 263).

127 Falta uma palavra neste verso. Segui a sugestão de Bond (*op. cit.*, pág. 266): *állas* (ἄλλας), "outros". A mudança de lágrimas unida à mudança da Sorte geraram "outros" cantos.

128 *Krateî* (κρατεῖ), "domina", tem como sujeito Héracles e em 1253 terá Hera: quando parece que é Héracles quem domina, os acontecimentos revelarão ser Hera. Também em 770, "aquerôntico porto" é o porto do rio Aqueronte, que os gregos acreditavam conduzir ao Hades (Hom., *Od.*, 10. 513) e que fica na região do Epiro.

129 Os deuses estão atentos aos homens, pois se ocupam em conhecer e, portanto, em diferenciar os injustos dos pios. Os versos seguintes (774-80) sugerem uma explicação para o infortúnio. O ouro e a prosperidade tiram do juízo os mortais e trazem poder injusto (774-75). Ninguém suporta olhar o tempo futuro, ou seja, ninguém esta atento às possíveis conseqüências de seus atos. Quem abandona a lei e favorece o ilegal, rompe o "obscuro carro da felicidade". O próprio homem é responsável por sua infelicidade e não os deuses.

130 O carro da felicidade é obscuro no sentido figurado: é enigmático, de difícil compreensão. Ele se quebra facilmente, é inseguro, fato reconhecido por Anfitrião (511-12): "Eu não sei a quem grande felicidade e reputação são seguras".

131 São as ninfas, filhas do rio Asopo que fica na Beócia, próximo a Tebas. Elas são invocadas junto a outras divindades da natureza que compõem a paisagem da região: os rios Ismeno (781) e Dirce (784).

132 "Rocha arborizada de Pítio" é Delfos, nas encostas do monte Parnaso, onde Apolo estabeleceu seu principal oráculo. Pítio (Πύθιος) é o epíteto délfico de Apolo: a região era conhecida como Pito (Πυθώ) devido ao dragão

homônimo (Πύθων), que lá habitava e foi morto por Apolo antes da instalação de seu oráculo.

[133] "Musas helicónides" faz referência ao lugar de habitação das Musas, o monte Hélicon na Beócia. Elas já eram assim denominadas em Hesíodo (*Th.,* 1).

[134] *Perseídos* (Περσηίδος) significa pertencente a raça de Perseu. Alcmena, mãe de Héracles, é neta de Perseu (ver nota 1).

[135] O coro havia demonstrado incredulidade sobre a natureza divina de Héracles (353 e segs.) e sobre a possibilidade de seu retorno (358, e 428-9).

[136] Héracles é celebrado grandiosamente pelo coro: é o filho de Zeus e, com o tempo, sua força revelou-se esplêndida. É o ponto alto que precede a ruína.

[137] Plutão (Πλούτων) é outro nome para Hades, senhor do mundo ínfero.

[138] O coro, em júbilo e imediatamente após sua conclusão otimista, é surpreendido pela presença de Íris e Lissa sobre o palácio. Ocorre reviravolta na ação dramática que parecia concluída.

[139] Péan é o epíteto de Apolo sob o aspecto de deus que cura e é assim que era invocado em momentos de crise: Ésq., *Ag.*, 146; S., *O.T.*, 154, *Tr.*, 221. O coro roga para que Apolo o salve da ruína que imagina iminente.

[140] *Apótropos* (Απότροπος) significa "tutelar". Em sentido ativo, qualifica aquilo que desvia, evita, afasta, conjura, previne ou salva de um mal. Assim aparece, por exemplo, em Ésquilo, *Ch.*, 42 e Eurípides, *Ph.*, 586. *Apotrópaios* (Αποτρόπαιος), "protetor", outro adjetivo próximo a *apótropos*, também é usado como epíteto de Apolo em diversas passagens de Aristófanes: *V.*, 161, *Eq.*, 1307, *Av.*, 61, *Pl.* 359 e 854 (*apud* LSJ, *op. cit.*, pág. 224).

[141] Lissa (Λύσσα) é a personificação do furor, da loucura. Ver Introdução pág. 34.

[142] Íris (Ἶρις) segundo Hesíodo (*Th.,* 266) faz parte da linhagem do Mar: é filha de Taumas (filho do Mar) e de Ambarina (filha do Oceano). É mensageira dos deuses, especialmente de Zeus (*Th.,* 780, 784) e de Hera (como aqui). Eurípides raramente apresenta uma epifania, exceto em prólogos e

epílogos. O surgimento de Íris, que explica o curso da ação que virá, e a completa mudança na direção dos acontecimentos faz com que este episódio pareça um segundo prólogo.

143 É reiterada a identificação de Íris com a vontade de Hera: 829, 841, 848, 855, 859. O fato de Íris ser a mensageira de Hera a torna uma espécie de extensão da deusa.

144 "O saltar de seus pés" diz respeito à enlouquecida dança que Héracles realizará e que é referida nos versos 871, 878, 889 e 892.

145 "Solta cruenta amarra" é uma metáfora náutica. *Kálon* (Κάλων) é a corda de barco, que pode ser encurtada ou aumentada conforme se queira prender ou soltar a vela, para obter maior ou menor velocidade. A idéia é soltar a corda do cruor para que Héracles mate os filhos.

146 Os versos 841 e segs. são fundamentais para a compreensão da loucura enviada a Héracles. Indicam que sua forma de vida e seus feitos são subversivos à ordem divina e, portanto, à ordem das coisas tais como devem ser. Ver Introdução, págs. 26 e segs.

147 Lissa diz ser filha da Noite, como Íris já afirmara (822), e do sangue de Urano. Quando Urano foi castrado por Crono, de seu sangue caído na terra nasceram as Erínias, os gigantes e as ninfas dos freixos (Hes., *Th.,* 183-187). Hesíodo não fala de Lissa, mas sua alegada procedência do sangue de Urano a relaciona com as Erínias, cuja função é, entre outras, vingar o sangue derramado, perseguindo quem o derramou. Uma semelhança entre elas é o poder enlouquecedor que possuem.

148 Trata-se de um verso corrupto que necessita correção. Segui a sugestão de Bond (*op. cit.,* pág. 286): *timás d' ékho < theoîs > ouk agasthênai phílas* (τιμάς δ', ἔχω < θεοῖς > οὐκ ἀγασθῆναι φίλας).

149 Íris lembra a Lissa que Hera não a enviou para que fosse sensata. Lissa, de fato, parece lúcida e ponderada. A observação de Íris mostra que, mesmo para ela, a fala de Lissa é sensata. Mas sensata de qual perspectiva? Lissa, embora divindade, parece defender o ponto de vista humano, num referencial heróico.

150 Hélio é uma divindade pré-olímpica, filho do titã Hipérion e da titânida Téia (Hes., *Th.,* 371 e segs.). Corresponde ao Sol e é irmão da Lua (Selene) e da Aurora (Eos). Hélio tudo vê: foi, por exemplo, a única testemunha do rapto de Perséfone por Hades (Hino Homérico a Deméter*,* 69 e segs.).

151 Lissa passa, de uma forma de expressão racional, para a exaltada descrição de sua ação: nem mar bramindo em ondas, nem terremoto ou raio dardejando dores são tão violentos quanto as corridas que moverá no peito de Héracles (862-3). Em 862 aparece o termo *oîstros* (οἶστρος), "moscardo", que possui afinidade com a loucura, devido à irritação que provoca. É assim que aparece no verso 1144, em *IT,* 1456 e em *IA,* 547. A seqüência *oîstros odînas pnéon* (οἶστρος ὠδῖνας πνέων) é pertinente: "moscardo insuflando dores". O problema é que o conjunto não compõe com *kepaunoû* (κεραυνοῦ), "de raio". A dor causada pelo raio é aguda e fulmina. O moscardo, ao contrário, reiteradamente pica causando dor e irritação. A solução mais simples, proposta por Bond (*op. cit.,* pág. 290), que segue Wakefield, é ler *oistós* (οἰστός), "dardo", no lugar de *oîstros.*

152 Daqui ao verso 870, Lissa descreve os primeiros sintomas físicos da loucura que representa: Héracles sacode a cabeça (867), gira em silêncio as gorgôneas pupilas (868), não controla a respiração (869) e muge terrivelmente (870).

153 As Queres na mitologia são divindades relacionadas com a morte ou com um destino funesto. Aqui são equiparadas às Erínias, pois são chamadas a "rosnarem" e seguirem "como cães ao caçador". Ver Introdução, pág. 38 e segs.

154 Traduzimos *kataulésο phóboi* (καταυλήσω φόβῳ) por "apavorarei ao som de flauta", quando literalmente seria: "encantarei tocando flauta através do pavor". *Kataulέo* (καταυλέω) é um verbo auspicioso que significa "atrair, encantar, tocando flauta", mas aqui tem *phóboi* (φόβῳ), "pavor", como complemento e indica o ataque iminente da loucura. A menção à flauta se repete, também com relação à loucura, em 879 e 895.

155 A ordem de Lissa reforça a idéia contida em 845: os olímpicos não apreciam as atividades dos deuses sombrios. É como se Íris estivesse dizendo: "Sai daqui com teu olímpico pé, porque agora vou fazer o trabalho sujo de que me incumbiste".

[156] A denominação *polýstonos* (πολύστονος), "de muitos pesares", é mais um indício da possível equiparação de Lissa com as Erínias: o adjetivo qualifica Erínia (singular) nas *Suplicantes* (835 e segs.) de Eurípides. Ver Introdução, pág. 39.

[157] *Daímon* (Δαίμων), "nume", é uma palavra genérica com a qual se denomina qualquer divindade, sem especificá-la. *Daímon*, mais do que um deus individualizado, costuma designar o poder divino e, especificamente, aquele que preside o destino, individual ou coletivo (por ex., Ésq., *Ag.*, 1569; S., *OT,* 1194). O tema da instabilidade da Sorte, presente aqui, já foi reiteradamente colocado: 62, 101-2, 216, 480, 506 e segs., 735 e 765.

[158] Daqui até 909, acontece um diálogo entre Anfitrião, de dentro do palácio, e o coro fora dele, nos mesmos moldes que ocorreu durante a morte de Lico (735-762). Nas duas cenas de violência o agente é Héracles: primeiro agindo por vontade própria e contra inimigos, e depois, compelido por Hera, contra a família.

[159] *Poinaí* (Ποιναί), "Vinganças", são as Erínias, que assim se autodenominam nas *Eumênides* (Ésq., *Eu.,* 323). O coro as qualifica como *lyssádes* (λυσσάδες), "furiosas", que tornarão Héracles improlífero, reforçando a identificação entre elas e Lissa (844, 880). A afirmação do coro (887-88) relaciona a loucura enviada por Hera com a vingança exigida pelo sangue derramado, própria das Erínias. Entende, provavelmente, que Héracles enlouquece pelo sangue que derramou.

[160] É a segunda vez que Brômio (Βρόμιος) aparece como epíteto de Dioniso (ver 682), sendo também a segunda menção ao deus. Muitas serão as referências ao universo dionisíaco a partir daqui. Primeiro o coro afirma que aquelas danças não agradam ao tirso de Brômio (890) pois são por sangue e não pelo sumo das uvas de libação dionisíaca (892-93). Depois define a atuação de Lissa como furor báquico (897). O verbo *bakkhéo* (βακχέω) significa celebrar os mistérios de Baco ou estar animado de seu furor. Será empregado mais quatro vezes com referência a Héracles e seu estado enlouquecido (966, 1086, 1122 e 1142). No século V a.C., *bakkhéo* é amplamente usado para o ato de enlouquecer, mesmo fora do contexto dionisíaco (Ver R. Padel, *Whom Gods Destroy*, pág. 28).

161 Palas (Παλλάς) é epíteto de Atena, filha de Zeus e Métis (Hes., *Th.,* 886 e segs.). Anfitrião a vê no palácio e pensa que é a responsável pelo "Tartáreo transtorno". Na verdade, Palas veio deter o furor de Héracles, como mais tarde narrará o mensageiro (1003 e segs.).

162 É um dos gigantes contra o qual Palas lutou. Ela o perseguiu até a Sicília, onde o venceu e lançou sobre ele a própria ilha (Apollod., 1.37.5 e segs.). Anfitrião refere-se a Encélado numa provável alusão ao ato de Palas, que lança pedra sobre o peito de Héracles (1003 e segs.) para detê-lo.

163 Entra em cena o mensageiro vindo do palácio e dirige-se ao coro, a quem narrará o ocorrido. Revela o ponto principal do que tem a dizer (911 e 913) antes da narrativa propriamente dita (como em *Ba.*, 1030 e *Ion,* 1111).

164 Refere-se à vaga afirmação do mensageiro: "catástrofe no palácio" (911). O coro não necessita de outro adivinho pois já obteve um conhecimento incomum – como é o que possui o adivinho – vindo de Íris e Lissa. Também ouviu, de fora, os lamentos de Anfitrião.

165 *Áte* (Ἄτη) é uma daquelas palavras de difícil tradução, que possui vasto campo semântico. Indica perturbação, estado passional causado por cegueira da razão ou ilusão enviada pelos deuses, geralmente como punição de alguma falta cometida. É a cegueira do discernimento que fatalmente levará à ruína. Personificada, é a deusa que causa danos, responsável por ações precipitadas e ruinosas. A *áte* indica também as conseqüências da cegueira enviada pelos deuses: pode designar o ato temerário que se praticou, a destruição sofrida, ou mesmo aquele que a sofreu. Traduzimos por "cegueira ruinosa" numa alusão à incapacidade de Héracles enxergar que são seus filhos e não os de Euristeu que aniquila (971, 982, 989). É pena não ser possível manter na tradução a força da aliteração expressiva que existe no grego: *stenaktàn átan átan* (στενακτὰν ἄταν ἄταν).

166 O mensageiro descreve os preparativos para o sacrifício catártico, necessário devido ao sangue derramado. Os versos 926 e segs. descrevem o ritual preparatório: circulação do cesto, contendo a faca do sacrifício e os grãos de cevada, ao redor do altar; o pio silêncio e o mergulhar do tição, vindo da lareira, na água que será usada para aspergir os participantes (928-29).

167 Trata-se da *eufemía* (εὐφημία): uso de palavras de bom agouro, abstinência de linguagem ímpia e ato de manter silêncio religioso, especialmente antes de ritual. Bond comenta (*op. cit.*, pág. 309) que este é como os fecundos silêncios que precedem uma grande perturbação (*Supp.*, 669-74, *Ion,* 1194, *Ba.,* 1084 e segs.).

168 O silêncio de Héracles precede a progressiva e destruidora instalação da loucura e lembra outro silêncio precursor de delírio: o de Cassandra em *Agamêmnon,* 1050-1071.

169 Os sintomas citados são recorrentes em Eurípides: olhos revirados e soltar espuma pela boca estão em *Med.,* 1173 e segs. (embora como sintomas de envenenamento), *Ba.,* 1122 e segs., e *Or.,* 220, 253. "Verter espuma" aparece isoladamente em *IT,* 308. Há outros sintomas já descritos por Lissa: sacudir a cabeça (867), respiração alterada (869) e mugir como touro (870). Por fim, temos o riso demente (935), que aparece também na loucura de Ájax (S., *Áj.*, 303).

170 São as muralhas micênicas cuja construção era atribuída aos ciclopes.

171 O verbo para descrever a ação de fazer em pedaços, demolir, é *syntriainóo* (συντριαινόω), que significa "despedaçar com um tridente". É usado com esse sentido pelo poeta cômico Platão (não confundir com o filósofo), numa frase provavelmente dita por Posídon (*apud.* Barlow, *op. cit.*, pág. 166).

172 Héracles passa de sintomas físicos para distúrbios psicológicos, começam as alucinações: não está mais no palácio, mas num carro que acredita ter, aguilhoando os cavalos.

173 Entre os gregos, era a parte da habitação destinada aos homens.

174 Héracles acredita-se em Mégara, cidade cujo rei era Niso, filho de Pandíon, rei de Atenas.

175 Local próximo a Corinto onde havia um santuário pan-helênico no qual eram celebradas disputas atléticas da mesma natureza que os jogos Olímpicos.

[176] Também em sua alucinação, Héracles é *kallínikos* (καλλίνικος), "vencedor" (cf. 49, 570, 582, 789 e nota 23). Sua loucura desenvolve-se sobre situações muito viáveis e próximas, o que imagina fazer é o que sempre fez: competir em jogos, destruir inimigos, ser vencedor (*kallínikos*). A loucura apenas o faz confundir lugares e pessoas.

[177] O tom de incredulidade é por se tratar do cruor de um inimigo e não de um familiar, como mãe (*Or.*, 339 e Ésq., *Ch.*, 1055) ou marido (*Ag.*, 1428). O verbo é novamente *bakkhéo* (βακχέω), que também aparece em contexto cruento no *Orestes* (411), onde Menelau pergunta ao sobrinho se o furor báquico do qual padece é devido ao cruor parental. Ver também *Orestes*, 335-338 e 834-838.

[178] Héracles não matará crianças inocentes e indefesas por estar louco. Mataria naturalmente os filhos de Euristeu se estivesse em Micenas. Ver Introdução, pág. 40 e segs.

[179] *Tórnos* (τόρνος), "torno", é um engenho no qual se faz girar uma peça de madeira, ferro, aço, etc., para lavrá-la ou arredondá-la. *Torneúo* (τορνεύω) significa girar o torno e *tórneuma* (τόρνευμα) é o movimento giratório que se produz. Na operação de tornear, aquilo que será torneado é colocado em movimento de rotação: é como se o filho de Héracles fosse o objeto a ser torneado e Héracles, com seus "terríveis torneantes passos", aquele que torneia. Tornear também significa "dar volta a, circundar": Héracles dá voltas em perseguição do filho. Este verso reforça o anterior no qual *exelísson* (ἐξελίσσων), "girando", e *kýkloi* (κύκλῳ), "ao redor", indicam movimento circular.

[180] *Elálaxe* (ἠλάλαξε) significa gritar *alalá* (ἀλαλά), grito de triunfo usual na guerra. Héracles lançou grito de triunfo e vangloriou-se após matar uma criança indefesa. Ver Introdução, pág. 41.

[181] O substantivo *neossós* (νεοσσός) significa filhote de passarinho e foi usado duas vezes anteriormente: por Mégara (71-72) e por Anfitrião (224). Mégara diz proteger sob asas os filhos, como ave aos filhotes. Anfitrião usa o termo ao reclamar que a Grécia deveria defender as crianças. As duas passagens apresentam um uso terno de *neossós*, que usado agora por Héracles, amplifica sua crueldade.

182 Héracles mata o segundo filho com a mesma clava que a criança brincava em 470 e segs. A passagem evoca a imagem de um ferreiro trabalhando na bigorna, em que a clava cumpre a função do martelo. Héracles levanta as mãos em "mímica de ferreiro" que golpeará a bigorna: assim lança a clava sobre a cabeça do filho e quebra-lhe os ossos.

183 Tanto *thyma* (θῦμα), "vítima sacrificial", quanto *episph//áxon* (ἐπισφάξων), "sacrificar, degolar a vítima sacrificial", são palavras de um contexto religioso, usadas de modo não convencional. Mégara usou, anteriormente, o substantivo *sphageús* (σφαγεύς), "sacrífice" (451), com relação aos que iriam matar as crianças e referiu-se a elas e a si própria como *tà thýmata* (τὰ θύματα), "vítimas" (453). O uso praticamente dos mesmos termos pode significar uma ironia prenunciadora. Ela pergunta: "...quem é o sacrífice destes infelizes?" (451). Na verdade será Héracles. E depois afirma: "Eis aqui as vítimas prontas para serem levadas ao Hades" (453). Ver Introdução, pág. 39 e segs.

184 Verso irremediavelmente corrupto; optei por mantê-lo assim e indicá-lo entre cruzes.

185 Bond (*op. cit.*, pág. 320) conta que em Tebas, no templo dedicado a Héracles, havia, segundo Pausanias (9. 11. 2), uma pedra que seria aquela lançada por Palas. Era conhecida como *líthos sophronistér* (λίθος σωφρονιστήρ), algo como "pedra que conduz à moderação".

186 Atena intervém: por que não outro deus ou deusa? Palas é a divindade que rege o âmbito do saber fazer, do agir mais apropriado para se atingir determinado fim. O fim a ser alcançado com a loucura era, provavelmente, abalar a grandeza excessiva de Héracles, trazendo-o para os limites próprios do humano. O assassínio dos filhos e de Mégara já fora suficiente. Então Palas o impede de assassinar o pai. As crianças eram promessa de futuro, da continuidade de Héracles (seus olhos tinham o mesmo brilho gorgôneo dos olhos do pai, 131 e segs.). Anfitrião é o passado, testemunha dos feitos do filho: sobrevive como elo entre o herói quase divino e o ser deplorável em que se transforma. Por outro lado, como assinala Giulia Sissa (*Os Deuses Gregos*, pág. 110), Atena ensina o domínio de si ao homem que se deixa levar pela paixão, pois "todos os sintomas da ira violenta, à qual os temperamentos heróicos são mais particularmente expostos, devem ser

combatidos...". É também Atena quem impede Aquiles, irado, de matar Agamêmnon (*Il.*, I, 207,214).

[187] Referência ao terremoto (905) realizado por Lissa (864).

[188] Dânao era rei da Líbia e irmão de Egito (herói epônimo do país). Teve cinqüenta filhas, as Danaides, e fugiu com elas para Argos, temendo os cinqüenta sobrinhos. Eles os seguiram e propuseram, como reconciliação, casamento às primas. Dânao consentiu mas deu a elas punhais para que matassem os noivos na noite de núpcias. Assim foi feito, com exceção de Hipermnestra que poupou o marido Linceu. A história encontra-se nas *Suplicantes* de Ésquilo, primeira tragédia de uma trilogia composta pelos *Egípcios* e *Danaides*, ambas perdidas.

[189] Procne mata seu único filho Ítis para vingar-se do marido. É filha de Pandíon, rei de Atenas, que a casa com Tereu rei da Trácia. Tereu violenta Filomela, sua cunhada, e corta-lhe a língua para que não conte à irmã. Filomela então borda uma tapeçaria narrando o fato. Procne, em vingança, mata o filho, serve suas carnes ao pai e foge com a irmã (Grimal, *op. cit.*, pág. 173 e 396).

[190] Trata-se de uma afirmação estranha pois jamais tal crime seria realizado para as Musas. Bond (*op. cit.*, pág. 327) aceita a correção de Wunder: *threómenon Moúsais* (θρεόμενον Μούσαις), "objeto de lamento para as Musas", ou seja, tema popular para os poetas. De fato, a história é recorrente entre os autores gregos: Ésquilo, *Supp.*, 60 e segs., *Ag.*, 1142 e segs.; S., *Tereus,* fr., 581 e segs. Rdt, *El.*, 107, 148; Thuc., 2. 29. 3 (*apud* Bond, *ibid.*).

[191] Acredita-se que o tipo de cena descrito nos versos 1029-38 aconteciam na *ekkýklema* (ἐκκύκλημα), plataforma sobre rodas que girava mostrando o interior de algum lugar (aqui, do palácio), onde há uma cena estática.

[192] A cena seguinte apresenta semelhanças com o parodos de *Orestes* (140 e segs.), onde Electra tenta evitar que Orestes, dormindo enlouquecido, seja acordado. Pede ao coro para se afastar (*Or.*, 142) e deixá-lo dormir (*Or.*, 157-8).

[193] *Kára* (κάρα), "cabeça", é uma perífrase para pessoa e, como aponta Barlow (*op. cit.*, pág. 170), principalmente para alguém especial (S., *OT,* 40, 1208,

Ant., 1, *El.*, 1164; Ésq., *Ag.*, 905). O coro refere-se a Héracles como *kallínikon kára* (καλλίνικον κάρα), "vitoriosa cabeça", mesmo na total derrota. Aqui, o epíteto realça, por contraposição, a ruína de Héracles: a queda é ainda maior diante de sua elevada reputação. Sobre *kallínikos*, ver nota 23.

194 A passagem evoca a imagem do sangue erguendo-se, como espectro, do solo. O cruor foi tal (1051), que parece tomar forma diante dele. O sangue derramado costuma exigir, em vingança, mais sangue (Ésq., *Ch.*, 66 e segs.; 400 e segs.: o assassínio clama pela Erínia que faz uma *áte* (ἄτη) suceder a outra.).

195 O sono de Héracles não é propriamente sono. Ele foi nocauteado por Palas, que lhe atirou uma pedra e lançou-lhe no estado em que se encontra. Seu sono é *aúpnon* (αὔπνον), "um sono insone" e *olómenon* (ὀλόμενον), "devastado".

196 Anfitrião, como declarara (316-17), não se preocupa em evitar a morte. Ele não quer que Héracles, matando-o, acrescente o sangue paterno como motivo para a perseguição das Erínias (aquelas que já contraiu com o assassínio da mulher e dos filhos).

197 Habitantes da ilha de Tafos (ver nota 11). O coro diz que teria sido melhor para Anfitrião ter morrido no auge da glória, como vencedor.

198 *Anabakkheúo* (ἀναβακχεύω, em tmese), "entrará em furor báquico", é usado aqui intransitivamente: Anfitrião pensa que Héracles matará quem estiver próximo e, enlouquecido (em furor báquico), sairá pela cidade de Tebas. Isto faz mais sentido do que Héracles causar furor báquico na cidade de Tebas (caso o verbo fosse transitivo, como em 966).

199 O coro questiona Zeus, como fizera Anfitrião (339-47, 498-501), e seu questionamento sugere injustiça por parte do deus. Ele sente a desgraça de Héracles como obra de Zeus. Também no final de *As Traquínias* de Sófocles, o coro, notando o fim trágico de Héracles, diz: "Terríveis e estranhas as mortes que observais, numerosas as penas, e recentes; mas, em tudo isto, nada que não seja obra de Zeus!" (tradução de Maria do Céu Zambujo Fialho).

[200] Héracles, ao recobrar a consciência, primeiro se certifica que ainda respira e vê o céu, a terra e os raios de sol. Nas *Bacantes*, Cadmo para trazer Agave da loucura à consciência, após ter matado o filho, manda-lhe olhar o céu (1264). É assim que Agave inicia o retorno à consciência. Em um primeiro momento, não reconhece a cabeça de Penteu que traz nas mãos, mas pensa ser a de um leão (1278). Do mesmo modo, Héracles percebe a proximidade de cadáveres, mas não reconhece que são seus filhos e esposa (1097).

[201] Ele sabe que caiu em *klýdoni* (κλύδωνι), "escarcéu", e terrível perturbação de espírito. Barlow (*op. cit.,* pág. 171) observa que κλύδωνι é usado, metaforicamente, para indicar um mar de problemas (*Med.,* 362; S., *OT,* 1527) e para perturbação mental (Demóstenes 19.314). A distinção feita por Héracles entre os dois tipos de respiração (1092-93), assim como o verso 277 de *Orestes*, indica que os gregos observaram que alterações na respiração implicam alterações no estado psicológico.

[202] Héracles retoma a metáfora náutica dos versos 631 e segs.: lá conduziria os filhos rebocados, como uma nau a pequenos barcos. Aqui vê a si próprio como nau presa por cordas, "encalhada" junto a cadáveres.

[203] O arco e as flechas são responsáveis pela glória de Héracles e por sua destruição (ao usá-los para matar a família). Na discussão entre Lico (159 e segs.) e Anfitrião (190 e segs.), é com referência ao uso dessas armas que o valor de Héracles é julgado. No momento em que desperta, são elas que o herói reconhece, não os cadáveres dos filhos e esposa (1097). Héracles surpreende-se ao vê-las espalhadas: elas que sempre o protegeram (tornando-o vitorioso) e foram protegidas por ele (jamais conquistadas pelo inimigo). Em 1379 e segs. Héracles enfrentará o conflito de mantê-las ou não, depois do assassinato da família (ver notas 269 e 270).

[204] Héracles emprega novamente o termo *díaulos* (δίαυλος), já usado pelo coro em 662 (ver nota 108). O verso significa, literalmente: "tendo percorrido desde o Hades o duplo percurso (*díaulos)* de Euristeu". O rei de Micenas mandou Héracles ir ao Hades e voltar de lá com Cérbero.

[205] Trata-se da rocha continuamente rolada por Sísifo no Hades. Sísifo era filho de Éolo e foi o fundador de Corinto. Revelou a Asopo que Zeus

raptara sua filha Egina e foi condenado a um suplício eterno: rolar uma rocha escarpa acima que, quando lá chegava, rolava novamente abaixo e, assim, sucessivamente (P. Grimal, *op. cit.,* pág. 422).

206 Anfitrião não nega a paternidade de Héracles nem quando seria vantajoso: ser pai de um grande herói, de um benfeitor da humanidade, representa algo bem diferente de ser pai de um assassino enlouquecido dos próprios filhos. Sua postura, assim como a do coro (1110), é de absoluta solidariedade. A mesma postura terá Teseu (1220-25).

207 *Kainón* (καινόν), "novo", é, tanto aqui quanto em 530, um eufemismo para algo ruim que Héracles suspeita ter acontecido. Há outras ocorrências de καινόν qualificando Lico: ele é o "novo" governante (38), rei (541, 769) e tirano (567). Elas, por se referirem a Lico, possuem implicitamente má conotação. No verso 1177 καινόν também alude a algum mal.

208 *Áidou bákkhos* (ἅιδου βάκχος), "bacante do Hades", retoma as referências báquicas anteriores (890, 892-93, 896-97, 967, ver nota 160). A denominação "bacante do Hades" diz respeito à ação mortífera de Héracles quando tomado de furor báquico. Anfitrião quer certificar-se de que Héracles não se encontra mais nesse estado funesto.

209 Trata-se de outra invocação provocativa a Zeus, como em 339-347. Será que Zeus, junto ao trono de Hera (como se ela fosse mais importante), não vê os males que ela enviou ao filho? Ele ou não pode fazer nada (e é impotente), ou não se importa (e é injusto, 347). Também na *Ilíada,* 15.5., Zeus é descrito "ao lado do áureo trono de Hera". Outra possibilidade de tradução para o verso 1127 seria "...vês isto que vem do trono de Hera?". Mas, nesse caso, as implicações seriam praticamente as mesmas e com menor impacto crítico a Zeus.

210 Anfitrião, indiretamente, já havia indicado as crianças mortas (1117, 1129). Agora manda que Héracles contemple os corpos dos filhos. Da mesma forma, nas *Bacantes,* Cadmo manda Agave olhar para a cabeça de Penteu e lhe pergunta de quem é (1277). A princípio, ela insiste que é a de um leão (1278), mas em seguida (1280) começa a reconhecê-lo e pergunta o que é aquilo que vê. O mesmo fará Héracles em 1132. A loucura turvou a visão de ambos, impedindo-os de verem a realidade.

[211] *Apólemon...pólemon* (ἀπόλεμον...πόλεμον) refere-se a uma guerra que não é guerra, pois Héracles imaginava lutar contra inimigos quando matava os próprios filhos. Além disso, lutava contra crianças o que não é propriamente guerra.

[212] Anfitrião enumera os agentes da morte das crianças: Héracles, seu arco e *theôn hòs aítios* (θεῶν ὃς αἴτιος), "quem dos deuses é o agente". Embora reconheça a participação divina no agir de Héracles, isto não o inocenta do crime. É comum a alegação da participação divina em ações humanas. Agamêmnon, por exemplo, afirma que os deuses foram *metaítioi* (μεταίτιοι), "cúmplices", na captura de Tróia (Ésq., *Ag.,* 811), assim como Clitemnestra diz a Orestes que a Moira foi em parte a responsável, *paraitía* (παραιτία), pelo assassinato de Agamêmnon (Ésq., *Ch.*, 910). Anfitrião não menciona Hera, que todos já sabem (830-31), inclusive ele (1127), foi a co-responsável pelo crime. Talvez por não querer, nesse momento, voltar a atenção para a deusa (1129), e/ou por ter dúvidas sobre o envolvimento de outros deuses, como Zeus ou Palas, que viu no palácio.

[213] O verso ecoa, ironicamente, duas passagens anteriores nas quais Héracles se vangloria do que pode fazer com única mão: em 565 quando anuncia os atos de vingança que pretende executar e em 938, no começo da loucura, ao planejar matar Euristeu. A vanglória parece atrair a queda daquele que a professa: Héracles com uma só mão realiza a própria destruição ao destruir os seus. Ver Introdução, pág. 34.

[214] Neste verso adotei a correção proposta por Bond (*op. cit.,* pág. 356): *hêi bákkheus'* (ᾗ βάκχευσ᾽), "onde entrei em furor báquico".

[215] *Oîstros* (οἶστρος), "moscardo, aguilhão", é aqui o ataque da loucura. *Oîstros* é a mosca que aguilhoa as vacas e também a picada ardente e transtornante sofrida por elas. A loucura simbolizada pela picada do *oîstros* está relacionada com Hera aqui e no mito de Io, transformada em vaca pela deusa e perseguida pelo moscardo (Ésq., *Pr.,* 565-602, 640-82, 877-84; *Supp.*, 15-17, 540-80). Mas, na tragédia, *oîstros* também diz respeito à loucura de Fedra (*Hipp.*, 1300), das Mênades (*Ba.,* 665) e de Orestes (*Or.,* 791; *IA* 547). Ver R. Padel, *Whom Gods Destroy*, pág. 14-17.

[216] Héracles decide suicidar-se. É objetivo e não se entrega a reflexões ou lamentações. Pretende morrer sem demora, assim como partiu imediata-

mente para vingança, após se inteirar da situação familiar (562 e segs.). A morte é a saída heróica que lhe resta, assim como foi para Ájax quando retornou da loucura. Héracles é breve ao contrario de Ájax, que decide morrer após longa reflexão (S., *Áj.*, 430-80), em seguida parece mudar de idéia (646 e segs.) e, por fim, faz um último discurso e se suicida (815-865). Héracles é instantâneo na decisão, mas acaba permanecendo vivo. Três são os motivos para o suicídio, segundo ele: o pesar pela morte dos filhos (1147), a necessidade de justiça pelo sangue derramado (1150) e a infâmia que o aguarda (1152).

217 Héracles considera três formas de suicídio, recorrentes em Eurípides: o salto, a espada e o fogo. Elas aparecem em *Andrômaca* 841 e segs., na qual é acrescentado *brókhos* (βρόχος), "laço" (844). Apenas laço e espada aparecem em *Orestes,* 1035 e segs. e *Troianas,* 1012 e segs.

218 *Dikastés* (δικαστής), "víndice", aqui não significa simplesmente juiz, mas aquele que executa a justiça, no caso a justiça pelo sangue derramado. Héracles, por ser pai das crianças que matou, matando-se será o "víndice" dos filhos.

219 *Tèn emén* (τὴν ἐμήν), "minha", não compõe a métrica, mas os estudiosos não chegaram a um consenso para uma boa resolução deste verso.

220 Teseu é parente de Héracles por intermédio de suas mães. Etra, mãe de Teseu, assim como Anaxo, mãe de Alcmena e avó de Héracles, descendem de Pélops. (Euripide. *Eracle – a cura di Laura Pepe*, Mondadori, 1994)

221 Bond (*op. cit.*, pág. 359) comenta que *mýsos* (μύσος), "mácula", é contagiosa e pode ser transmitida pela visão (1156 e E., *El.*, 1195, *Hipp.*, 946), pela audição (1219 e Ésq., *Eu.*, 448; E., *O.*, 75, *El.*, 1294 e *IT,* 951) e pelo toque (1399 e S., *OC*, 1132).

222 Divagações escapistas são comuns em Eurípides, principalmente em momentos de crise. O coro, em 650-654, teve um devaneio dessa natureza com relação à velhice que odeia. Em *Medéia,* 1296 e segs., Jasão diz que, depois dos crimes que cometeu, Medéia deveria "ocultar-se debaixo da terra ou com asas erguer-se no céu profundo". Ver também *Hécuba,* 1099 e segs. e *Ion,* 1238 e segs.

[223] Sobre Asopo ver nota 131. Teseu chega acompanhado de uma tropa de jovens atenienses, como força efetiva de ajuda. Sua chegada muda o curso da ação, atrapalhando os planos suicidas de Héracles. Teseu se revelará tão amigo e solidário quanto o coro mas, ao contrário dele, capaz de ajudar.

[224] "Cidade dos erectidas" é Atenas. Erecteu foi herói e rei ateniense que, segundo a *Ilíada* (II, 547 e segs.), nasceu da terra e foi educado pela deusa Atena em seu templo. Possuía culto heróico na cidade, onde era honrado com sacrifícios propiciatórios.

[225] A afirmação retoma os versos 619 e 621. Teseu vem por gratidão e reconhecimento pela ajuda que recebeu de Héracles, ao contrário de Tebas (217-221) e da Hélade em geral (222-226).

[226] *Neotéron* (νεωτέρων) é o comparativo de *néos* (νέος) e significa "mais novo, mais recente, o último". Aqui traz uma conotação sinistra semelhante a que tem *kainós* (καινός) em suas ocorrências na peça, especialmente em 530, 1118 e 1177. Ver nota 207.

[227] Refere-se à Acrópole de Atenas, onde estava a oliveira dada de presente pela deusa Palas Atena, quando disputava com Posídon a supremacia na região (Hdt., *Hist.,* 8.55). A oliveira ficava próxima ao templo dedicado a Erecteu, onde atualmente existe uma outra simbolizando aquela. Em *Ion,* 1480, a Acrópole é chamada de "colina de oliveiras".

[228] Sobre a mudança na ordem deste e dos próximos versos, ver a justificativa de Bond (*op. cit.,* pág. 367).

[229] Anfitrião diz a motivação da ação (a loucura) e seu instrumento (os dardos). Héracles após matar a Hidra de Lerna envenenou suas flechas imergindo-as no sangue do monstro (422). Eurípides usa o substantivo *baphaîs* (βαφαῖς) para indicar os dardos que foram imersos.

[230] *Ptanós* (πτανός) significa "alado, aquilo que voa". Aparece com esse significado em 179 e 367, qualificando as flechas de Héracles. Aqui evoca a imagem de alguém que se esvai no ar. A mesma idéia ocorre nos versos 69 e 510.

231 Teseu entende ser um *agón* (ἀγών), "combate", de Hera aquilo que vê, assim como o coro em 1311. Héracles, em 1229, usa o mesmo termo *agón* quando se refere ao assassinato dos filhos. As três ocorrências falam do mesmo "combate" de Hera, em que Héracles é o grande perdedor. De forma oposta, *agón* foi usado pelo coro (789, 812) para designar o vitorioso combate de Héracles contra Lico.

232 *Polýponos* (πολύπονος) significa, literalmente, "aquele que tem muitos trabalhos". Neste verso, qualifica Héracles como o herói que realizou (e, portanto, sofreu) múltiplos trabalhos. *Polýponos* cumpre a função de redimensionar Héracles num formato humano, atribuindo-lhe um epíteto que é próprio da raça humana: "de muitos trabalhos", "de muitos sofrimentos" (LSJ, pág. 1141). É assim que aparece, por exemplo, em Pi., *N.*, 1.33; Ésq., *Supp.*, 382 e E., *Or.,* 175.

233 *Aspistás* (ἀσπιστάς) é uma palavra épica para guerreiro. Literalmente, significa aquele que é armado com escudo, *aspís* (ἀσπίς). A palavra sugere luta com escudo e lança, o que, de certa forma, contradiz os versos 178-79, nos quais Anfitrião afirma que Héracles fincou aladas flechas nos flancos dos gigantes. Flegra, segundo Bond (*op. cit.,* pág. 369), era o primeiro nome de Palene, a ponta mais ocidental da península calcídica no norte da Grécia.

234 São gestos próprios da atitude de súplica. Em 986-87 um dos filhos de Héracles age de modo semelhante, na tentativa de demover o pai da intenção de matá-lo.

235 "Ímpeto de leão feroz" evidencia a violência de Héracles que é algo a ser detido. Ver Introdução pág. 42.

236 Deste verso ao 1225, Teseu descreve uma conduta valorizada entre os gregos: a lealdade e reciprocidade entre amigos, que devem ser solidários nos infortúnios. Ela faz parte da máxima épica do fazer bem aos amigos e mal aos inimigos.

237 *Ptôma* (πτῶμα) literalmente significa queda, portanto *tà tôn theôn ptómata* (τὰ τῶν θεῶν πτώματα) sugere aquelas coisas que "caem" dos deuses, o que vem dos deuses. LSJ (*op. cit.,* pág. 1549) propõe "infortúnio",

"calamidade" para *ptómata* neste verso: "calamidades enviadas pelos deuses". Preferimos uma tradução mais literal, que não restringisse o significado de *ptómata*. A idéia central é a de que o homem nobre deve aceitar qualquer coisa que venha dos deuses (no caso, calamidades). A expressão *tà tôn theôn ge* (τὰ τῶν θεῶν γε) não se encaixa no sistema métrico adotado. Bond (*op. cit.*, pág. 374) segue a correção de Headlam: *tá g' ek theôn* (τά γ` ἐκ θεῶν).

238 O tema da poluição causada pelo crime de sangue (1155-56) é retomado. Teseu afirma que Héracles, sendo humano, não pode macular o que é divino. Refere-se especialmente a *helíoi* (ἡλίῳ), "sol", do verso anterior, pois era comum a idéia de que a luz do sol não deve ser maculada: *Med.* 1327 e segs., *IT,* 1207, *Or.*, 819 e segs. e S. *OT,* 1425 e segs. (*apud* Bond, *op. cit.*, pág. 376). Mas Teseu inova afirmando que o que provém do humano não pode macular o divino.

239 Alastor (ἀλάστωρ) é a personificação do poder de vingança do sangue derramado. No *Agamêmnon* 1500 e segs., Clitemnestra atribui o assassinato do marido a um antigo alastor do sangue derramado por Atreu e, em seguida (1507 e segs.), o coro concorda que um alastor pode ter sido cúmplice do crime. Teseu diz que não há alastor que possa passar de um amigo a outro: a amizade é mais forte do que essa força vingadora e os danos que possa causar.

240 A pergunta de Teseu não é justificável por nenhuma afirmação anterior. A que ameaças se refere? Uma opção para justificar a pergunta é julgar que faltam versos. Bond (*op. cit.,* pág. 378 e segs.) considera, mas com reservas, a possibilidade de substituir *katthaneîn* (κατθανεῖν), "morrer", do verso anterior por *kabbaleîn* (καββαλεῖν), uma forma épica de *katabállo* (καταβάλλω), "abater". Com essa alteração, o verso 1241 ficaria: "Por isso encontro-me preparado para abater". A pergunta de Teseu teria então sentido.

241 Héracles, mesmo na situação em que se encontra, não abandona seu ímpeto e se equipara aos deuses: se são implacáveis, Héracles também será. Teseu, no verso seguinte (1244), refere-se a ele como *méga légon* (μέγα λέγων), literalmente, "falando grande": Héracles deve deter a boca para que, por "vanglória", não sofra ainda mais.

242 Teseu provoca Héracles, comparando-o a um homem qualquer, com o propósito de dissuadi-lo do suicídio. Na Atenas do século V a.C. o suicídio, embora não suscitasse a mesma carga de preconceitos que se associaria a ele com o cristianismo, já sofria restrições que mais tarde foram desenvolvidas por Platão (*Fédon*, 61c a 62c). Mas ainda era aceito como alternativa para a desonra.

243 A expressão *hamillethô lógois* (ἁμιλληθῶ λόγοις), "lutar com palavras", é recorrente na tragédia para indicar disputa verbal entre personagens. Em *Medéia*, Jasão defende-se das acusações da mulher com vários argumentos e, depois, justifica a natureza de sua fala, por Medéia ter proposto "uma batalha verbal" (*Med.*, 546). Ver também *Hec.* 271; *Supp.*, 195, 428.

244 Héracles reconhece uma *hamartía* (ἁμαρτία), um "erro", familiar, que torna o alicerce de sua raça mal posto, acarretando má sorte aos descendentes: o assassinato do avô materno (Eléctrion) por Anfitrião. Sua afirmação (1261-62) é confirmada também por histórias de outros clãs, como o dos atridas. Cassandra, em transe profético, vê os crimes ocorridos no palácio de Agamêmnon na época de seu pai Atreu (*Ag.*, 1215 e segs.): Atreu, traído por Tiestes, seu irmão, mata os sobrinhos e dá suas carnes para o pai comer. Clitemnestra atribui o assassinato de Agamêmnon ao alastor do crime de Atreu (*Ag.*, 1500 e segs.). Também Agamêmnon havia sacrificado Ifigênia, sua própria filha (*Ag.*, 1413 e segs. e 151 e segs.). Um crime chama outro dando origem a uma longa cadeia funesta. Cadeia que para os atridas começa com Tântalo, pai de Pélops e avô de Atreu e Tiestes. Tântalo, entre muitos crimes, imolou Pélops e ofereceu suas carnes aos olímpicos com o intuito de saber se eram oniscientes. Pélops, cujo corpo foi reconstruído pelos deuses, também contribuiu ao matar o sogro Enómao (P. Grimal, *op. cit.*, pág. 232, 363, 427-428). A série funesta termina com o assassinato de Clitemnestra pelo filho Orestes, em vingança do pai Agamêmnon (narrado nas *Coéforas* de Ésquilo, na *Electra* de Sófocles e na de Eurípides).

245 Héracles usa, ironicamente, a fórmula litúrgica que aparece no início do hino a Zeus, no *Agamêmnon* de Ésquilo (160). Lá, indica uma postura humilde diante da divindade, suscitando a idéia de que Zeus é muito mais do que a compreensão humana pode alcançar. Aqui, como em *Orestes* 418, é usada de maneira hostil (em *Or.*, com relação a Apolo).

[246] História narrada por Píndaro em *Némeas* 1.37 e segs.

[247] O uso do plural para estes trabalhos ("leões", "tricorpóreos Tifões", e "quadrúpedes bandos de centauros") dá a eles ainda mais peso e intensidade. Tífon (Τυφών) segundo Hesíodo é um monstro com cem cabeças de serpentes, filho de Gaia (Hes., *Th.,* 820 e segs.). Ele uniu-se a Equidna gerando Ortro (cão de Gérion e pai do leão de Némea), Cérbero, Hidra de Lerna, Quimera e Esfinge (*Th.,* 306 e segs.). Todos, com exceção da Quimera e da Esfinge, mortos por Héracles. Mas o encontro do herói com Tífon é raramente mencionado.

[248] *Agélas* (ἀγέλας), "rebanhos", é uma forma incomum para quantificar os trabalhos.

[249] *Pónos* (πόνος), "trabalho", aparece diversas vezes na peça aludindo aos trabalhos de Héracles. São assim denominados por Anfitrião (22), pelo coro (427), por Teseu (1410) e pelo próprio herói (575, 1275, 1353). Aqui (1279), Héracles considera o assassinato dos filhos como o derradeiro trabalho que suportou, equiparando-o aos demais. Ver Introdução, pág. 46.

[250] Héracles diz que carrega *átas* (ἄτας), "desastres", que o impedem de se relacionar com outras pessoas. Sobre *áte* (ἄτη), ver nota 165.

[251] Bond (*op. cit.,* pág. 388) propõe a exclusão dos versos 1291-1293, que contradizem a idéia central exposta por Héracles em 1257 e desenvolvida durante o discurso. É intenção do herói mostrar a Teseu que tem razões suficientes para o suicídio, o que fará por meio da narrativa de seus infortúnios desde o nascimento. Em 1292 e segs., Héracles opõe sua situação (de quem outrora foi feliz – 1291), à de um homem "congenitamente infeliz". O problema é que é assim que se descreve durante o discurso.

[252] Ixíon, rei dos Lápitas na Tessália, matou o sogro Dioneu para não lhe dar os presentes que prometera antes do casamento. Foi o primeiro a matar um membro da própria família. Purificado por Zeus (Ésq., *Eu.,* 718), enamorou-se de Hera e cometeu a *hýbris* de tentar violentá-la. Recebeu de Zeus o castigo de ser amarrado a uma roda que girava eternamente (P. Grimal, *op. cit.,* 256).

253 O verso tal como é não faz sentido. Segui a alteração de Bond (*op. cit.*, pág. 391) que considera *Zenós* (Ζηνός), "Zeus", uma interpolação vinda do verso anterior e propõe substituí-lo por *lamprón* (λαμπρόν), "reluzente", assim como mudar *olympíou* (ὀλυμπίου), "olímpico", para *olýmpoi* (ὀλύμπῳ), "no Olimpo". Em 1303 e segs. há uma vívida imagem do triunfo de Hera que dança para comemorá-lo. A idéia de tripudiar sobre inimigos vencidos é um topos da literatura ocidental e recorrente no imaginário popular.

254 Hera, como deusa que rege o âmbito das uniões e amores legítimos, não aceita a união de Zeus com Alcmena, na qual Héracles foi gerado. Por esse motivo, aniquilou o inocente benfeitor da Hélade (1310). Os versos 1306 e segs. afirmam, literalmente, que Hera virou de cabeça para baixo, com pedestal e tudo, o primeiro homem da Hélade (o melhor, o mais importante). *Báthron* (βάθρον) significa, entre outras coisas, a base, o pedestal onde eram colocadas estátuas de deuses ou de heróis: Héracles é "estatelado" junto com o "pedestal" em que se encontrava.

255 Há lacuna de um ou mais versos antes de 1313. Teseu deve ter dito algo que aconselharia a Héracles, "mais do que a sofrer o mal" (1313). Como "sofrer o mal" é para Héracles continuar vivo, Teseu pode ter sugerido a opção oposta: o suicídio, que corresponde ao desejo do herói. Se considerarmos que o *dé* (δέ) em 1314 pode ter valor adversativo (mas), uma possibilidade para o texto seria: " Se tu fosses o único ser desafortunado, o suicídio eu (verso anterior a 1313)/aconselharia mais do que a sofrer o mal" (1313)/mas nenhum mortal ou deus é intangível à sorte" (1314).

256 A idéia de haver mentira no canto dos aedos é comum na literatura grega e já aparece em Hesíodo. Na *Teogonia* (27-28), as Musas apresentam-se ao poeta e declaram que sabem dizer muitas mentiras, mas que também sabem, quando querem, anunciar verdades. Platão diz que os mitos (histórias cantadas pelos aedos) são, no conjunto, mentiras, embora contenham verdades (Pl., *R.*, 377a 5-6). O próprio Héracles desacreditará os aedos (1340-46).

257 Teseu refere-se a dois tipos de erros cometidos pelos deuses, segundo os aedos: partilharam os leitos uns dos outros (1316-7), como por exemplo Ares e Afrodite, embora fosse esposa de Hefesto (Hom., *Od.*, VIII 266 e

segs.); e, em disputa pelo poder, desonraram seus pais (1317-8): Urano é castrado por Crono (Hes., *Th.,* 174-183) que é derrotado por Zeus (Hes., *Th.,* 73, 490, 496). Quanto aos "grilhões", há uma passagem em Ésquilo em que o corifeu diz que Zeus agrilhoou seu velho pai Crono (*Eu.* 641). Também Êutífron, no diálogo homônimo de Platão (*Êutífron,* 6a), cita que Zeus agrilhoou seu pai que, por sua vez, mutilou o seu (Urano).

258 Atenas é o refúgio por excelência dos suplicantes: de Orestes (Ésq., *Eu.*); Édipo (S., *OT*) e, nas tragédias de Eurípides, de Héracles, Medéia, Heraclidas e Suplicantes.

259 Teseu recebeu lotes de terra (1328-29) como recompensa por matar o Minotauro. São esses que oferece a Héracles. Presentear lotes de terra é comum nos tempos homéricos: Homero, *Il.,* 6.194, 9.576, 12.313, 20.184 (*apud* Bond, *op. cit.,* pág. 395). Sobre a história do Minotauro, ver, por exemplo, Plutarco, *Teseu,* 15.

260 Teseu oferece honras a Héracles não apenas para depois de sua morte, mas enquanto ainda vive. Trata-se de algo especial, marcado no texto pela justaposição de *zôntos* (ζῶντος), "vivendo", em posição de destaque no início do verso, com *thanónta* (θανόντα), literalmente, "tendo morrido".

261 O coro, no primeiro estásimo (348-450), entoa um hino de louvor a Héracles como uma *stephánoma* (στεφάνωμα), "coroa", composta por seus trabalhos (355-56). Aqui, Teseu diz que as glórias que Atenas receberá pela ajuda oferecida a Héracles será *kalós...stéphanos* (καλός...στέφανος), "bela coroa", para seus concidadãos. A "coroa" adquirida por Héracles com feitos gloriosos, parece ser transferida para Atenas que o acolherá. Em 1335, o herói ainda é chamado de "homem nobre" justamente por seu passado glorioso.

262 Os versos 1338-39 foram considerados interpolações por Nauck (*apud* Bond, *op. cit.,* pág. 397) que os eliminou do texto. Os motivos seriam uma suposta irrelevância e as semelhanças que possuem com os versos 667 e segs. de *Orestes,* nos quais a idéia seria mais pertinente ao contexto. Em nosso entender, não há problema em aceitá-los, pois desenvolvem a afirmação do verso 1337: Teseu está presente como amigo generoso e solidário porque, agora, Héracles necessita de amigos. E precisa, justamente, por

não ser estimado pelos deuses, que se quisessem ajudar, seria suficiente. A atitude de Teseu é nobre e especial, pois supostos amigos costumam desaparecer no infortúnio (57-59, 559, 561).

263 O que é irrelevante com relação aos males de Héracles? Os oferecimentos de Teseu (1324-33), ou o que se acredita a respeito dos deuses (1341-46)? Bond (*op. cit.*, 398) tende a primeira opção: *tád'* (τάδ᾽), "isto", refere-se às honras oferecidas por Teseu. Mas Héracles termina por aceitá-las e diz ter por elas "gratidão infinita" (1352), embora o faça após refletir (1347 e segs.) e mudar a postura anterior. Parece mais própria a segunda opção, pois em 1341-46 Héracles dedica-se a refutar, um por um, os argumentos de Teseu (1314-19): os versos 1341-42 respondem a afirmação dos versos 1316-17, com a repetição da palavra *léktra* (λέκτρα), "leitos"; 1342-44 negam 1317-18, em que *desmá* (δεσμά), "grilhões" (1342) retoma *desmoîsi* (δεσμοῖσι, 1317); *aoidôn* (ἀοιδῶν), "dos poetas", em 1346 responde ao uso do mesmo termo em 1315. Por último, *despóten* (δεσπότην), "déspota" (1344), ecoa *tyrannída* (τυραννίδα), "pelo poder" (1317).

264 A afirmação contradiz a natureza dos deuses olímpicos tal como aparece nas histórias dos poetas. Sobre discussões a esse respeito, ver Introdução pág. 48 e segs.

265 A lei exige o exílio, como reconhece Teseu em 1322. Mas quanto a não poder enterrar os filhos que matou, há exemplos opostos na tragédia. Medéia pretende sepultar, com as próprias mãos, os filhos assassinados por ela (*Med.*, 1378) e Orestes mata e enterra sua mãe (*Or.*, 402).

266 O verso está entre parênteses por ter sido excluído por Nauck. Héracles incita Anfitrião a forçar o espírito a suportar os males com ele, assim como, anteriormente, declarou que faria (1351). *Psykhé* (ψυχή) é uma palavra que permite diferentes traduções. Em 452 e 1146 aparece como sinônimo da vida que anima o corpo. Aqui e em 626, *psykhé*, "espírito", representa o centro das emoções, dos desejos e dos sentimentos.

267 *Apozeúgnumi* (ἀποζεύγνυμι) significa, na passiva, "ser libertado do jugo", referindo-se a um animal atrelado ao carro. Mas também significa, metaforicamente, "ser separado de". O verbo tem a mesma raiz de *zeûgos* (ζεῦγος): "parelha de animais", ou par de alguma outra coisa. *Zeûgos* é também usado,

de maneira não precisa, para mais de duas coisas ou pessoas colocadas juntas. Em 1403, Héracles chama o conjunto formado por ele e Teseu de *zeûgós ge phílion* (ζεῦγός γε φίλιον), "uma parelha de amigos". Também em 454, Mégara emprega *zeûgos* com relação a ela e aos filhos, que formam "grupo não belo de cadáveres". Os versos 1375-76 ecoam o 454: Héracles usa *apozeúgnumai* (ἀποζεύγνυμαι) com relação aos filhos e à mulher, dos quais é "desatrelado". Eles que agora são, de fato, um grupo de cadáveres.

[268] Héracles usa o termo *koinonía* (κοινονία), "associação", para os filhos e esposa (1363) e para suas armas (1377). Nas duas ocasiões *koinonía* é qualificada por adjetivos que indicam pesar: *koinonían dýstenon* (κοινωνίαν δύστηνον), "associação infeliz" (1363) e *lygraì koinoníai* (λυγραὶ κοινωνίαι), "funesta associação" (1377). Héracles equipara a família e as armas, e ambas são motivo de pesar. As armas causaram a ruína de sua família e, agora, deve resolver se as mantém ou as abandona (1378).

[269] Aqui *pleurá* (πλευρὰ), "flancos", ecoa o mesmo termo em 1100: são as armas que protegiam os flancos de Héracles (1100) que agora batem nesses mesmos flancos, para dizer-lhe que as carrega como assassinas dos filhos e esposa (1380-81).

[270] Héracles resolve, mesmo que dolorosamente, manter as armas, e usa um argumento de natureza prática: sem elas, com as quais executou belíssimos feitos na Hélade, terá de submeter-se aos inimigos e morrerá infame. Reconhece as armas como extensão e símbolo dele mesmo: com elas realizou os melhores e piores feitos. Mantê-las significa aceitar-se com suas glórias sobre-humanas e feitos desumanos. Héracles, ao contrário de Ájax, aceitou que nada somos perante a força dos deuses (1392-93): mesmo aniquilado continuará vivo.

[271] Héracles ainda não entregou Cérbero a Euristeu. Ele está no bosque de Deméter, na cidade de Hermíone (615). O herói dá uma razão de natureza psicológica ao pedido que faz para Teseu: está fragilizado pela tristeza devido à morte dos filhos. Não é claro o que poderia lhe acontecer se fosse só. Será que teme não conseguir que Euristeu cumpra o prometido e permita sua volta para Argos (17-19)? Ou será que receia ter outro acesso de loucura e matar Euristeu? Ou quem sabe, não ter condições para conduzir o cão até Argos?

272 *Pántes* (πάντες), "todos" (1392) contrapõe-se a *miâi* (μιᾷ), "única", em posição de destaque no início desse verso. Uma única sorte enviada por Hera é suficiente para a destruição de todos. A afirmação reforça o poder dos deuses e de Hera em especial. Responde, indiretamente, à colocação de Íris em 841-842: Héracles está punido, aniquilado, e Hera, poderosa. Sobre a sorte como algo enviado pelos deuses, ver v. 309; *El.*, 890 e *Hipp.*, 371.

273 *Phíltron* (φίλτρον), "filtro", é encantamento de amor e remédio para dores amorosas. Teseu chama de *phíltron* (na condição de remédio) o ato de Héracles, mais uma vez, olhar seus amados, com a possível emoção catártica que isso causará. Parece duvidar que esse "filtro" funcione.

274 Teseu desaprova o excesso de lamentações. O verso 1409 sugere que Héracles e Anfitrião se abraçam. A pergunta de Teseu em 1410 também sugere que o abraço é acompanhado por choro ou algum outro tipo de lamentação, o que é confirmado por "sendo efeminado" (1412). Os versos 1410-11 ecoam 1250-51, assim como a resposta de Héracles em 1411 ecoa sua fala em 1353-56. Teseu provoca o amigo com a intenção de fazê-lo se recompor. Héracles o faz reconhecer a própria fragilidade (1416), mas a discussão termina com a ordem de Teseu: Avança! (1418).

275 A passagem *ét' eípes* (ἔτ' εἴπῃς) apresenta problemas. Muitas foram as sugestões para sua correção, mas não se chegou a um consenso. Algumas opções são citadas por Bond (*op. cit.,* pág. 414), entre as quais optamos pela sugestão de L. Dindorf: *án eípois* (ἂν εἴποις), "podes dizer".

276 A afirmação, tomada no contexto do verso 1419, anuncia funerais iminentes para Anfitrião, e nada indica que ele esteja para morrer. Em 1421, Héracles afirma que mandará buscar Anfitrião de Tebas para Atenas, contradizendo o verso 1365 e a tradição que situa a tumba de Anfitrião em Tebas (Pi., *P.,* 9.81, *N.*, 4.20; Paus. 1.41.1, *apud* Bond, *op. cit.,* pág. 414). Por último, é difícil conciliar "mandarei buscar" (1421) com "virás" (1420): Héracles não virá a Tebas, como pressupôs Anfitrião, mas mandará buscá-lo de Tebas para Atenas (1421). Todas essas objeções foram apontadas por Bond (*op. cit.,* pág. 414) que sugere colocar *tháneis* (θάνῃς), "morreres", no lugar de *thápseis* (θάψῃς), "sepultares", assim como a substituição de *tékna* (τέκνα), "filhos", por *géron* (γέρον), "velho". Dessa forma, a resposta

para a pergunta de Anfitrião, "Quando virás?", ficaria: "Quando morreres, velho" (1420). Bond também sugere a eliminação do verso seguinte (1421).

[277] *Epholkídes* (ἐφολκίδες), "barcos rebocados", evoca a metáfora náutica do verso 631, onde Héracles é o poderoso salvador dos filhos: conduzirá as crianças como nau que reboca barcos (*epholkídas*). Aqui, destruído, por ser o infame assassino dos filhos, será rebocado por Teseu.

[278] As últimas palavras de Héracles são um louvor à amizade: ela vale mais do que riqueza e força. O tema é constante (ver nota 10 e Introdução págs. 60-63) e aqui possui valor conclusivo: a amizade, quando verdadeira, é o maior e o mais seguro bem com o qual um homem pode contar, pois os deuses são incompreensíveis para os mortais. Quando favoráveis, a ajuda dos amigos nem é necessária (1338-39), mas como compreender o agir dos deuses? Como torná-los favoráveis?

BIBLIOGRAFIA

ADKINS, A. W. H. "Basic Greek Values in Euripides' Hecuba and Hercules Furens." *Classical Quarterly, 16*: 193-219, s.l., 1966.

ALLEN, J. T.; ITALIE, G. *A Concordance to Euripides,* London, Berkeley: 1954; reprinted-Groningen, 1970; Suplement by C. Collard-Groningen, 1971.

AMOURETTI, Marie Claire e RUZÉ, Françoise. *O Mundo Grego Antigo*. Tradução de Miguel Serras Pereira. Lisboa: Publicações Dom Quixote, 1993.

ARISTÓTELES. *Poética*. Tradução de Eudoro de Sousa. São Paulo: Ars Poética, 1993.

BARLOW, S. A. "Structure and Dramatic Realism in Euripides'Herakles", *Greece & Rome* 29, 115-25, s.l., 1982.

BOND, Godfrey W. *Euripides-Heracles*. New York: Oxford University Press, 1981.

BRANDÃO, Junito de Souza. *Dicionário Mítico, Etimológico*. Petrópolis: Editora Vozes, 1991, 2 v.

CHALK, H. H. O. "Arete and Bia in Euripides'Herakles. *Journal of Hellenic Studies*", *82*: 7-18, s.l., 1962.

CHEVALIER, Jean, GHEERBRANT, Alain. *Dicionário de Símbolos*. Tradução de Vera da Costa e Silva, Raul de Sá Barbosa, Angela Melin e Lúcia Melin. Rio de Janeiro: José Olympio Editora, 1988.

CLAUSS, James J. and JOHNSTON, Sarah I. *Medea.* Princeton: Princeton University Press, 1997.

DIGGLE, James. *Euripedes fabulae.* New York: Oxford University Press, 1984 (Tomos I, II, III).

DODDS, E. R. *Os Gregos e o irracional.* Tradução de Leonor Santos B. de Carvalho. Lisboa: Gradiva, 1988.

DUNN, Francis M. *Tragedy's End.* New York: Oxford University Press, 1996.

ÉSQUILO. *Oresteia*: Agamêmnon, Coéforas e Eumênides. Tradução do Professor Doutor

Manuel de Oliveira Pulquério. Lisboa: Edições 70, 1991.

__________. *Oresteia*: Agamêmnon, Coéforas e Eumênides. Tradução do grego, introdução e notas de Mário da Gama Kury. Rio de Janeiro: Jorge Zahar Editor, 1990.

__________. *Os Persas*. Tradução do grego, introdução e notas de Mário da Gama Kury. Rio de Janeiro: Jorge Zahar Editor, 1992.

__________. *Prometeu Acorrentado*. Tradução do grego, introdução e notas de Mário da Gama Kury. Rio de Janeiro, Jorge Zahar Editor, 1993.

__________. *Prometeu Prisioneiro*. Tradução do grego de Trajano Vieira. Editora Perspectiva, São Paulo: 1997.

__________. *As Suplicantes*. Tradução, prefácio e notas de Urbano Tavares Rodrigues. Lisboa: Editorial Inquérito, s.d.

EURÍPIDES. *Alceste*. Tradução do grego, introdução e notas de Mário da Gama Kury. Rio de Janeiro: Jorge Zahar Editor, 1993.

__________. *Bacas*. Tradução de J.A.A. Torrano. São Paulo: Editora Hucitec, 1995.

__________. *As Bacantes*. Tradução do grego, introdução e notas de Mário da Gama Kury. Rio de Janeiro: Jorge Zahar Editor, 1993.

__________. Bacchanals. Madness of Hercules. Children of Hercules. Phoenician Maidens. Suppliants. Translated by Arthur S. WAY. London, William Heinemann LTD, 1988.

__________. *As Fenícias*. Tradução do grego, introdução e notas de Mário da Gama Kury. Rio de Janeiro: Jorge Zahar Editor, 1993.

__________. *Hécuba*. Tradução do grego, introdução e notas de Mário da Gama Kury. Rio de Janeiro: Jorge Zahar Editor, 1992.

__________. *Helena*. Versão poética de José Eduardo do Prado Kelly. São Paulo: Livraria Agir Editora, 1986.

__________. *Heracles*. Translation, Introduction and Comentary by Godfrey W. Bond. Oxford, Clarendon Press, 1981.

__________. *Heracles*. Introduction, Translation and Commentary by Shirley A. Barlow. Warminster, Aris & Phillips Ltd, s.l., 1996.

EURÍPIDES. *Heracles*. Translation by Tom Sleigh and with Introduction and Notes by Christian Wolff. New York: Oxford University Press, 2001.

__________. *Os Heraclidas*: Introdução, tradução do grego e notas de Cláudia Raquel Cravo da Silva. Lisboa: Edições 70, 2000.

__________. *Hipólito*. Tradução do grego, introdução e notas de Mário da Gama Kury. Rio de Janeiro: Jorge Zahar Editor, 1991.

__________. *Hipólito*. Introdução, versão do grego e notas de Bernardina de Sousa Oliveira. Brasília: Editora UNB, 1997.

__________. *Ifigênia em Aulis*. Tradução do grego, introdução e notas de Mário da Gama Kury. Rio de Janeiro: Jorge Zahar Editor, 1993.

__________. *Medéia*. Tradução de J.A.A. Torrano. São Paulo: Editora Hucitec, 1991.

__________. *Medéia*. Tradução do grego, introdução e notas de Mário da Gama Kury. Rio de Janeiro: Jorge Zahar Editor, 1991.

__________. *Orestes*. Introdução, versão do grego e notas de Augusta Fernanda de Oliveira e Silva. Brasília: Editora UNB, 1997.

__________. *As Troianas*. Introdução, tradução do grego e notas de Maria Helena da Rocha Pereira. Lisboa: Edições 70, 1996.

__________. *As Troianas*. Tradução do grego, introdução e notas de Mário da Gama Kury. Rio de Janeiro: Jorge Zahar Editor,1991.

FISHER, N. R. E. *Hybris*: a study in the values of honour and shame in Ancient Greece. s.l., Warminster, Aris & Phillips Ltd, 1992.

FITZGERALD, G. J. "The Euripidean Heracles: An Intellectual and a Coward?", *Mnemosyne, vol. XLIV, fasc. 1-2*: 85-95, s.l., 1991.

GOLDHILL, Simon. *Reading Greek Tragedy*. New York: Cambridge University Press, 1994.

GOOSSENS, Roger. *Euripide et Athénes*. Bruxelles: Académie Royale de Belgique, 1962.

GRENE, D. and LATTIMORE, R. *The complete Greek Tragedies – Euripides II*. Chicago: The University of Chicago Press, 1969.

GRIMAL, P. *Dicionário de Mitologia Grega e Romana.* Tradução de Victor Jabonille. Rio de Janeiro: Bertrand Brasil, 1997.

GRUBE, G. M. A. *The Drama of Euripides.* London: Methuen & CO. LTD., 1941.

HARTIGAN, K. "Euripidean Madness: Herakles and Orestes", *Greece & Rome 34*: 126-35, s.l., 1987.

HERÓDOTO. *História.* Tradução, Introdução e Notas de Mário da Gama Kury. Brasília: Editora Universidade de Brasília, 1985.

HESÍODO. *Teogonia, A Origem dos Deuses.* Estudo e Tradução de J.A.A. Torrano. São Paulo: Iluminuras, 1995.

HOMERO. *Ilíada.* Tradução em versos de Carlos Alberto Nunes. Rio de Janeiro: Ediouro, 1996.

__________. *Odisséia.* Tradução de Manoel Odorico Mendes. São Paulo: Ars Poética e Edusp, 1992. Edição de Antonio Medina Rodrigues.

KAMERBEEK, J. C. "Unity and Meaning of Euripides'Heracles". *Mnemosyne 19*: 1-16, s.l., 1966.

JAEGER,W. *Paidéia.* Tradução de Artur M.Parreira. São Paulo: Martins Fontes/ Editora Universidade de Brasília, 1986.

KITTO, H. D. F. *A Tragédia Grega.* Tradução de Dr. José Manuel Coutinho e Castro. Coimbra: Arménio Amado Editora, 1990, v. I e II.

LAWRENCE, S. E. "The God that is Truly God and the Universe of Euripides' Heracles". *Mnemosyne, vol. LI, fasc. 2*: 129-146, s.l., 1998.

LEE, K. "Human and Divine in Euripides'Heracles", *in Vindex Humanitatis, Essays presented to J. Bishop* (Armindale), s.l., 34-45, 1980.

__________. "The Iris-Lýssa Scene in Euripides'Heracles", *Antichthon, 16*: 44-53, s.l., 1982.

LESKY, Albin. *História da Literatura Grega.* 3ª ed. Tradução de Manuel Losa. Lisboa: Fundação Calouste Gulbenkian, 1995.

__________. *A tragédia Grega.* 3ª ed. Tradução de J. Guinsburg, Geraldo Gerson de Souza e Alberto Guzik. São Paulo: s.n., 1996.

LIDDELL, H. G. and SCOTT, R. *Greek-English Lexicon.* Oxford: Clarendon Press, 1996.

LLOYD, Alan B. (Org.) *What is a God? Studies in the Nature of Greek Divinity*. London: Duckworth, 1997.

MOUSSÉ, Claude. *A Grécia Arcaica de Homero a Ésquilo*. Tradução de Emanuel Lourenço Godinho. Lisboa: Edições 70, 1989.

__________. *Síntese de História Grega*. Tradução de Carlos Carreto. Lisboa: Edições ASA, 1994.

PACHET, Pierre. "Le Bâtard Monstrueux". *Poétique-revue de théorie et d'analyse littéraires*, s.l., Seuil, *12*: 531-543, 1972.

PADEL, Ruth. *Whom Gods Destroy*. Princeton: Princeton University Press, 1995.

PELLING, Christopher (Org.). *Greek Tragedy and the Historian*. New York: Oxford University Press, 1997.

PESSOTTI, Isaias. *A Loucura e as Épocas*. Rio de Janeiro: Editora 34,1994.

PLATÃO. *A República.* Tradução, Introdução e Notas de Maria Helena da Rocha Pereira. Lisboa: Fundação Calouste Gulbenkian, 1972.

__________. *Diálogos – Defesa de Sócrates, Banquete, Êutifron, Critão, Fédon.* Tradução e Introdução de Jaime Bruna. São Paulo: Cultrix, s.d.

PORTER, David H. *Only Connect – Three Studies in Greek Tragedy*. Boston, University Press of America, 1987.

ROMILLY, Jacqueline de. *A tragédia Grega.* Tradução de Ivo Martinazzo. Brasília: Editora Universidade de Brasília, 1998.

RUCK, Carl. "Duality and the Madness of Herakles", *Arethusa, 9*: 53-75, s.l., 1976.

SEGAL, Erich. *Oxford Readings in Greek Tragedy*. New York: Oxford University Press, 1988.

SHEPPARD, J. T. "The Formal Beauty of the Hercvles Fvrens", *Classical Quartely, 10*: 72-79, s.l., 1916.

SISSA,G. e DETIENNE, M. *Os Deuses Gregos.* Tradução de Rosa Maria Boaventura. São Paulo: Companhia das Letras, 1990.

SÓFOCLES. *Ájax*. Tradução do grego, introdução e notas de Mário da Gama Kury. Rio de Janeiro: Jorge Zahar Editor, 1993.

__________. *Ájax*. Tradução de Trajano Vieira. São Paulo: Editora Perspectiva, 1997.

__________. *Antígone*. Tradução de Guilherme de Almeida. São Paulo: Editora Perspectiva, 1997.

__________. *Antígona*. 2ª ed. Tradução, prefácio e notas de Fernando Melro. Lisboa, Editorial Inquérito, 1984.

__________. *Electra*. Tradução do grego, introdução e notas de Mário da Gama Kury. Rio de Janeiro: Jorge Zahar Editor, 1992.

__________. *As Traquínias*. Introdução, versão do grego e notas de Maria do Céu Zambujo Fialho. Brasília: Editora UNB, 1996.

__________. *Trilogia Tebana*: Édipo Rei, Édipo em Colono, Antígona. 2.ed. Tradução do grego, introdução e notas de Mário da Gama Kury. Rio de Janeiro: Jorge Zahar Editor, 1989.

SOPHOCLES. *Antigone. The Women of Trachis. Philoctetes. Oedipus at Colonus*. Edited and translated by Hugh Lloyd-Jones. Harvard University Press. Cambridge, Massachusetts and London, 1994.

SOLOMON, Jon (Org.). *Apollo, Origins and Influences*. Arizona: The University of Arizona Press/Tucson and London, 1994.

THESAURUS LINGUAE GRAECAE. CD ROM # D. PHI, Pre-mastering by Packard Humanities Institute. Property of the Regents of the University of California. Compilation 1992.

TUCÍDIDES. *Guerra do Peloponeso*. Tradução de Mário da Gama Cury. Brasilia: Editora UNB, 1999, 3ª ed.

VERDENIUS, W. J. "Notes on Euripides'Heracles vv. 1-522", *Mnemosyne, vol. XL, fasc.1-2*: 1- 17, s.l., 1987.

VERNANT, Jean-Pierre. *Mito e Pensamento entre os Gregos*. Tradução de Haiganuch Sarian. São Paulo: Paz e Terra, 1990.

__________. *Mito e Política*. Tradução de Cristina Muracchco. São Paulo: EDUSP, 2001.

__________. *Mito e Religião na Grecia Antiga*. Tradução de Constança Marcondes Cesar. Campinas: Papirus, 1992.

VERNANT, Jean-Pierre. *A morte nos olhos*. Tradução de Clóvis Marques. Rio de Janeiro: Jorge Zahar Editor, 1988.

__________. *As Origens do Pensamento Grego*. Tradução de Ísis Borges B. da Fonseca. Rio de Janeiro: Bertrand Brasil, 1992.

__________. *O Universo, Os Deuses, Os Homens*. Tradução de Rosa Freire d'Aguiar. São Paulo: Companhia das Letras, 2000.

VERNANT, Jean-Pierre, VIDAL-NAQUET, Pierre. *Mito e Tragédia na Grécia Antiga*. Tradução de Anna Lia A. de Almeida Prado, Filomena Y. Hirata Garcia e Maria da Conceição M. Cavalcante. São Paulo: Editora Brasiliense, 1988, v. I.

__________. Tradução de Bertha H. Gurovitz. São Paulo: Editora Brasiliense, 1991, v. II.

VERRALL, A. W. *Essays on Four Plays of Euripides*: Andromache, Helen, Heracles, Orestes. Cambridge: University Press, 1905.

ZIMMERMANN, Bernhard. *Greek Tragedy, An Introduction*. Translated by Thomas Marier. London: The Johns Hopkins University Press, 1991.

WILES, David. *Tragedy in Athens*. Cambridge: Cambridge University Press, 1997.

ZOJA, Luigi. *História da Arrogância*. Tradução de Merle Scoss e Bianca M. M. Di Giuseppe. São Paulo: Axis Mundi Editora, 2000.

Outras obras da editora

Aceitação de si mesmo e As idades da vida, A	*Romano Guardini*
Anais de um simpósio imaginário	*Beto Hoisel*
Anatomia da cultura	*Aldo Bizzocchi*
Animais e a psique, Os	*Denise Ramos, et al.*
Árvore do conhecimento - as bases biológicas da compreensão humana, A	*Humberto Maturana e Francisco J. Varela*
Ariano Suassuna – O cabreiro tresmalhado	*Mª Aparecida L. Nogueira*
Autobiografia – Minha vida e minhas experiências com a verdade	*Mohandas K. Gandhi*
Butoh, dança veredas d'alma	*Maura Baiocchi*
Carta a um amigo	*Nagarjuna*
Conquista psicológica do mal, A	*Heinrich Zimmer*
Coração da filosofia, O	*Jacob Needleman*
Cultivando a mente de amor	*Thich Nhat Hanh*
Deuses do México indígena	*Eduardo Natalino dos Santos*
Ética, solidariedade e complexidade	*Edgar Morin, et al.*
Falsafa: a filosofia entre os árabes	*Miguel Attie Filho*
Filosofias da Índia (edição revisada)	*Heinrich Zimmer*
Forjadores espirituais da história	*Ignacio da Silva Telles*
Gandhi: Poder, parceria e resistência	*Ravindra Varma*
Grinalda preciosa, A	*Nagarjuna*
Livro tibetano do viver e do morrer, O	*Sogyal Rinpoche*
Máscaras de Deus, As mitologia primitiva – vol. 1 mitologia oriental – vol. 2	*Joseph Campbell*
Mente zen, mente de principiante	*Shunryu Suzuki*
Minha terra e meu povo	*Tenzin Gyatso, XIV Dalai Lama*
Mitos e símbolos na arte e civilização da Índia	*Heinrich Zimmer*
Muito Prazer, São Paulo! - Guia de museus e instituições culturais de São Paulo	*Simona Misan e Thereza C. Vasques*
Oração centrante	*Basil Pennington*
Paixões do ego – complexidade, política e solidariedade, As	*Humberto Mariotti*
Para uma pessoa bonita	*Shundo Aoyama Rôshi*
Poder do mito, O	*Joseph Campbell* e *Bill Moyers*
Roca e o calmo pensar, A	*Mahatma Gandhi*
San Juan de la Cruz, o poeta de Deus	*Patrício Sciadini, OCD*
Soluções de palhaços	*Morgana Masetti*
Transdisciplinaridade	*Ubiratan D'Ambrosio*
Valor das emoções, O	*M. Stocker* e *E. Hegeman*
Vestígios – escritos de filosofia e crítica social	*Olgária Matos*
Yoga – imortalidade e liberdade	*Mircea Eliade*
THOT	*Publicação de ensaios*

Co-edição – Palas Athena/EDUSP:

Diálogos dos mortos, Luciano	*Henrique Murachco*

Prezado leitor da obra
Héracles

Para que possamos mantê-lo informado sobre as novidades editoriais e as atividades culturais da Associação Palas Athena, solicitamos o preenchimento dos campos abaixo, remetendo o cupom para a Editora Palas Athena, Rua Serra de Paracaina, 240 - São Paulo, SP - CEP 01522-020 ou pelo FAX (11) 3277.8137.

Nome ______________________________

Profissão ______________________________

Endereço ______________________________

Cidade ______________ Estado ______________

CEP ______________ Fone (   ) ______________

Fax (   ) ______________ Celular ______________

E-Mail ______________________________

Áreas de interesse:

❑ Mitologia ❑ Filosofia ❑ Religiões

❑ Antropologia ❑ Educação ❑ Psicologia

❑ Outras áreas:

Acabou-se de imprimir
no outono do ano 2003,
nas oficinas da Gráfica Palas Athena.